KB107919

건축/인테리어 실사 모델링의 표준

V-Ray for SketchUp

초판 1쇄 발행 | 2018년 11월 5일
초판 2쇄 발행 | 2019년 10월 20일

지 은 이 | 한정훈
발 행 인 | 이상만
발 행 처 | 정보문화사

기 획 진 행 | 네모기획
편 집 진 행 | 노미라
교 정 교 열 | 안종군
디 자 인 | 디박스

주   소 | 서울시 종로구 대학로 12길 38 (정보빌딩)
전   화 | (02)3673-0037(편집부) (02)3673-0114(代)
팩   스 | (02)3673-0260
등   록 | 1990년 2월 14일 제1-1013호
홈 페 이 지 | www.infopub.co.kr

I S B N | 978-89-5674-796-5

이 책은 저작권법에 따라 보호받는 저작물이므로 무단 전재와
무단 복제를 금하며, 이 책 내용의 전부 또는 일부를 사용하려면 반드시
저작권자와 정보문화사 발행인의 서면동의를 받아야 합니다.

* 책값은 뒤표지에 있습니다.
* 잘못된 책은 구입처에서 교환해드립니다.

저의 네 번째 책이 출간됐습니다. 책은 저와 같이 평범한 사람이 아닌 조금 특별한 사람들만의 전유물로만 알고 지냈는데, 세월이 흐르면서 어느덧 네 권의 책을 출간한 저자가 됐습니다. 이제는 제가 공사한 현장에서의 성취감보다 책의 출간으로 인해 느끼는 성취감이 훨씬 더 크고, 제가 집필한 책을 참고서 삼아 업무에 활용하고 있는 독자들을 보면서 큰 기쁨을 느끼고 있습니다. 제가 책수가 늘어날수록 시간과 정성을 더 많이 투자하게 되는 것은 바로 이 때문입니다.

'누군가 했다는 것은 누구나 할 수 있다'라는 말이 있습니다. 시간을 좀 더 투자하고, 먼저 시작한 사람의 시행착오 끝에 도출된 지식들을 꾸준히 습득하면 누구나 잘할 수 있습니다.

스케치업과 스케치업 브이레이는 개념이 다른 프로그램입니다. 따라서 생소한 용어와 인터페이스 때문에 시작하기 전부터 부담감을 느끼는 분들이 많습니다. 하지만 어렵기 때문에 생소한 것이 아니라 처음이기 때문에 생소한 것입니다. 처음 접했는데 생소하게 느끼지 않는 사람은 이 세상에 없습니다.

모든 공부는 처음 시작하는 것이 힘들 뿐, 일단 시작하면 재미를 느끼고 몰입하게 됩니다. 그리고 여러 번 반복 학습하다 보면 학습의 즐거움을 느끼게 되고, 실무에 활용하게 됩니다.

이 책은 스케치업 2018 영문판 버전과 스케치업 브이레이 3.60.03 버전(2018년 10월 현재)을 기준으로 집필되었습니다.

스케치업 브이레이가 추후 버전 업돼(ex 4.0 버전) 추가되는 기능이 있으면 지금까지 그래왔듯이 제가 운영하는 블로그와 카페의 게시글을 통해 알려드리겠습니다. 또한 책을 보다가 막히는 부분은 언제든지 제 블로그 안부 게시판이나 이메일로 문의해주시면 확인 후 답변해드리겠습니다.

이 책을 구입해주신 독자분들께 지면으로나마 감사를 드리며, 이 책이 업무에 많은 도움이 되길 바랍니다. 항상 건강하시고, 항상 건승하시고, 항상 행복하세요.

네 번째 책의 출간까지 저하고 계속 함께 하고 있는 정보문화사와 네모기획에 감사드리며 항상 많은 도움을 주시는 트림블 스케치업 국내 배급사인 (주)빌딩포인트코리아, 스케치업 브이레이 국내 배급사인 카오스 그룹 코리아, 스케치업 기술 자격 시험 주관사인 (주)CBT 솔루션즈의 대표 이사님들과 여러 담당자분들께도 감사드립니다.

마지막으로 평생 저의 든든한 지원군인 사랑하는 아내 미선과 가족들, 지인들 그리고 실내 건축가 클럽 10만 명의 회원님들과 함께 네 번째 책 출간의 즐거움을 함께하겠습니다.

알럽실건!

V-Ray
for SketchUp

목차

스케치업
브이레이의
핵심 파악하기

렌더링 프로그램을 처음 접하는 독자들은 생소한 용어들과 많은
옵션 때문에 학습에 흥미를 느끼지 못하고 포기하는 경우가 많습니다.
꾸준히 공부하다 보면 재미도 느끼고 실력도 자연스럽게 향상되는데,
아무래도 처음 접하는 프로그램이다 보니 어렵게 생각하는 것
같습니다. 처음이기 때문에 생소한 것일 뿐, 절대로 어려운 것이
아니라는 점을 명심하기 바랍니다. 시간만 투자하면 누구나 가능하므로
이왕이면 즐겁게 학습하기 바랍니다.
책의 구성상 어렵고 딱딱한 매뉴얼 부분은 가장 뒷부분에
배치했습니다. 이 책은 Program 1 과정을 가장 먼저 학습하고
Program 2 과정을 학습하면 됩니다. Program 1 과정과
Program 2 과정을 따라하면서 막히는 부분이나 보충 설명이 필요한
부분은 Program 3 과정을 참조하면서 학습하면 됩니다.

스케치업 브이레이
시작하기

Intro.

스케치업 브이레이의 특성과 스케치업 브이레이를 설치하는 방법에 대해 알아보겠습니다.
저자가 작업한 이미지도 감상하면서 가벼운 마음으로 시작해보세요.

학습목표

스케치업 브이레이의 특성과 저자의 작품을 살펴보고 스케치업
브이레이를 설치하는 방법을 숙지합니다.

1 스케치업 브이레이의 특성

스케치업 브이레이(V-Ray for SketchUp)는 스케치업에 플러그인 형식으로 지원되는 프로그램으로, 스케치업 이미지를 사진처럼 만들어주는 가장 대표적인 렌더링 프로그램입니다. 건축, 실내 건축, 각종 디자인 분야에서 가장 많이 사용하는 3D 모델링 프로그램인 스케치업과 완벽하게 호환되기 때문에 스케치업 유저들이 실무에서 많이 사용하고 있습니다.

1 | 실사 이미지 연출

스케치업 브이레이는 사진과 같은 이미지를 만들 수 있습니다. 조명과 각종 재질값을 적용해 우리가 현실에서 보는 느낌과 동일한 표현을 할 수 있기 때문에 클라이언트에게 더욱 직관적인 프레젠테이션을 할 수 있습니다.

야간 장면 외부 투시도

2 | 스케치업과 완벽한 연동

스케치업에서 바로 렌더링이 진행되기 때문에 직관적이고 효율적인 작업이 가능합니다.

스케치업 이미지

렌더링 이미지

3 | 유용한 사이트

● 카오스 그룹(https://www.chaosgroup.com/kr)

스케치업뿐 아니라 맥스, 라이노, 레빗 등과 같은 브이레이의 모든 제품군을 제작/공급하고 있는 회사입니다. 한글 서비스도 지원되므로 꼭 회원 가입을 해서 유용한 정보를 얻기 바랍니다.

카오스 그룹 홈페이지

● 실내 건축가 클럽(http://cafe.naver.com/indesignclub)

네이버 대표 카페 타이틀에 8년 연속 선정된, 저자가 운영하는 카페입니다. 스케치업과 스케치업 브이레이 관련 콘텐츠뿐 아니라 건축, 실내 건축, 각종 디자인 관련 콘텐츠도 많이 보유하고 있는 공간으로, 온라인의 한계를 벗어나 오프라인에서도 활발한 활동을 하는 스케치업 및 건축 관련 카페입니다.

실내 건축가 클럽 카페

2 저자 갤러리

스케치업

스케치업 브이레이

스케치업

스케치업 브이레이

스케치업

스케치업 브이레이

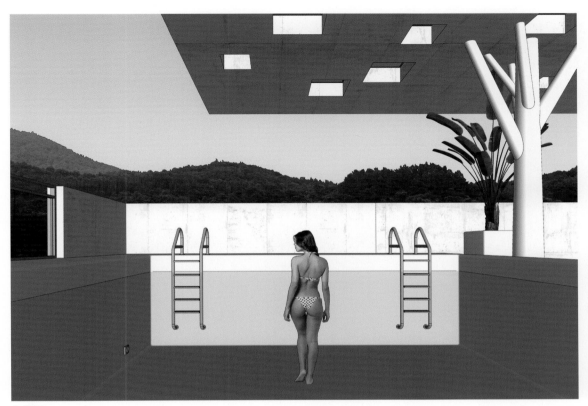

스케치업

스케치업 브이레이

스케치업

스케치업 브이레이

스케치업

스케치업 브이레이

스케치업 브이레이: 주간 장면

스케치업 브이레이: 야간 장면

스케치업 브이레이: 주간 장면

스케치업 브이레이: 야간 장면

스케치업 브이레이: HDR 파일을 이용한 배경 표현

스케치업 브이레이: HDR 파일을 이용한 배경 표현

스케치업 브이레이: Environment Fog를 이용한 안개 및 빛 내림 표현

스케치업 브이레이: Caustics를 이용한 물 표현

스케치업 브이레이 설치하기

스케치업 브이레이 3.6 버전의 설치 방법에 대해 알아보겠습니다. 여기서 소개하는 설치 방법은 정품 버전 기준으로, 데모 버전은 몇 가지 과정이 생략됐습니다. 카오스 그룹의 홈페이지가 리뉴얼되거나 스케치업 브이레이가 버전업되면 다운로드 방식과 설치 방식이 바뀔 수 있습니다.

1 | 로그인

데모 버전을 다운로드할 분들은 카오스 그룹(https://www.chaosgroup.com/kr)에 접속해 회원 가입을 해야 합니다. 데모 버전을 설치하는 과정 중에 로그인을 하는 과정이 나타날 수 있기 때문에 꼭 회원 가입을 해야만 데모 버전을 사용할 수 있습니다. 데모 버전은 정품 버전과 동일한 기능으로 한 달만 사용할 수 있습니다.

카오스 그룹에 접속해 로그인한 후 데모 버전을 사용할 분들은 [테스트하기] 버튼을 클릭하고, 정품 라이선스를 갖고 계신 분들은 [다운로드] 메뉴를 클릭해 파일을 다운로드한 후 5번 항목부터 따라합니다.

카오스 그룹 로그인 – [테스트하기] 버튼 또는 [다운로드] 메뉴 클릭

2 | [다운로드] 버튼 클릭

Download V-Ray for SketchUp trial을 클릭합니다.

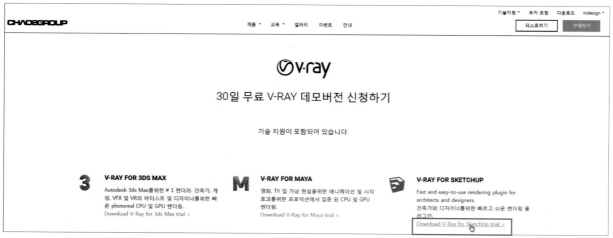

Download V-Ray for SketchUp trial 클릭

3 | 버튼 클릭

[ACTIVATE ACCOUNT] 버튼을 클릭한 후 [지금 테스트버전 시작하기] 버튼을 클릭합니다.

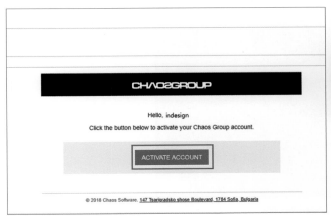

[ACTIVATE ACCOUNT] 버튼 클릭

[지금 테스트버전 시작하기] 버튼 클릭

4 | 다운로드

라이선스를 보유하고 있는 경우에 확인할 수 있으며, 다운로드 세션을 클릭하면 다운로드 페이지가 열립니다. V-Ray 3.60.03 ADV 버전의 [다운로드] 버튼을 클릭합니다.

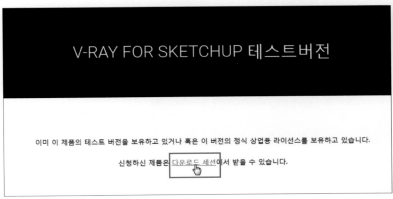

다운로드 세션 클릭

[다운로드] 버튼 클릭

5 | 설치 파일 실행

스케치업이 실행되지 않은 상태에서 다운로드한 브이레이 설치 파일을 우클릭해 관리자 권한으로 실행합니다. 브이레이 3.6 정품 버전의 인스톨(설치) 과정은 브이레이 설치 과정, 라이선스 서버 설치 과정, 분산 렌더링에 관련된 V-Ray Swarm 설치 과정으로 진행됩니다.

설치 파일 실행

6 | 설치하기

[V-Ray for SketchUp] 창이 나타나면 라이선스 관련 내용에 동의하기 위해 [I Agree] 버튼을 클릭합니다. 설치돼 있는 스케치업 버전을 선택한 후
[Next] 버튼을 클릭합니다. 자동 체크돼 있는 [V-Ray Swarm 1.4.3]은 분산 렌더링에 관련된 옵션입니다.

[I Agree] 버튼 클릭

스케치업 버전 체크 – [Next] 버튼 클릭

7 | 인스톨

[Install Now] 버튼을 클릭하면 설치 과정이 나타납니다.

[Install Now] 버튼 클릭

인스톨 과정이 나타남

8 | 라이선스 서버 설치하기

[V-Ray Online License Server – ver.4.5.1] 창이 나타나면 [I Agree] 버튼을 클릭하고 [Install Now] 버튼을 클릭합니다.

[I Agree] 버튼 클릭

[Install Now] 버튼 클릭

9 | 종료

카오스 그룹 아이디와 비밀번호를 입력한 후 [Activate] 버튼을 클릭하고 [Finish] 버튼을 클릭합니다.

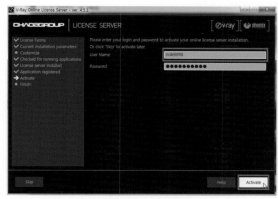

아이디, 비밀번호 입력 – [Activate] 버튼 클릭

[Finish] 버튼 클릭

10 | V-Ray Swarm 설치

[V-Ray Swarm] 창이 나타나면 [I Agree] 버튼을 클릭한 후 [Install Now] 버튼을 클릭합니다.

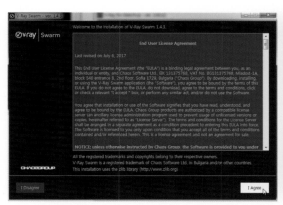

[I Agree] 버튼 클릭

[Install Now] 버튼 클릭

11 | 종료

[Finish] 버튼을 클릭해 V-Ray Swarm 설치를 종료하고 [Finish] 버튼을 눌러 브이레이 설치를 종료합니다.

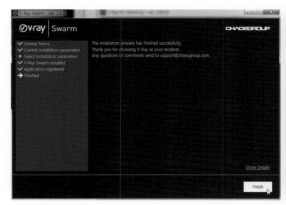

[Finish] 버튼 클릭

[Finish] 버튼 클릭

12 | 라이선스 확인

온라인 라이선스 서버에 접속하기 위해 http://localhost:30304를 인터넷 주소창에 입력하고 라이선스를 확인합니다.

인터넷 익스플로러의 버전에 따라 원활한 접속이 안 되는 경우가 있으므로 구글 크롬으로 접속하기 바랍니다.

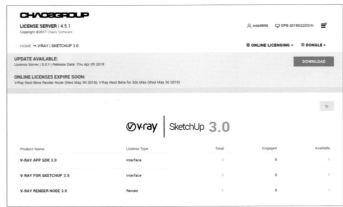

라이선스 확인

13 | 스케치업 실행

스케치업을 실행한 후 브이레이 도구 모음을 확인하고 원하는 위치에 배치합니다.

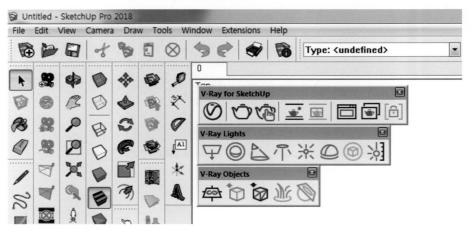

브이레이 도구 모음 확인 – 배치

| 알아두기 | 스케치업에서 라이선스 확인 / 브이레이 버전 확인

스케치업에서 브이레이 라이선스를 확인하는 방법과 브이레이 버전을 확인하는 방법에 대해 알아보겠습니다.

❶ 스케치업에서 브이레이 라이선스 확인

스케치업에서 스케치업 브이레이 라이선스 페이지로 접속하려면 메뉴의 [Extensions-V-Ray-Help-License-License Server]를 클릭합니다.

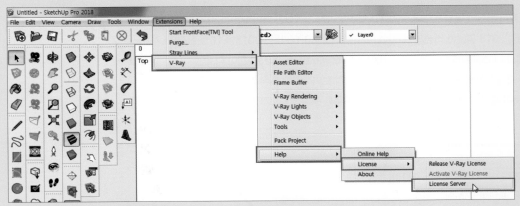

라이선스 확인

❷ 스케치업 브이레이 버전 확인

메뉴의 [Extensions-V-Ray-Help-About]을 클릭하면 스케치업 브이레이 버전 정보와 라이선스 관련 문서가 나타납니다.

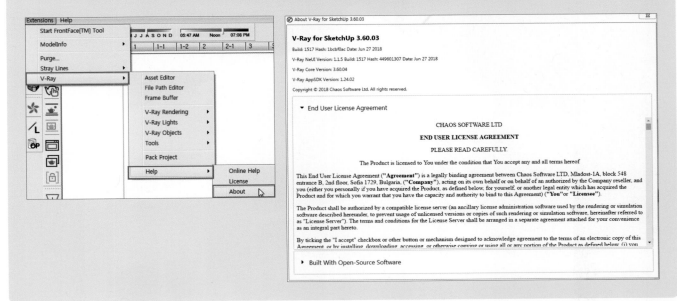

스케치업 브이레이의
기본 개념 이해하기

1강

이번에는 렌더링을 하면서 여러 가지 옵션의 특성에 대해 학습하고 실무에 가장 최적화된 브이레이 옵션을 만드는 방법을
알아보겠습니다. 이 책은 스케치업 2018 영문판 버전과 스케치업 브이레이 3.60.03 버전(2018년 10월 현재)을 기준으로
집필됐지만 다른 버전의 스케치업이나 스케치업 브이레이 3.x 버전대로 학습하셔도 됩니다. 버전이 다르면
아주 작은 부분의 차이가 있지만 크게 문제되는 부분은 아닙니다. 스케치업 브이레이가 추후 버전 업돼 추가되는
기능이 있으면 지금까지 그래왔듯이 제가 운영하는 블로그와 카페의 게시글을 통해 알려드리겠습니다.

학습목표

이번 과정은 브이레이의 기본기를 다지는 데 있어 매우 중요합니다. 기본기를 다져놓으면
나머지 내용을 학습하기가 한결 수월합니다. 이번 과정에서 학습하는 내용은 어느 부분이
더 중요하다고 말할 수 없을 정도로 모두 중요하므로 한 번의 학습으로 끝내지 말고
여러 번 반복 학습하기 바랍니다.

기본 렌더링하기

이번에는 스케치업 브이레이 기본 옵션(Default Option)으로 렌더링을 진행해보고, 이를 바탕으로 렌더링 이미지를 저장하는 방법과 이미지 파일 형식의 특성에 대해 알아보겠습니다.

예│제│파│일│ **Program1/1강/p1-1**   완│성│파│일│ **Program1/1강/p1-1.완성**

1 │ 폴더 생성

바탕화면에 [vray study] 폴더를 만든 후 해당 폴더 안에 data file, file, render history, rendering, vray option 폴더를 만듭니다. data file 폴더는 연산 데이터 파일, file 폴더는 이 책을 학습하면서 만드는 각종 파일(메트리얼, 컴포넌트, 기타 파일)을 저장합니다. render history 폴더는 [VFB history] 창에 저장되는 vrimg 파일을 저장합니다. rendering 폴더는 렌더링을 완료한 이미지, vray option 폴더는 새롭게 만드는 브이레이 옵션을 저장합니다.

폴더 만들기

2 │ 부록 CD 파일 복사

부록 CD의 예제 파일 폴더를 복사해 이 책을 학습할 컴퓨터의 원하는 경로에 붙여 넣기합니다.

> │ 알아두기 │ **스케치업 완성 파일**
>
> 부록 CD에 있는 모든 스케치업 완성 파일은 해당 과정에서 학습하는 내용이 모두 설정돼 있지만, 외부에서 불러오는 파일(맵 파일, IES 데이터 파일, HDR 파일, 기타 파일)의 경로가 이 책을 집필한 저자의 컴퓨터와 이 책을 학습하는 독자들의 경로가 다르기 때문에 적용한 효과가 올바르게 표현되지 않을 수 있습니다. 다시 적용하는 방법은 책에 나와 있습니다.

3 | 파일 실행

부록 CD/p1-1.skp 파일을 실행한 후 오른쪽 이미지에서 사
각형으로 표시된 저자의 작업 영역(그리기 영역)을 주의 깊게
살펴보기 바랍니다. 와이드 모니터를 많이 사용하기 때문에 독
자들의 작업 영역은 대부분 가로가 더 길게 보일 것입니다.

작업 영역은 스케치업 및 렌더링 완성 이미지를 내보내기
(Export)할 때 저장되는 이미지 크기의 비율이기 때문에 저자
의 작업 영역은 최대한 A3 비율(4961픽셀×3508픽셀)과 비
슷하게 설정해 작업하고 있습니다.

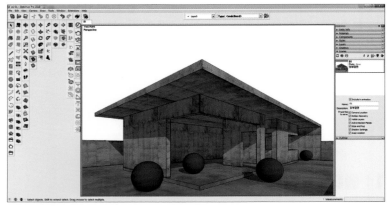

작업 영역 확인

4 | 그리기 영역 크기 확인

메뉴의 [File-Export-2D Graphic]을 클릭해 [Export 2D Graphic] 창을 나타나게 한 후 [Options] 버튼을 클릭합니다.

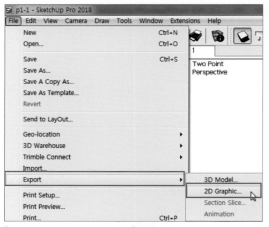

[File - Export - 2D Graphic] 클릭

[Options] 버튼 클릭

5 | 크기 확인

내보내기를 설정하는 [Export JPG Options] 창이 나타나면 내보내기(출력)의 크기를 설정하기
위해 [Use Image Size] 옵션의 체크 표시를 해제합니다. Width(가로) 항목에 '4961'을 입력하
고, 자동 설정되는 Height(세로) 항목의 수치값을 확인합니다.

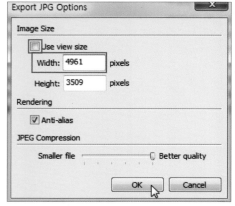

체크 해제, Width 항목에 '4961' 입력

| 알아두기 | **window 폭 수정**

스케치업 화면 우측에 자동 정렬돼 있는 각종 창들의 좌측 부분을 드래그하면 창의 폭이 늘어나 작업 영역의 가로 크기를 수정할 수 있지만, 권장하지는 않습니다. 그 이유는 정확한 크기로 수정할 수 없어 렌더링할 때마다 동일한 크기(폭)로 설정할 수 없기 때문입니다. 따라서 각종 창들의 폭은 기본 설정돼 있는 최소 폭으로 작업하기 바랍니다.

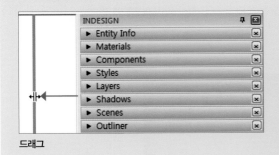

드래그

폭을 늘릴 수는 있지만, 최소 폭으로 작업하기 바람

6 | 크기 설정

작업 영역의 가로 크기(수치값)는 4961픽셀로 고정하고 작업 영역의 세로 크기를 최대한 3508픽셀(A3 픽셀 크기)과 비슷하게 설정합니다. 세로 크기를 설정하려면 도구 모음의 앞부분에 마우스 포인터를 올려놓은 후 클릭한 채로 드래그해 원하는 위치로 이동시키면 됩니다. 이렇게 세로 크기를 [Export JPG Options] 창에서 수시로 확인하면서 각종 도구 모음의 위치를 움직여 그리기 영역의 크기를 설정하면 됩니다. 도구 모음을 세로로 한 라인에 여러 개를 적층하지 않고 가로로 펼쳐 배치해 그리기 영역의 세로 크기를 설정한다는 의미입니다.

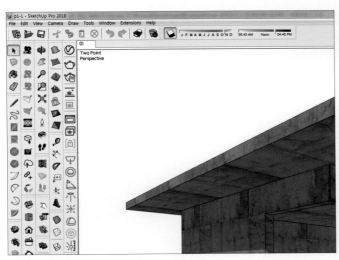

도구 모음 재배치 전

도구 모음 재배치 후

| 알아두기 | **저자의 도구 모음 배치 칸 수**

3번 항목에 포함된 스샷 이미지의 도구 모음 칸 수를 세어보면 가로로 10칸이라는 것을 확인할 수 있습니다.
[Export JPG Options] 창에서 크기를 입력해 그리기 영역의 크기를 매번 확인하기는 번거롭기 때문에 저자는 칸 수를 기억합니다. 즉, 데스크톱 모니터의 도구 모음이 가로로 10칸, 노트북의 도구 모음이 가로로 9칸 배치되면 A3 비율과 거의 같다고 기억하는 것입니다.

7 | 렌더링

V-Ray for SketchUp 도구 모음( )의 Render 아이콘( )을 클릭해 렌더링합니다. 렌더링이 시작되면 렌더링 이미지가 나타나는 [V-Ray frame buffer] 창이 나타나면서 렌더링 진행 과정을 실시간으로 확인할 수 있습니다. [V-Ray frame buffer] 창의 상단 부분에는 렌더링 크기(800x450), 하단 부분에는 렌더링의 진행 상황이 나타나며, 렌더링이 완료되면 Finished 문구가 표시됩니다. 이후로는 [V-Ray frame buffer] 창을 줄여 [VFB] 창이라고 표기하겠습니다. V-Ray for SketchUp 도구 모음( )의 Frame Buffer 아이콘( )을 클릭해도 [VFB] 창이 나타납니다.

렌더링

| 알아두기 | 렌더링

스케치업 모델에 빛(자연조명, 인공조명)과 각종 재질감(반사, 굴절, 기타)을 표현해 사진과 같은 이미지를 만드는 과정을 렌더링(Rendering)이라고 합니다.

스케치업 이미지

스케치업 브이레이 렌더링 이미지

8 | 렌더타임 표시하기

렌더링이 완료되면 렌더링에 소요되는 시간인 렌더타임을 확인하기 위해 [VFB] 창 우측 하단부의 Show stamp controls 아이콘(🔽)을 클릭해 하위 옵션을 나타냅니다. Insert variables 아이콘(■)을 클릭해 렌더링 정보가 표시되는 [Stamp variables window] 창을 나타나게 한 후 [rendertime] 항목을 클릭하고 렌더링 이미지에 표시하기 위해 [Copy to stamp] 버튼을 클릭합니다. Apply stamp 아이콘(■)을 클릭해 렌더링 이미지에 있는 렌더타임을 확인한 후 [Stamp variables window] 창을 닫습니다. 렌더타임을 렌더링 이미지에 표시하지 않으려면 활성돼 있는 Apply stamp 아이콘(■)을 클릭해 비활성하면 됩니다.

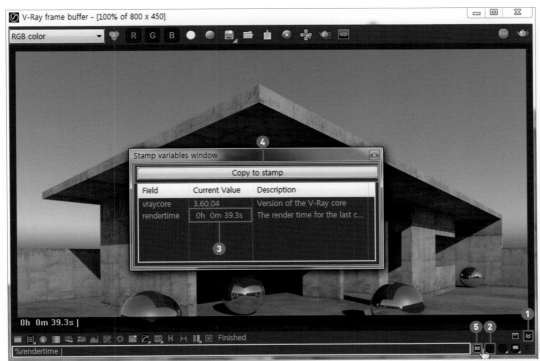

렌더타임 표시

| 알아두기 | 부가 정보 입력

렌더타임 외의 부가 정보를 렌더링 이미지에 표시하려면 화살표가 지시하는 부분에 마우스 포인트를 올려놓고 클릭한 후 키보드로 부가 정보를 입력하면 됩니다.

클릭

입력 – 렌더링 이미지에 표시됨

9 | 비율 확인

완료된 렌더링 이미지를 보면 스케치업에서 설정한 그림자의 위치가 렌
더링에 그대로 반영된다는 것과 스케치업 작업 영역의 비율과 렌더링 이
미지의 비율이 다르다는 것을 알 수 있습니다. 스케치업 브이레이 기본
옵션의 렌더링 크기가 800×450으로 설정돼 있기 때문에 렌더링 이미
지의 가로 비율은 스케치업 화면 비율과 같지만, 세로 비율은 설정된 크
기 때문에 잘린 것입니다.

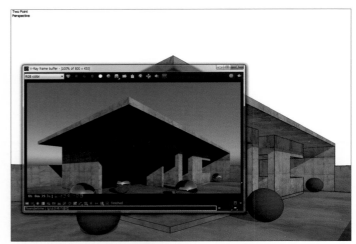

비율 비교 – 렌더링 이미지는 세로가 잘림

10 | 렌더링 비율 설정

렌더링 크기를 작업 영역의 비율과 동일하게 설정하겠습니다. V-Ray for SketchUp 도구 모음( )의 Asset Editor 아이콘( )을 클릭해
[V-Ray Asset Editor] 창을 나타내고, 각종 환경을 설정하는 Settings 아이콘( )을 클릭합니다. 렌더링 이미지의 출력(크기, 비율, 자동 저장 여부
등)에 관한 옵션을 설정하는 [Render Output] 탭을 클릭해 확장합니다. [Aspect Ratio] 옵션의 내림 버튼( )을 클릭해 작업 영역 비율로 렌더링 크
기를 설정하는 [Match Viewport]를 클릭합니다. [Image Width/Height] 옵션의 [Width] 항목을 클릭해 키보드로 '1000'을 입력하고 Enter 를 누릅
니다. 가로 크기를 입력하고 Enter 를 누르면 세로 크기가 비율에 맞게 자동으로 설정됩니다.

아이콘 클릭 – 탭 클릭 – 내림 버튼( ) 클릭 – 선택

'1000' 입력 후 Enter

| 알아두기 | **옵션 창/ 옵션 탭 열고 닫기**

[V-Ray Asset Editor] 창에서 좌, 우의 창을 펼치거나 닫으려면 펼침 / 닫힘
아이콘(/)을 클릭하면 됩니다. 또한 각종 탭이나 옵션 탭의 하부 옵션을
펼치거나 닫으려면 펼침 / 닫힘 화살표(/)를 클릭하면 됩니다.

11 | 렌더링 확인

[V-Ray Asset Editor] 창의 Render with V-Ray 아이콘(◉)을 클릭해 렌더링합니다. [VFB] 창에서 렌더링 완료이미지를 확인해보면 스케치업의 작업 영역 비율로 렌더링된것을 알 수 있습니다. 렌더링 가로 크기를 '1000'으로 설정했는데 '999'로 렌더링된 것은 스케치업 브이레이 3.60.03 버전의 버그입니다.

렌더링 / 확인

아이콘 클릭

| 알아두기 | 렌더링 이미지 확대 / 축소

[VFB] 창에서 렌더링 이미지에 마우스 포인터를 올려놓고 렌더링 이미지의 아무 지점이나 클릭한 후 마우스 스크롤 버튼을 위로 움직이면 1600%까지 확대되며, 아래로 움직이면 0%까지 축소됩니다. 확대나 축소된 이미지를 원래 크기로 되돌리려면 마우스 왼쪽 버튼을 더블클릭하면 됩니다.

12 | [VFB history] 창 나타냄

렌더링이 완료되면 [VFB] 창의 하단부에 있는 Show VFB history window 아이콘(H)을 클릭해 [VFB] 창의 좌측에 [VFB history] 창을 나타냅니다. Enable VFB history 아이콘(⏻)을 클릭해 [Render history settings] 창을 나타냅니다. 창이 나타나지 않으면 Settings 아이콘(☰)을 클릭한후 History Settings 메뉴를 클릭해 창을 나타냅니다.

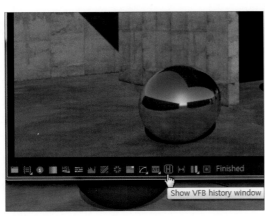

아이콘 클릭

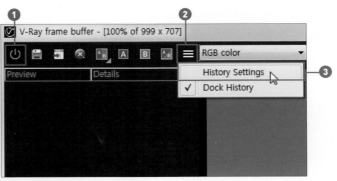

아이콘 클릭 – 아이콘 클릭 – 메뉴 클릭

13 | 설정

경로 지정 아이콘(⬜)을 클릭해 바탕화면에 만든 [vray study] 폴더 안의 render history 폴더로 경로를 지정한 후 자동으로 렌더링 이미지를 저장하는 [Auto Save] 옵션에 체크 표시를 하고 [OK] 버튼을 클릭합니다.

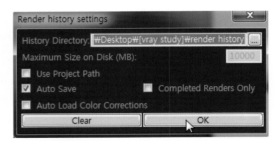

아이콘 클릭 – 경로 지정 – 체크 표시 – [OK] 버튼 클릭

14 | 렌더 히스토리에 이미지 저장

[Render history] 창의 Save 아이콘(⬛)을 클릭해 렌더 히스토리에 렌더링 이미지를 저장합니다. 이렇게 렌더 히스토리에 저장된 이미지는 바탕화면의 [vray study] 폴더 안에 있는 render history 폴더에도 VRIMG 파일 형식으로 저장됩니다.

저장

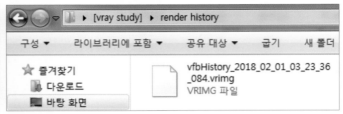

폴더 확인

| 알아두기 | **VRIMG 파일 형식 불러오기**

VRIMG 파일 형식은 윈도우상에서 미리 보기를 할 수 없습니다. VRIMG 파일 형식을 보려면 [VFB] 창의 Load image 아이콘(⬛)을 클릭해 [열기] 창이 나타나도록 한 후 VRIMG 파일을 선택하고 [열기] 버튼을 클릭하면 [VFB] 창에서 볼 수 있습니다.

아이콘 클릭

파일 선택 – [열기] 버튼 클릭

15 | 출력 채널 확인

[VFB] 창의 내림 버튼(▼)을 클릭해 채널을 확인합니다. 브이레이 기본 옵션의 출력 채널은 기본 채널인 RGB color 채널과 흑백으로 구성돼 이미지를 합성할 때 사용하는 Alpha 채널이 출력되도록 설정돼 있습니다. 렌더링을 완료하면 한 장의 이미지가 아닌 두 장의 이미지를 내보내기(저장)할 수 있습니다. 즉, 선택한 채널의 숫자만큼 이미지를 내보내기할 수 있다는 의미입니다.

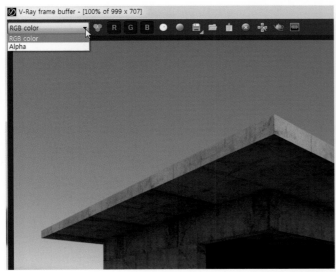

RGB color

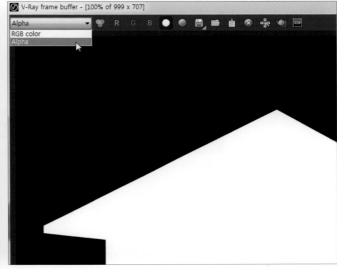

Alpha

| 알아두기 | 채널 선택 / 채널 삭제

저장하고자 하는 채널을 선택하려면 [V-Ray Asset Editor] 창의 펼침 아이콘(▶)을 클릭해 오른쪽 창을 나타내고 [Render Elements] 탭을 확장합니다. Add Render Element를 클릭하면 나타나는 채널 중에 추가할 채널을 선택하면 됩니다. 추가한 채널을 삭제하려면 추가된 채널의 삭제 아이콘(✕)을 클릭하면 됩니다.

[Render Elements] 탭에서 채널 추가

채널 삭제

16 | 이미지 내보내기

렌더링한 이미지를 내보내기(저장)하겠습니다. 출력 채널을 RGB color로
선택하고 현재의 채널 이미지만을 저장하는 Save current channel 아이
콘(🖫)을 클릭합니다. 저장 경로는 바탕화면에 만든 [vray study] 폴더 안
의 rendering 폴더로 지정합니다. 파일 이름에 '1'을 입력하고, 파일 형식은
png를 선택한 다음 [저장] 버튼을 클릭합니다. 이어서 Save current
channel 아이콘(🖫)을 클릭해 bmp, jpg, tif 파일 형식으로도 각각 저장
합니다.

아이콘 클릭

각각의 파일 형식으로 저장

17 | 확인

렌더링 이미지가 저장된 rendering 폴더에서 네 장의 이미지의 품질과 파일 용량을 각각 확인해봅니다. bmp, jpg 파일 형식으로 저장한 이미지는 배경
(하늘)이 포함돼 있고 png, tif 파일 형식은 배경(하늘)이 투명하다는 것을 알 수 있습니다.

폴더에서 이미지 확인

| 알아두기 | 이미지 연결 프로그램

저자의 운영체제는 윈도우 7이며, 이미지 파일 형식의 연결 프로그램은 윈도우 사진 뷰어로 설정한 상태입니다. 배경이 투명한 png, tif 파일 형식의 이미지가
배경이 투명하게 보이지 않고 검은색으로 보이는 독자들은 이미지 파일의 연결 프로그램을 재설정하거나 포토샵에서 확인하기 바랍니다.

저자의 연결 프로그램

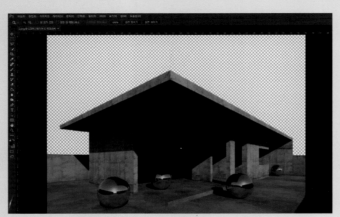

파일 형식을 포토샵에서 확인 – 배경이 투명함

18 | 채널별 저장

[VFB] 창의 Save current channel 아이콘(🖫)을 꾹 눌러 저장 아이콘들이 펼쳐지면 모든 채널 이미지를 저장하는 Save all image channel to separate file 아이콘(🖫)을 클릭합니다. 저장 경로는 바탕화면에 만든 [vray study] 폴더 안의 rendering 폴더로 지정합니다. 파일 이름에 '1-1'을 입력하고, 파일 형식은 png를 선택한 다음 [저장] 버튼을 클릭합니다. 이어서 bmp, jpg, tif 파일 형식으로도 각각 저장합니다.

아이콘 클릭   각각의 파일 형식으로 저장

19 | 이미지 확인

저장된 폴더에서 이미지를 확인해보면 한 장이 아닌 두 장(RGB color 이미지 + Alpha 이미지)씩 저장된 것을 알 수 있습니다. 이렇게 Save all image channel to separate file 아이콘(🖫)을 클릭해 이미지를 저장하면 선택돼 있는 모든 채널 이미지가 한 번에 저장됩니다. 만약, 채널 이미지를 20개를 선택했다면 20장의 이미지가 저장됩니다.

이미지 확인

20 | 아이콘 선택

[VFB] 창에서 Save current channel 아이콘(🖫)을 선택합니다.

선택

파일 형식의 특성 / 배경 합성

렌더링 이미지는 다양한 파일 형식으로 저장할 수 있으며, 일반적으로 많이 사용하는 파일 형식은 png, bmp, tif입니다. 가장 일반적인 이미지 파일 형식인 jpg는 이미지의 품질이 좋지 않기 때문에 사용하지 않습니다.

1 | 배경

본문 내용의 15번 과정에서 저장한 jpg, bmp 파일 형식의 이미지는 배경(하늘)이 보이고, png, tif 파일 형식의 이미지는 배경이 투명하게 보입니다. 즉, jpg, bmp 파일 형식은 배경을 포함해 저장하고 png, tif 파일 형식은 배경을 투명하게 해서 저장합니다. 본문의 tif 파일 형식의 이미지가 png 파일 형식과 똑같이 투명하게 보이는 이유는 저자의 경우 tif 파일 형식의 연결 프로그램을 윈도우 사진 뷰어로 설정했기 때문입니다. tif 파일 형식의 특징은 윈도우상에서는 배경이 투명하게 보이지만, 포토샵에서 tif 파일을 열어보면 배경을 포함하고 있으며, 다른 파일 형식과 다르게 알파 채널이 추가돼 있다는 것입니다.

포토샵에서 tif 파일 형식 열기 – 배경이 포함돼 있고 알파 채널이 있음

2 | 용량

저장된 각각의 파일 형식의 용량을 확인해보면 jpg 파일 형식의 이미지가 파일 용량이 가장 작고 tif 파일 형식의 이미지가 파일 용량이 가장 많습니다. 파일 용량이 작다는 것은 압축을 많이 해서 이미지의 품질이 좋지 않다는 의미고, 파일 용량이 많다는 것은 압축을 적게 해서 이미지의 품질이 좋다는 의미입니다. 이런 이유로 스케치업 브이레이 렌더링 이미지는 jpg 파일 형식으로는 저장하지 않으며, 주로 bmp와 tif 파일 형식으로 저장합니다. 저자는 품질이 가장 좋은 tif 파일 형식을 주로 사용하고 있습니다.

3 | 합성

배경이 투명한 png 파일 형식은 배경을 합성할 때 활용할 수 있습니다. 아래의 내용을 따라할 독자들은 부록 CD의 'Program1/1강/합성' 폴더에 있는 'background.jpg' 파일로 따라하기 바랍니다. 합성 방법은 원본(렌더링 이미지) 이미지와 크기가 같은 합성할 이미지(배경 이미지)를 포토샵에서 열고 합성할 이미지를 이동 도구(단축키 V)를 이용해 렌더링 이미지 위로 이동시킵니다. 이동시킬 때 크기가 동일한 두 장의 이미지는 Shift 를 누르고 이동시키면 두 장의 이미지가 정확하게 겹쳐집니다.

두 장의 이미지(렌더링 이미지, 배경 이미지)를 불러옴 – 이동 도구 선택 – Shift 를
누른 채로 배경 이미지를 렌더링 이미지 위로 드래그

합성된 상태

배경 이미지는 닫고 [레이어] 창에서 합성시킨 배경 레이어를 클릭한 채로 아래로 드래그해 레이어 순서를 바꿉니다.

레이어를 클릭한 채로 아래로 드래그

레이어 순서가 바뀐 상태

렌더링 이미지 레이어를 선택한 후 레이어를 병합(Ctrl + E)하고, 다른 이름으로 저장하면 됩니다.

레이어 선택

레이어 병합 - 저장

png 파일 형식은 배경을 간단하게 합성할 수 있다는 장점이 있지만, 렌더링 이미지에서 반사값을 가진 재질에는 합성하기 전의 배경이 반사돼 표현됐기 때문에 자세히 관찰하면 어색할 수밖에 없습니다.

배경을 합성하는 것보다 배경 컴포넌트를 모델에 직접 배치하는 것이 효율적인 방법입니다. 배경 컴포넌트를 만드는 방법은 책에서 학습합니다.

배경 컴포넌트를 모델에 배치

렌더링: 반사값을 가진 재질(유리)에 배경이 자연스럽게 반사됨

2 렌더링 품질 설정하기

이번에는 품질 설정에 따른 렌더링 이미지의 품질과 렌더타임의 차이 및 렌더링이 완료된 이미지를 자동 저장하는 방법에 대해 알아보겠습니다.

1 | 이미지 자동 저장 설정

이번 과정부터 렌더링하는 이미지는 자동 저장하겠습니다. [V-Ray Asset Editor] 창의 Settings 아이콘(⚙)을 클릭해 [Settings] 옵션 창을 나타냅니다. 그런 다음, [Render Output] 탭을 클릭해 하위 옵션을 나타내고 [Save Image] 옵션을 활성하고, [Save Image] 옵션 탭을 클릭해 하위 옵션을 펼칩니다. Save File 아이콘(📄)을 클릭해 저장 경로를 바탕화면에 만든 [vray study] 폴더 안의 rendering 폴더로 지정합니다. 파일 이름을 입력한 후 bmp 파일 형식을 선택하고 [저장] 버튼을 클릭합니다. 이때 주의해야 할 점은 자동 저장을 할 때 파일 이름이 같기 때문에 계속 이미지가 덮어쓰기 되므로 자동 저장을 한 이미지의 이름을 저장된 폴더에서 계속 수정해줘야 한다는 것입니다.

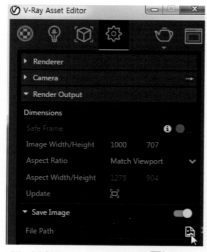

자동 저장 활성 – Save File 아이콘 (📄)클릭

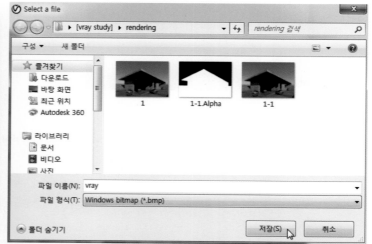

파일 이름 입력 – 파일 형식 선택 – [저장] 버튼 클릭

| 알아두기 | **각종 옵션의 활성 / 비활성**

각종 옵션들을 활성(옵션 활성 상태 ⬤)하거나 비활성(옵션 비활성 상태 ⬤)하려면 슬라이드 바의 좌, 우 끝부분을 클릭하면 됩니다.

2 | 렌더링 품질 설정

렌더링이 완료된 이미지(1번 이미지)를 저장된 폴더에서 확인해보면 이미지에 얼룩이 많다는 것을 알 수 있습니다. 렌더링 이미지의 품질을 올리기 위해 [V-Ray Asset Editor] 창의 [Settings] 옵션 창에서 [Renderer] 탭의 렌더링 품질을 설정하는 [Quality] 옵션의 슬라이드를 오른쪽으로 움직여 High로 설정하고 렌더링❷합니다. [Quality] 옵션이 Medium일 때보다 렌더타임이 길게 나오므로 차분하게 기다립니다. 렌더링 문구 뒤의 숫자는 부록 CD (Program1/ 1강/렌더링 이미지 폴더)에 있는 렌더링 이미지의 이름입니다. 독자들이 렌더링한 이미지와 부록 CD의 이미지를 계속 비교하면서 학습하기 바랍니다.

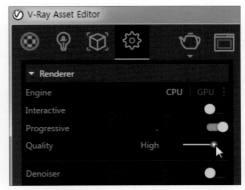

Quality: High로 설정

3 | 렌더타임 비교

렌더링이 완료되면 [VFB] 창의 좌측에 있는 [VFB history] 창에서 렌더링 이미지의 품질과 렌더타임을 확인합니다. 이전의 이미지보다 렌더링 품질은 좋아졌지만, 렌더타임은 많이 길어진 것을 확인할 수 있습니다. [VFB] 창의 좌측에 있는 [VFB history] 창은 렌더링 이미지를 순차적으로 저장합니다. 가장 최근에 렌더링한 이미지가 1번으로 표시되며, 가장 위에 배치됩니다.

렌더타임 비교

4 | 렌더링 품질 비교

[VFB] 창에서 두 장의 이미지를 비교해보겠습니다. [VFB history] 창에서 2번 이미지를 선택하고 Set B 아이콘(🅱)을 클릭해 [VFB] 창의 우측에 표시합니다. 표시된 세로 바를 클릭한 채로 좌, 우로 움직이면서 2번 이미지와 1번 이미지의 렌더링 품질을 비교합니다. 두 장의 이미지를 비교할 때 나타나는 세로 바는 [VFB] 창 좌측 상단에 활성돼 있는 Compare horizontal 아이콘(▥)을 클릭해 비활성화하거나 렌더링을 다시 시작하면 사라집니다.

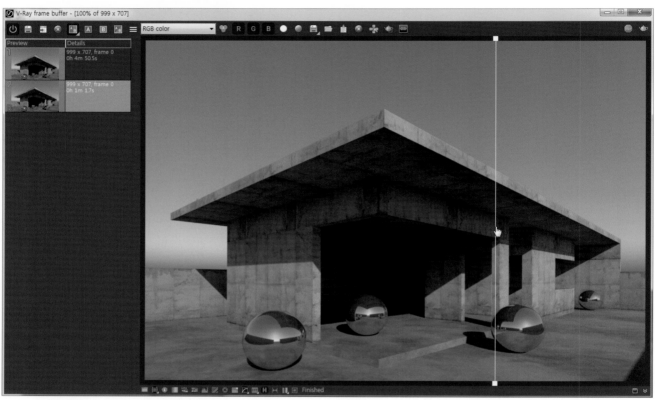

두 장의 이미지 품질 비교

5 | 렌더링 품질 설정

이번에는 [Quality] 옵션의 슬라이드를 오른쪽 끝까지 움직여 Very High로 설정합니다.

6 | 렌더링 품질 확인

렌더링❸합니다. 렌더링을 완료한 후 렌더타임을 확인해보고, 4번 과정을 참조해 이전에 렌더링한 이미지❷와 품질을 비교해봅니다. 이전 이미지의 렌더타임보다 두 배 정도 더 나왔고, 품질도 더 좋아진 것을 확인할 수 있습니다.

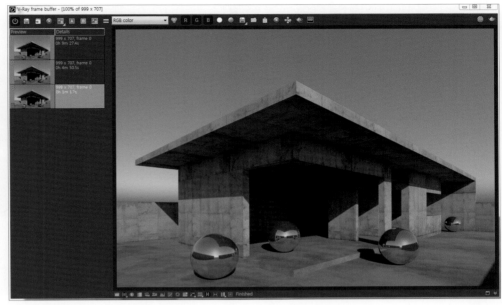

렌더링 / 품질 비교

7 | 옵션 확인

[Settings] 옵션 창 펼침 아이콘(▶)을 클릭해 오른쪽 창을 펼칩니다. [Raytrace] 탭을 클릭해 옵션 탭을 확장하고 렌더링 이미지의 노이즈를 제어하는 [Noise Limit] 옵션의 수치값을 확인합니다. 왼쪽 [Renderer] 탭에서 [Quality] 옵션을 수정해봅니다. [Quality] 옵션을 수정하면 오른쪽 창에 있는 [Raytrace] 탭의 [Noise Limit] 옵션의 수치값이 자동으로 수정되는 것을 확인할 수 있습니다. [Noise Limit] 옵션은 노이즈를 제어해 이미지의 품질을 설정하는 아주 중요한 옵션으로, 수치값이 내려가면 노이즈가 제거돼 렌더링 품질은 좋지만, 렌더타임은 증가합니다.

[Quality] 옵션 수정

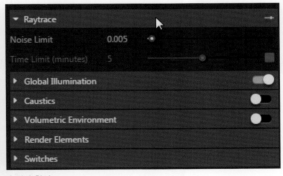

수치값 확인

8 | 옵션 수정

[Renderer] 탭에서 [Quality] 옵션을 Medium으로 설정합니다. 우측 [Raytrace] 탭의 [Noise Limit] 옵션의 수치값이 '0.05'로 자동 설정된 것을 확인할 수 있습니다.

Medium 설정 – Noise Limit 수치값 확인

9 | 버킷 방식 렌더링

지금까지 [VFB] 창에서 렌더링이 진행 중인 이미지를 확인해보면 사각형 박스인 버킷(bucket)이 나타나지 않는다는 것을 확인할 수 있었습니다. 스케치업 브이레이 기본 옵션이 점진적으로 렌더링을 진행하는 Progressive 방식으로 설정됐기 때문에 버킷이 나타나지 않는 것입니다. 버킷 방식이 Progressive 방식보다 렌더링 진행 과정을 좀 더 직관적으로 확인할 수 있기 때문에 버킷이 나오는 방식으로 수정해보겠습니다. [Renderer] 탭의 [Progressive] 옵션을 비활성한 후 렌더링❹합니다.

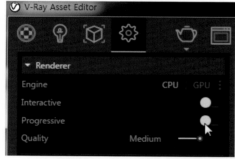

Progressive 비활성

렌더링 – 버킷 확인

10 | 이미지 확인

렌더링이 완료된 이미지를 확인해보면 기본 설정인 Progressive 방식으로 렌더링한 이미지의 품질과 렌더타임이 거의 같다는 것을 알 수 있습니다. Progressive 방식과 버킷 방식의 렌더타임은 차이가 나지 않습니다. 이후로 진행하는 모든 렌더링은 버킷 방식만 사용하겠습니다.

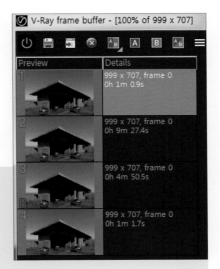

4번 이미지가 Progressive 방식: 렌더타임이 거의 같음

| 알아두기 | 렌더링 방식 / 컴퓨터 사양

[Renderer] 탭에 있는 렌더링 방식과 렌더링 시에 나타나는 사각형 박스인 버킷의 개수에 대해 알아보겠습니다.

❶ 렌더링 방식

- Interactive: 실시간 렌더링 방식으로 렌더링 중에도 각종 옵션 및 재질값을 수정하면 렌더링에 바로 반영됩니다.
- Progressive: 점진적으로 렌더링을 진행하는 방식입니다.
- Bucket: Interactive 방식과 Progressive 방식이 비활성돼 있을 때의 방식으로, 사각형 버킷이 돌아다니면서 렌더링을 진행하는 방식입니다.

Progressive 방식과 Bucket 방식의 렌더링 품질과 렌더타임은 별 차이가 없지만, Progressive 방식에 비해 버킷 방식이 렌더링 진행 과정을 좀 더 직관적으로 알 수 있기 때문에 저자는 버킷 방식으로만 렌더링을 진행합니다.

❷ 컴퓨터 사양

저자의 데스크톱 사양은 i7이고, 그래픽 카드는 Geforce GTX 550입니다. 2018년 기준으로 보면, 중간 정도의 사양으로 보면 됩니다. i7이기 때문에 렌더링 시에 나타나는 버킷의 개수는 여덟 개입니다. CPU가 i5이면 네 개, i3이면 두 개 나타납니다.
버킷의 개수가 많으면 그만큼 렌더링 속도가 빠르기 때문에 스케치업 브이레이를 사용하기 위한 권장 사양은 i7급입니다.

프로세서:	Intel(R) Core(TM) i7-3770 CPU @ 3.40GHz 3.40 GHz
설치된 메모리(RAM):	12.0GB
시스템 종류:	64비트 운영 체제

저자의 컴퓨터 사양

11 | Denoiser 채널 출력

렌더링 이미지에서 보이는 얼룩은 Quality를 High로 설정하면 많이 제거되지만, 렌더타임이 많이 길어진다는 단점이 있습니다. 렌더타임은 많이 길어지지 않고 얼룩을 제거해 렌더링 품질을 올리는 방법을 알아보겠습니다. 오른쪽 창의 [Render Elements]을 확장하고 왼쪽 창의 [Renderer] 탭의 [Denoiser] 옵션을 활성합니다. [Render Elements]에 Denoiser 채널이 추가된 것을 확인할 수 있습니다.

[Denoiser] 옵션 활성 – 추가된 Denoiser 채널 확인

12 | 채널 확인

렌더링⑤합니다. [VFB] 창의 내림 버튼(▾) 을 클릭해 채널을 확인해보면 기본적으로 출력하는 RGB color, Alpha 채널 외에 여러 개의 Denoiser 관련 채널이 추가된 것을 확인할 수 있습니다.

내림 버튼(▾) 클릭 – 추가된 채널 확인

| 알아두기 | **렌더링 시작 / 렌더링 종료**

렌더링을 시작하거나 종료하는 방법에 대해 알아보겠습니다.

❶ 렌더링 시작

렌더링을 시작하려면 아래 세 가지 방법 중 하나를 실행하면 됩니다.

- V-Ray for SketchUp 도구 모음(⊚♡⊛⋝⋝ ⊟⊟⊚⊠)의 Render 아이콘(♡) 클릭
- [V-Ray Asset Editor] 창의 Render with V-Ray 아이콘(📷) 클릭
- [VFB] 창의 Render last 아이콘(◉) 클릭

❷ 렌더링 종료

렌더링을 종료하려면 아래 세 가지 방법 중 하나를 실행하면 됩니다.

- [VFB] 창에서 렌더링 중에만 활성화되는 Stop rendering 아이콘(⊞) 클릭
- V-Ray for SketchUp 도구 모음(⊚♡⊛⋝⋝ ⊟⊟⊚⊠)에서 활성돼 있는 Render 도구(♡)를 클릭해 비활성
- [V-Ray Asset Editor] 창의 Stop render 아이콘(📷) 클릭

Stop rendering 아이콘 클릭

13 | 렌더링 진행 과정 확인

[VFB] 창 하단부의 렌더링 진행 과정을 지켜보면 한 번 렌더링한 후 Denoising RGB color라는 문구가 나타나며, 한 번 더 렌더링을 진행하는 것을 확인할 수 있습니다. [Denoiser] 옵션을 활성화했기 때문에 노이즈 제거를 위해 한 번 더 렌더링하는 과정입니다.

14 | 렌더타임 확인

렌더링이 완료되면 채널이 자동으로 effectsResult로 선택되는 것을 알 수 있으며, 렌더타임이 조금 길어진 것과 이전의 이미지보다 품질이 좋아진 것도 알 수 있습니다. 렌더타임이 증가한 이유는 Denoiser 채널이 추가돼 노이즈를 제거하는 과정을 한 번 더 렌더링했기 때문입니다.

15 | 이미지 확인

저장된 폴더에서 이미지를 확인해보면 세 장의 이미지가 자동 저장된 것을 확인할 수 있습니다. [Denoiser] 옵션을 활성하면 Denoiser가 적용되지 않은 원본 이미지, Denoiser가 적용된 이미지, effectsResult 이미지 이렇게 세 장의 이미지가 저장됩니다. Denoiser, effectsResult는 품질은 같고 이름만 다른 이미지입니다.

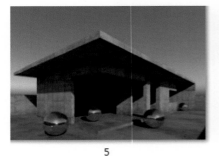

5

5.Denoiser

5.effectsResult

| 알아두기 | **[Denoiser] 옵션**

[Denoiser] 옵션을 활성해 Denoiser 채널을 추가하면 노이즈를 제거해 이미지의 품질을 좋게 하지만, 렌더타임이 길어진다는 문제와 이미지를 흐릿하게 노이즈가 없는 것처럼 표현한다는 단점이 있습니다. Denoiser 채널의 특성을 쉽게 설명하면 포토샵의 노이즈 필터 기능이라고 이해하면 됩니다. 저자는 선명한 이미지를 선호하기 때문에 [Denoiser] 옵션을 사용하지 않습니다.

16 | 옵션 비활성

Denoiser 채널을 삭제합니다. Denoiser 채널을 삭제하면 [Denoiser] 옵션은 자동으로 비활성됩니다.

채널 삭제

최적화된 브이레이 옵션 만들기

이번에는 실무에 가장 적합한 브이레이 옵션을 만드는 과정을 학습하겠습니다. 이번에 만드는 브이레이 옵션은 저자가 오랜 시간 동안 수많은 테스트를 거쳐 정립한 옵션 값으로, 스케치업 브이레이에서 가장 핵심적인 부분입니다. 저자가 실무에서 가장 많이 사용하는 옵션이기도 하므로 세부 옵션들의 특성과 렌더링 이미지의 차이점을 꼭 이해하기 바랍니다. 그리고 저장한 렌더링 이미지를 비교하면서 옵션 수정 전과 후의 차이를 숙지하기 바랍니다.

1 | GI 타입 확인

스케치업 브이레이는 두 개(Primary Rays, Secondary Rays)의 GI 타입의 조합으로 렌더링을 진행합니다. 두 개의 타입을 어떻게 조합하느냐가 렌더링 품질과 렌더타임에 큰 영향을 미치므로 GI 타입의 조합이 매우 중요합니다. [V-Ray Asset Editor] 창의 [Global Illumination] 탭을 확장한 후 GI의 첫 번째 계산 타입인 [Primary Rays] 옵션의 타입을 확인합니다.

[Global Illumination] 탭에 있는 Primary Rays 타입 확인

2 | 타입 수정 / 렌더링

내림 버튼(▼)을 클릭해 Primary Rays 타입을 Irradiance map으로 수정하고 렌더링❻합니다. 이전 렌더링 과정에 비해 놀라운 경험을 하게 됩니다. 렌더링이 완료되면 이전의 렌더링 이미지([Render History] 창의 3번 이미지)와 렌더타임 및 품질을 비교해봅니다. 렌더타임은 아주 빨라졌고, 렌더링 품질도 이전의 이미지에 비해 더 좋아졌다는 것을 알 수 있습니다.

내림 버튼 클릭 – Irradiance map 타입 선택

렌더타임 / 품질 비교

| 알아두기 | **GI 타입**

스케치업 브이레이는 두 개(Primary Rays, Secondary Rays)의 GI 타입의 조합으로 렌더링을 진행합니다. 첫 번째 타입(Primary Rays)은 Irradiance map, Brute force, Light cache를 선택할 수 있고, 두 번째 타입(Secondary Rays)은 None, Brute force, Light cache를 선택할 수 있습니다. 첫 번째 타입과 두 번째 타입을 어떻게 조합하느냐에 따라 렌더링 품질과 렌더타임에 아주 큰 영향을 미치기 때문에 스케치업 브이레이에서 GI 타입의 선택은 매우 중요합니다.

현재 설정한 Irradiance map 타입과 Light cache 타입의 조합은 저자가 수많은 테스트 후에 도출한 렌더타임 대비 품질이 가장 우수한 설정이므로 꼭 기억하기 바랍니다. 이후로 이 책의 모든 내용은 Irradiance map 타입과 Light cache 타입의 조합으로 진행합니다.

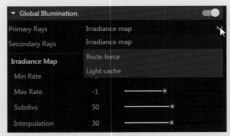

첫 번째 타입 종류

두 번째 타입 종류

3 | 그림자의 경계면 설정

렌더링 이미지의 주변 환경을 설정하는 [Environment] 탭 [Background] 옵션의 [활성 맵] 버튼(■)을 클릭해 [Sky] 옵션 창이 나타나도록 합니다. 그림자 경계면의 부드러움 정도를 설정하는 [Size Multiplier] 옵션의 수치값을 '2'로 수정하고 렌더링❼합니다.

[Background] 옵션의 [활성 맵] 버튼(■) 클릭

[Size Multiplier] 옵션에 '2' 입력

| 알아두기 | **옵션의 수치값**

수치 입력란에 마우스 포인터를 올려놓으면 최솟값(Min), 최댓값(Max), 기본값(Default)이 말풍선으로 표시됩니다. 수치값을 설정할 때 수치 입력란을 클릭한 후 키보드로 입력하는 것이 슬라이드로 조절하는 것보다 편리합니다.

수치값이 말풍선으로 나타남

4 | 이미지 비교

[VFB] 창에서 이전의 렌더링 이미지와 그림자의 경계면을 확인해봅니다. 이처럼 [Size Multiplier] 옵션은 그림자의 경계면을 부드럽게 만드는 옵션으로, 수치값을 올리면 그림자 경계면의 부드러움 정도가 증가합니다.

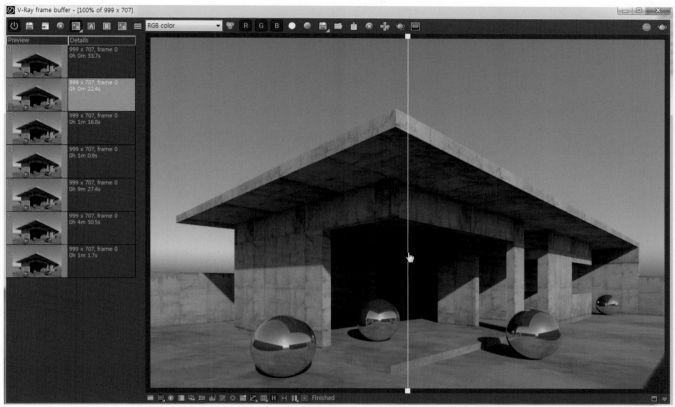

이미지 비교

5 | 환경 색상 설정

이번에는 환경 색상을 설정하는 [Sky Model] 옵션에 설정된 타입(Hosek et al)을 확인합니다. 내림 버튼(⌄)을 클릭해 CIE Clear 타입으로 수정합니다.

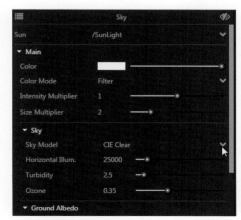

CIE Clear 타입 선택

화면 해상도

렌더링 크기는 픽셀 개념이며, 화면 해상도에 따라 보이는 비율이 다르게 나타납니다. 화면 해상도 설정에 대해 알아보겠습니다.

아래 이미지는 1000픽셀 크기로 렌더링했을 경우의 저자 모니터 화면입니다. 렌더링 크기는 픽셀 단위로 설정하는데, 모니터의 해상도에 따라 같은 1000픽셀 크기라고 하더라도 아래 이미지보다 더 작게 보이거나 더 크게 보일 수 있습니다.

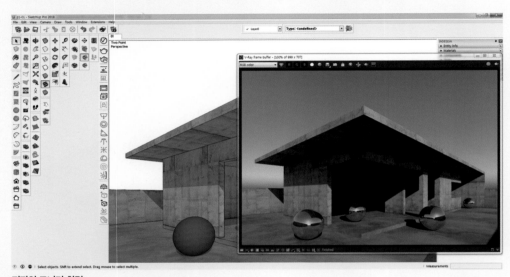

저자의 모니터 화면

윈도우 제어판의 '모양 및 개인 설정' 항목의 [화면 해상도 조정] 옵션을 클릭하면 모니터의 해상도를 알 수 있습니다.

저자가 사용하는 모니터의 해상도는 가로 1920픽셀이기 때문에 1000픽셀 크기의 렌더링 이미지가 화면의 절반 정도 차지하고 있습니다. 모니터의 해상도가 작게 설정돼 있으면 1000픽셀 크기의 렌더링 이미지가 크게 보일 것이고, 해상도가 크게 설정돼 있으면 렌더링 이미지가 작게 보일 것입니다. 해상도가 크게 설정돼 있을 경우, 품질 등을 확인할 때 어려움이 있기 때문에 해상도를 너무 크게 설정하지 않아야 합니다.

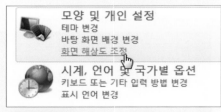

화면 해상도 조정

해상도 확인

6 | 렌더링 / 비교

렌더링❽합니다. [VFB] 창에서 이전의 렌더링 이미지와 색감을 비교해봅니다. 기본으로 설정된 Hosek et al 타입보다 전체적인 색감이 더 좋아진 것을 확인할 수 있습니다.

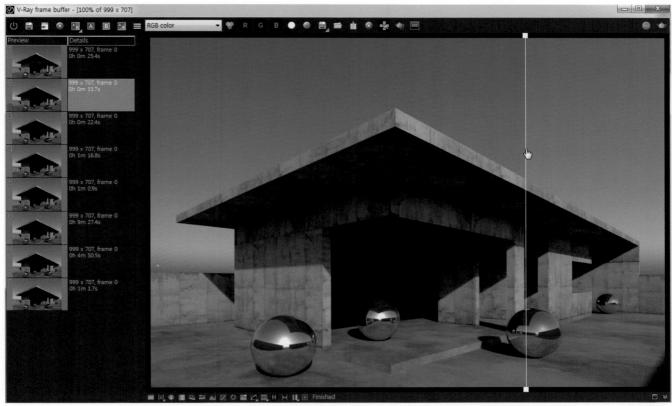

렌더링 / 비교

7 | 대기 설정

대기의 흐림 정도를 설정하는 [Turbidity] 옵션의 수치값을 '2'로 설정합니다.

Trubidity: 2

Sky Model / Shadow 설정

Sky Model 타입의 종류와 그림자의 시간과 날짜에 따라 환경을 다양한 느낌으로 표현할 수 있습니다.

1 | Sky Model

Sky Model은 네 가지 타입으로 표현할 수 있으며, 각 타입별로 색감 차이가 납니다.
색감 부분은 개인적인 시각 차가 있기 때문에 꼭 어느 타입이 좋다고 말할 수는 없지만,
저자의 경우에는 CIE Clear 타입을 가장 많이 사용합니다.

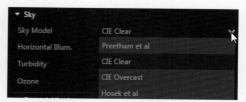

Sky Model 종류

Preetham et al

CIE Clear

CIE Overcast

Hosek et al

2 | Shadow

스케치업에서 설정한 그림자 시간/날짜에 따라 다양한 표현이 가능합니다.

CIE Clear 타입. 10월 5일, 오전
일곱 시

오전 열두 시

오후 세 시

오후 여섯 시 반

8 | 렌더링 / 비교

렌더링❾합니다. 렌더링이 완료되면 [VFB] 창에서 이전의 렌더링 이미지와 비교해봅니다. 하늘 색감이 좀 더 맑아졌고, 객체에 반영되는 색상도 더 밝아진 것을 알 수 있습니다.

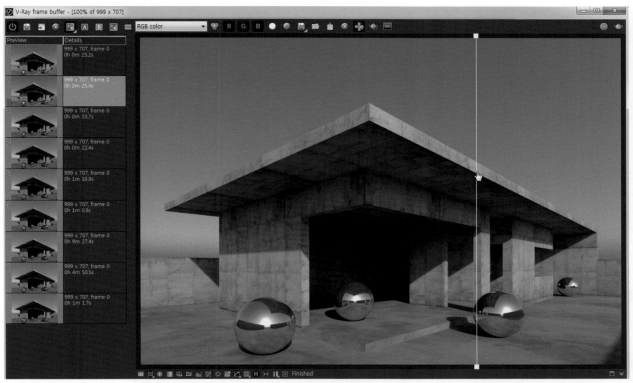

렌더링 / 이미지 비교

| 알아두기 | **Turbidity**

Turbidity는 대기의 흐림 정도와 혼탁도를 설정하는 옵션으로, 수치값을 내리면 맑게, 수치값을 올리면 흐리게 표현됩니다.

Turbidity: 4

Turbidity: 8

9 | Albedo Color 확인

우측의 슬라이드 바를 내려 [Ground Albedo] 옵션에 있는 브이레이 Sun & Sky의 지면(지평선) 색상을 설정하는 Albedo Color를 확인합니다. 스케치업 [Layers] 창에서 '00-5.건축-담장' 레이어의 체크 표시를 해제합니다.

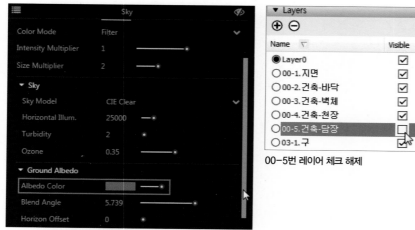

Ground Albedo - Albedo Color 확인

00-5번 레이어 체크 해제

10 | 렌더링 / 확인

렌더링❿합니다. Albedo Color의 색상을 수정하려면 Albedo Color의 색상 박스를 클릭해 원하는 색상으로 설정하면 됩니다.

렌더링 / 확인

스케치업에서 지평선 확인하기

스케치업의 지평선을 기준으로 색감이 구분되기 때문에 지평선의 위치는 렌더링 시에 중요합니다. 스케치업의 [Styles] 창이 나타나도록 한 후 In Model 아이콘(🏠)을 클릭하고 [Edit] 탭을 클릭합니다. 스케치업의 배경 스타일을 설정하는 Background Settings 아이콘(▢)을 클릭하고 [Sky] 옵션, [Ground] 옵션에 체크 표시를 하면 스케치업 화면에 하늘과 지면이 표시되면서 지평선을 확인할 수 있습니다.

Background Settings 아이콘 클릭 –
[Sky 옵션], [Ground] 옵션 체크 표시

지평선이 나타남

11 | Blend Angle 설정

지평선과 하늘 사이의 색이 혼합되는 각도 및 범위를 설정하는 Blend Angle 수치값을 '1'로 설정하고 렌더링⑪합니다. 지평선 위로는 Albedo Color가 표현되지 않는 것을 확인할 수 있습니다.

Blend Angle에 '1' 입력

| 알아두기 | Blend Angle

Blend Angle은 하늘과 지면 색상이 섞이는 범위를 설정하는 옵션으로, 수치값을 올리면 섞이는 범위가 증가하고 수치값을 내리면 섞이는 범위가 감소하며, 최솟값인 '0'으로 설정하면 지평선 부분이 섞이지 않고 선명하게 구분됩니다.

Blend Angle: 0

12 | 스케치업 스타일 수정

본문 내용의 현장 플러스를 보고 스타일을 수정한 독자들은 스케치업 [Styles] 창의 In Model 아이콘(🏠)을 클릭하고 기본 스타일을 클릭해 스케치업 화면에 하늘과 지면을 표현하지 않습니다. 스케치업 [Layers] 창의 '00-5.건축-담장' 레이어에 체크 표시를 합니다.

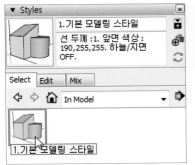

기본 스타일 선택

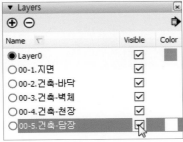

00-5번 레이어에 체크 표시

13 | 렌더링

렌더링⑫합니다.

14 | [Raytrace] 탭의 고급 옵션 나타내기

[Back] 버튼을 클릭해 [Sky] 창을 닫고 [V-Ray Asset Editor] 창의 [Raytrace] 탭을 확장한 후 Switch To Advanced Settings 아이콘(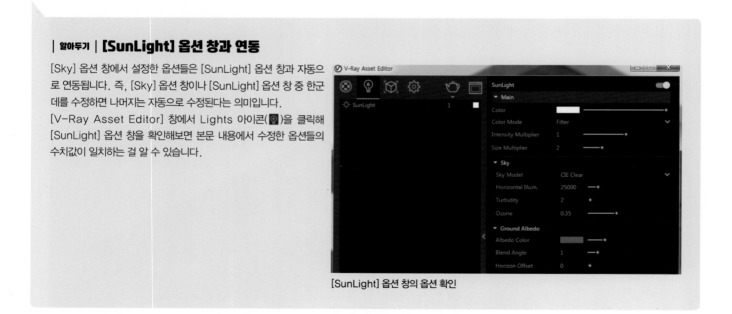)을 클릭해 고급 옵션을 나타냅니다.

[Back] 버튼 클릭

[Raytrace] 탭의 아이콘 클릭

| 알아두기 | **[SunLight] 옵션 창과 연동**

[Sky] 옵션 창에서 설정한 옵션들은 [SunLight] 옵션 창과 자동으로 연동됩니다. 즉, [Sky] 옵션 창이나 [SunLight] 옵션 창 중 한군데를 수정하면 나머지는 자동으로 수정된다는 의미입니다.
[V-Ray Asset Editor] 창에서 Lights 아이콘(💡)을 클릭해 [SunLight] 옵션 창을 확인해보면 본문 내용에서 수정한 옵션들의 수치값이 일치하는 걸 알 수 있습니다.

[SunLight] 옵션 창의 옵션 확인

15 | 이미지 선명도 설정

이미지의 선명도를 설정하는 [Antialiasing Filter] 옵션 탭을 클릭해 하위 옵션을 나타내고 [Filter Size / Type] 옵션의 내림 버튼(▼)을 클릭해
Antialiasing Filter 타입을 가장 선명하게 표현하는 타입인 [Catmull Rom]을 선택합니다.

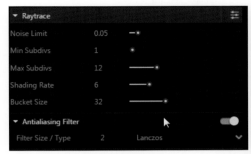

[Antialiasing Filter] 옵션 탭 확장

내림 버튼 클릭 – [Catmull Rom] 선택

16 | 렌더링 / 비교

렌더링⑬합니다. 렌더링이 완료되면 [VFB] 창 및 저장된 폴더에서 이전의 이미지와 선명도를 비교해봅니다.

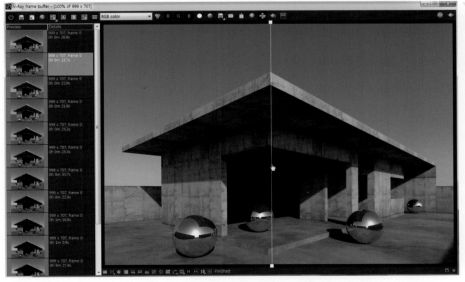

렌더링 / 비교

| 알아두기 | **이미지의 선명도**

Antialiasing Filter 타입은 여러 가지
가 있지만, 이미지를 가장 선명하게 표
현하는 Catmull Rom 타입과 부드럽
게 표현하는 Area 타입을 많이 사용합
니다. 저자는 Catmull Rom 타입을
가장 많이 사용합니다.

17 | Material Override

[V-Ray Asset Editor] 창에서 Settings 아이콘(⚙)을 클릭해 [Settings] 옵션 창을 나타냅니다. [Material Override] 탭을 확장한 후 선택한 색상 으로만 빠르게 렌더링을 진행하는 [Material Override] 옵션을 활성하고 렌더링⑭합니다. 렌더링이 완료된 이미지를 보면 매핑한 메트리얼이 표현되는 것이 아니라 [Material Override] 옵션의 Override Color로만 렌더링됐고, 렌더타임이 빠르다는 것을 알 수 있습니다.

옵션 활성

렌더링 / 확인

| 알아두기 | **Material Override 렌더링**

[Material Override] 옵션을 활성하면 선택한 색상만으로 렌더링이 빠르게 진행되기 때문에 그림자의 방향, 객체의 볼륨감, 빛의 세기, 환경 색상, 객체에 반영되는 색감 등을 빠르게 확인할 수 있습니다. 색상을 수정하려면 Override Color의 색상 박스를 클릭해 원하는 색상을 설정하면 됩니다. 이때 완전 흰색 을 선택하면 빛을 강하게 받는 부분은 타는 현상이 발생할 수 있습니다.

Material Override 렌더링 이미지

18 | Ambient Occlusion

[Settings] 옵션 창의 우측에 있는 [Global Illumination] 탭을 확장합니다. 객체 경계면의 음영을 표현해 디테일을 살려주는 [Ambient Occlusion] 옵션을 활성한 후 렌더링⑮합니다. 렌더링 완료 이미지를 보면 객체의 경계면에 음영이 표현된 것을 알 수 있습니다. Ambient Occlusion 효과는 빛을 바로 받는 부분보다 그림자 부분에서 더 잘 확인할 수 있습니다.

옵션 활성

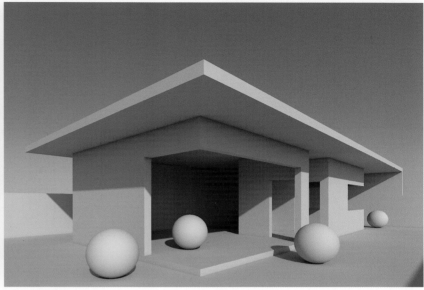

렌더링 / 확인

| 알아두기 | **오버라이드 효과 제외하기**

[V-Ray Asset Editor] 창에서 Materials 아이콘(◉)을 클릭한 후 오버라이드 효과를 제외할 메트리얼을 선택하고 우측의 [Material Options] 탭에 있는 [Can be Overridden] 옵션의 체크 표시를 해제하면 해당 메트리얼만 Material Override 렌더링 시에 원래의 재질로 표현됩니다.

구에 매핑한 재질 – 옵션 체크 해제

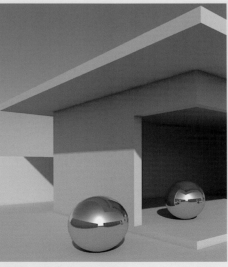

렌더링 – 구만 원래 재질로 표현됨

19 | 렌더링

[Material Override] 옵션을 비활성하고 렌더링⑯합니다.

옵션 비활성

렌더링

20 | 브이레이 옵션 저장

지금까지 설정한 내용을 브이레이 옵션으로 저장하기 위해 [V-Ray Asset Editor] 창의 왼쪽 하단에 있는 Save Render Setting To File 아이콘 (🖫)을 클릭합니다. 브이레이 옵션 파일 저장 경로를 바탕화면에 만든 [vray study] 폴더 안의 vray option 폴더로 지정한 후 파일 이름에 'p1-1'을 입력하고 [저장] 버튼을 클릭합니다.

아이콘 클릭

경로 지정 – 이름 입력 – [저장] 버튼 클릭

| 알아두기 | **브이레이 옵션 파일의 이름**

이 책에서는 브이레이 옵션 파일의 이름을 간단하게 입력했지만, 실무에서는 최대한 상세하게 적어 저장하기 바랍니다. 이름을 상세하게 입력하면 옵션을 불러올 때 어느 설정을 어떻게 했는지를 직관적으로 확인할 수 있기 때문입니다. 아래 이미지는 저자의 옵션 파일 이름입니다.

- 1.(주간)커스텀-800픽셀,버킷타입,커스텀퀄리티(노이즈0.01,민섭디1,맥스섭디12,켓룰름),엔진(일러맵+라이트캐쉬),BG옵션(CIE클리어,그림자경계2,하늘색감2,지평선색감1),AO,화이트 도트 제어,이미지 저장경로 설정.vropt
- 2.(야간)커스텀-1번 옵션에서 Sunlight 비활성, BG 비활성.vropt
- 3.(주간)아이소-GI흰색,세기60.vropt
- 4.(커스틱)썬라이트-5000,300. 커스틱-300,멀티1.vropt
- HDR.01-세기80,300도 회전.vropt
- HDR.02-세기50,300도 회전.vropt
- HDR.03-세기50,300도 회전.vropt
- HDR.05-세기300,300도 회전.vropt
- HDR.06(고용량)-세기80,300도 회전.vropt
- HDR.07-세기2,300도 회전.vropt
- HDR.10-세기50,회전 없음.vropt
- HDR.11-세기50,300도 회전.vropt
- HDR.12-세기1,회전 없음.vropt
- HDR.14-세기30,회전 없음.vropt
- HDR.15-세기50,330도 회전.vropt
- HDR.16(고용량)-세기20,회전 없음.vropt
- HDR.17(고용량)-세기20,회전 없음.vropt

저자의 브이레이 옵션 파일 이름

21 | 디폴트 옵션으로 되돌리기

[V-Ray Asset Editor] 창의 좌측 하단에 있는 Revert to Default Render Settings 아이콘(⟲)을 클릭해 브이레이 옵션을 기본값으로 되돌린 후 각 탭들의 옵션을 확인해보면 수정한 옵션들이 모두 디폴트로 바뀐 것을 확인할 수 있습니다.

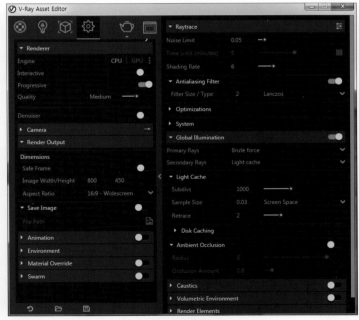

Revert to Default Render Settings 아이콘(⟲) 클릭 − 확인

22 | 렌더링

렌더링⑰합니다.

23 | 저장한 옵션 불러오기

저장한 브이레이 옵션을 불러오기 위해 [V-Ray Asset Editor] 창의 왼쪽 하단에 있는 Load Render Setting From File 아이콘(🖿)을 클릭해 [Load Render Settings] 창이 나타나도록 합니다. 저장한 'p1-1.vropt' 파일을 선택한 후 [열기] 버튼을 클릭해 현재의 파일에 적용한 다음 렌더링⑱ 합니다. 22번 과정에서 렌더링한 이미지와 비교하면 아주 많은 변화가 있는 것을 확인할 수 있습니다. 이처럼 최적화된 브이레이 옵션을 만들고 저장하면 언제든지 작업 중인 파일로 불러와 적용할 수 있기 때문에 실무 작업에서 아주 편리합니다.

옵션 선택 – [열기] 버튼 클릭

렌더링

SunLight / Background

SunLight는 태양으로 Background 배경(주변 환경)이라고 이해하기 바랍니다.

1 | SunLight

[V-Ray Asset Editor] 창에서 Lights 아이콘(🔘)을 클릭하면 기본적으로 활성돼 있는 SunLight를 확인할 수 있습니다. SunLight 활성 아이콘(☀)을 클릭해 SunLight를 비활성하고 렌더링하면 태양이 없기 때문에 그림자가 생기지 않고 전체적으로 어두워집니다.

아이콘 클릭해 비활성함

렌더링 – 어둡고 그림자가 표현되지 않음

렌더링 이미지에 보이는 빛은 [Environment] 탭의 Background에 설정한 Sky 타입이 표현하는 빛이며, [Background] 옵션의 체크를 해제하고 렌더링하면 빛이 없기 때문에 아무것도 볼 수 없습니다.

체크 해제

렌더링 – 아무것도 볼 수 없음

이렇게 SunLight와 Background를 비활성하면 아무것도 볼 수 없기 때문에 인공조명이 배치된 야간 장면을 표현하거나 아이소 장면을 표현할 때 활용합니다.

2 | Background

Background는 모델의 배경(주변 환경)이기 때문에 Background를 비활성하고 SunLight를 활성한 후 렌더링하면 배경은 아무것도 보이지 않게 됩니다.

Background 비활성

SunLight 활성

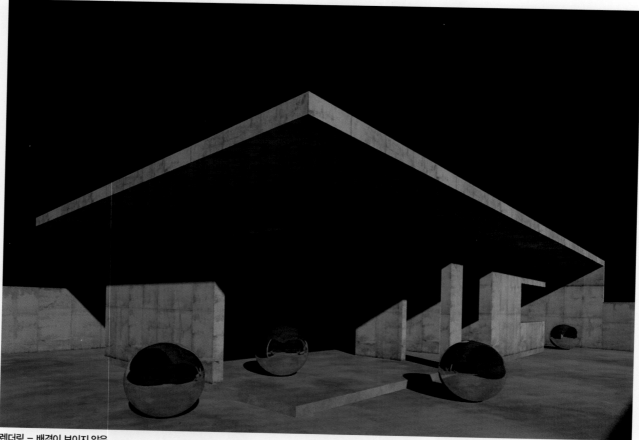

렌더링 - 배경이 보이지 않음

Background를 기본으로 설정된 Sky 타입으로 렌더링하면 자연스러운 하늘색감이 표현되고 Background 타입을 Bitmap 타입으로 수정해 HDR 파일을 적용하면 해당 HDR 파일의 환경이 배경으로 표현됩니다.

Background: 기본 타입인 Sky 타입 적용

Background: HDR 파일 적용

재질에 사실감
부여하기

스케치업 이미지와 브이레이 렌더링 이미지의 가장 큰 차이점은 빛과 재질감입니다.
스케치업은 매핑으로 끝나지만, 브이레이는 실제와 같은 빛과 각종 재질감(반사, 굴절, 범프, 디스플레이스먼트)을
표현할 수 있기 때문에 사진처럼 표현할 수 있게 됩니다. 이번에는 매핑한 메트리얼에 여러 가지 재질감을 표현하는
방법과 매핑한 메트리얼이 빛을 발산하는 자체 발광 효과를 표현하는 방법에 대해 알아보겠습니다.

학습목표

[V-Ray BRDF] 레이어 탭에서 반사와 굴절을 표현하는 방법을 이해하고.
객체의 볼륨감을 표현하는 범프와 디스플레이스먼트 표현 방법을 숙지합니다.

1 반사 표현하기

직진하는 파동(물질 혹은 공간의 한 곳에서 시작된 진동이 퍼져나가는 현상)이 객체에 부딪혀 다른 방향으로 방향을 바꾸는 물리적 현상을 반사라고 말하지만, 이번 과정에서 학습하는 반사의 의미는 주변의 사물이 객체에 반영되는 것을 말합니다. 이번에는 재질감을 표현할 때 가장 많이 사용하는 표현인 반사(Reflection)에 대해 알아보겠습니다.

예 | 제 | 파 | 일 | **Program1/2강/p1-2**　완 | 성 | 파 | 일 | **Program1/2강/p1-2.완성**

1 | 렌더링

p1-2.skp 파일을 열고 렌더링❶합니다. 모델에 있는 구(Sphere)는 반사값을 미리 설정해놓은 상태입니다.

렌더링

| 알아두기 | **메트리얼, 매핑, 재질감**

메트리얼은 각종 마감재 이미지를 일컫는 용어입니다. 재질, 텍스처(Texture), 이미지(Image)라고 부르기도 합니다. 메트리얼을 모델링된 객체에 입히는 과정을 매핑(Mapping)이라 하고, 메트리얼의 표면 질감을 재질감이라고 합니다.

2 | 재질감 확인

[V-Ray Asset Editor] 창의 Materials 아이콘(◉)을 클릭해 [Materials] 옵션 창을 나타냅니다.

'00-1.con-ground' 메트리얼을 선택하고 재질감 미리 보기 창에서 재질감을 확인합니다. 현재 아무런 설정이 안 돼 있기 때문에 어떠한 재질감도 표현되지 않고 있습니다.

[V-Ray Asset Editor] 창 우측에 있는 브이레이 통합 레이어인 [VRayBRDF] 레이어 탭을 클릭해 확장하고 반사를 설정하는 [Reflection] 옵션 탭을 클릭해 확장합니다.

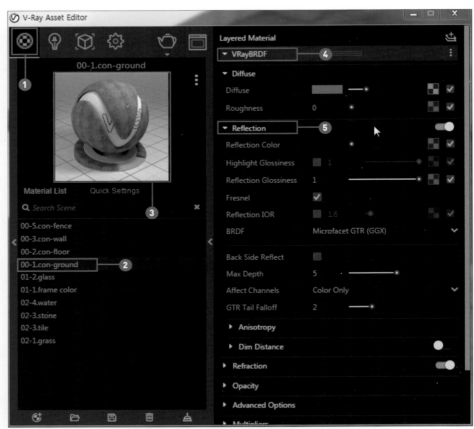

아이콘 클릭 – 메트리얼 선택 – 재질감 미리 보기 – [VRay BRDF] 탭 확장 – 옵션 탭 확장

3 | 반사 표현

반사를 설정하는 [Reflection Color] 옵션의 슬라이드 바를 가장 오른쪽으로 이동하고 재질감 미리 보기 창에서 재질감을 확인해보면 반사가 표현되는 것을 알 수 있습니다.

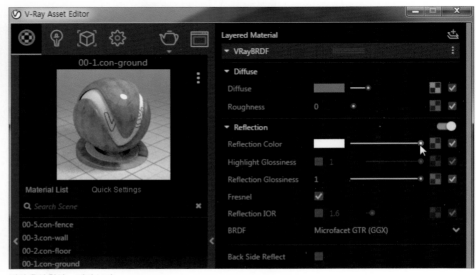

반사 옵션 활성 – 미리 보기

4 | 반사 표현

'00-3.con-wall' 메트리얼도 [Reflection Color] 옵션의 슬라이드 바를 오른쪽으로 이동해 반사를 표현합니다.

반사 옵션 활성 – 미리 보기

| 알아두기 | **미리 보기 방식**

재질감 미리 보기 창 우측 상부에 있는 Selects the scene used to preview the material 아이콘(▦)을 클릭하면 다양한 방식으로 재질감을 미리 볼 수 있습니다. 재질감 미리 보기의 기본 방식은 구 모양의 Generic입니다.

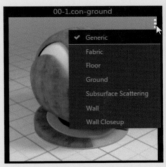

Generic

Fabric

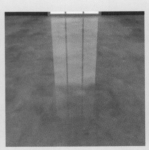

Floor

Ground

Subsurface Scattering

Wall

Wall Closeup

5 | 렌더링

렌더링❷합니다. 바닥과 벽면에 반사가 표현됐으며, 반사를 표현하기 전보다 렌더타임이 길어진 것을 알 수 있습니다.

반사를 표현하기 전의 렌더링 이미지와 렌더타임 비교

6 | 반사값 설정

'00-3.con-wall', '00-1.con-ground' 메트리얼의 [Reflection Glossiness] 옵션의 수치값에 '0.9'를 입력합니다. 수치값을 설정할 때 수치값 옆의 슬라이드를 움직여 설정하는 것이 아니라 수치값 입력 상자에서 키보드로 입력한 후 Enter 를 누르면 적용됩니다. 이후의 내용 중 반사값으로 표기된 부분은 [Reflection Glossiness] 옵션이라고 생각하기 바랍니다.

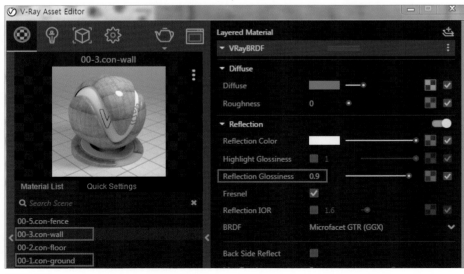

반사값 설정

| 알아두기 | **반사 활성 / 비활성**

Reflection Color의 슬라이드 바를 회색으로 설정해도 반사의 강도가 조절되지만, 권장하는 방법은 아닙니다. 반사값을 설정하는 [Reflection Glossiness] 옵션의 수치값으로 조절하는 것이 더 편리하기 때문입니다. Reflection Color는 흰색(반사 활성), 검은색(반사 비활성)으로만 설정한다고 기억하기 바랍니다.

Reflection Color 흰색: 반사 활성   Reflection Color 검은색: 반사 비활성

7 | 렌더링

렌더링❸합니다. 반사값이 1일 경우보다 흐릿한 반사가 표현되는 것을 알 수 있습니다.

렌더링

반사값, 굴절률, 거울 표현

반사값의 설정으로 인한 반사 표현의 차이와 사물을 더 많이 반사할 수 있는 굴절률과 거울(Mirror)을 표현하는 방법에 대해 알아보겠습니다.

1 | 반사값

반사값(Reflection Glossiness)은 0~1까지 설정할 수 있습니다. 1이 가장 선명한 반사를 표현하며, 수치가 내려갈수록 흐릿한 반사를 표현합니다. 수치값이 0.5 이하일 경우에는 반사의 표현이 아주 약하기 때문에 저자는 0.6~1(0.6, 0.65, 0.7, 0.75, 0.8, 0.85, 0.9, 0.95, 1)까지 0.05단위로 올리거나 내리면서 설정합니다. 반사가 많이 표현되는 재질은 1과 가깝게, 반사가 적게 표현되는 재질은 0.6과 가깝게 설정한다고 이해하기 바랍니다.

반사값에 따른 반사의 차이

2 | 굴절률

굴절률(IOR)은 빛이 꺾어지는 정도를 상대적으로 나타낸 것을 말합니다. Reflection IOR은 반사의 굴절률을 의미하고, 기본값은 1.6으로 설정돼 있으며, 수치값을 올리면 더 많은 반사가 이뤄집니다.

굴절률

굴절률의 수치값에 따른 반사의 차이

3 | 거울 표현

매핑한 메트리얼을 거울로 표현하려면 반사를 활성하고 기본적으로 체크돼 있는 [Fresnel] 옵션의 체크 표시를 해제하면 됩니다.

반사 활성 – [Fresnel] 옵션 체크 해제

반사값이 1일 경우에 선명한 거울로 표현되며, 반사값이 1보다 작으면 흐릿한 반사가 표현되기 때문에 거울 표현에는 적합하지 않습니다.

수치값에 따른 반사 표현의 차이

2 굴절 표현하기

굴절(Refraction)은 빛의 진행 방향이 바뀌면서 휘어 보이는 현상을 말하며, 유리나 물 등의 투명한 객체를 표현할 때 설정합니다. 유리나 물과 같은 투명한 재질은 대부분 반사와 굴절을 함께 표현합니다. 이번에는 굴절을 표현하는 방법에 대해 알아보겠습니다.

1 | 렌더링

스케치업 화면 좌측 상단에 있는 '2-2'번 장면 탭을 클릭한 후 렌더링❹합니다.

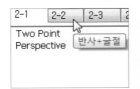

장면 탭 클릭

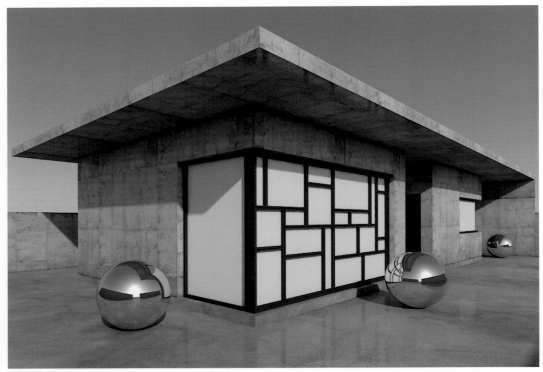

렌더링

2 | 불투명도 확인

렌더링 완료 이미지를 확인해보면 스케치업 화면상에 보이는 모델의 유리 부분은 불투명도가 표현되고 있는데, 렌더링 이미지는 표현되지 않는 것을 확인할 수 있습니다. 스케치업 [Materials] 창을 확장하고 In Model 아이콘(🏠)을 클릭합니다. '01-2.glass' 메트리얼을 선택한 후 [Edit] 탭을 클릭해 불투명도(Opacity)를 확인합니다. 스케치업에서는 이렇게 Opacity의 수치값을 100보다 낮게 설정해 메트리얼의 불투명도를 설정할 수 있지만, 스케치업 브이레이에서는 스케치업에서 설정한 불투명도가 적용되지 않습니다.

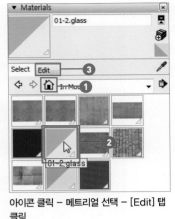

아이콘 클릭 – 메트리얼 선택 – [Edit] 탭 클릭

불투명도 확인

3 | 반사 활성

[Materials] 창의 [Select] 탭을 클릭해 매핑한 메트리얼이 보이는 라이브러리로 이동합니다. [Materials] 옵션 창에서 '01-2.glass' 메트리얼의 반사를 활성합니다.

[Select] 탭 클릭

'01-2.glass' 메트리얼 반사 활성

4 | 굴절 활성

유리나 물 같이 투명한 재질은 반사와 굴절이 동시에 일어나기 때문에 [Refraction] 옵션 탭의 Refraction Color의 슬라이드 바를 오른쪽을 이동시켜 굴절도 활성합니다. 재질감이 투명해진 것을 확인할 수 있습니다.

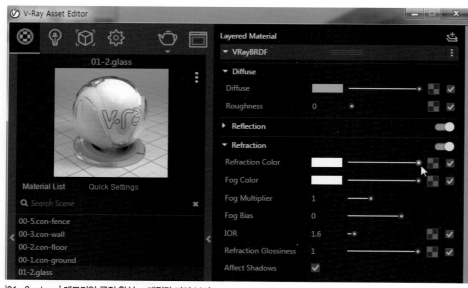

'01-2.glass' 메트리얼 굴절 활성 – 재질감 미리 보기

5 | 렌더링

렌더링❺합니다.

렌더링

6 | 영역 지정

특정 영역만 렌더링하기 위해 [VFB] 창의 Region render 아이콘(⬛)(3.60.03 버전은 Link VFB to PDPlayer로 잘못 표기돼 있음)을 선택합니다. 시작점을 마우스 왼쪽 버튼을 클릭한 채 드래그해 영역을 지정하고 왼쪽 버튼에서 손을 떼면 영역이 지정됩니다.

아이콘 클릭 – 영역 지정

7 | 유리 색상 설정

유리 색상을 설정하기 위해 [Refraction] 옵션 탭의 Fog Color 색상 박스를 클릭합니다.

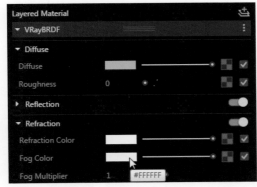

색상 박스 클릭

8 | 색상 설정

[Color Picker] 창이 나타나면 우측 상단에 있는 [Color Space] 옵션의 내림 버튼(⬇)을 클릭해 Rendering(RGB) 타입을 선택하고 [Range] 옵션의 내림 버튼(⬇)을 클릭해 0 to 255 타입을 선택합니다. R 수치값만 '130'으로 수정하고 Enter 를 누른 다음 창을 닫습니다.

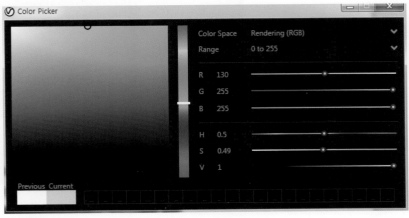

색상 설정

9 | 렌더링

렌더링⑥)합니다.

렌더링

10 | 세기 조절

유리 색상을 연하게 표현하기 위해 Fog Color의 세기를 조절하는 [Fog Multiplier] 옵션의 수치값을 '0.3'으로 설정하고 렌더링⑦합니다.

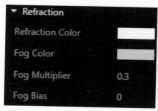

수치값 설정

렌더링

11 | 불투명도 표현

불투명한 유리를 표현하기 위해 [Refraction Glossiness] 옵션의 수치값을 '0.8'로 수정하고 렌더링❽합니다. [Refraction Glossiness] 옵션의 수치 값은 0에서 1까지 설정할 수 있으며, 0은 완전 불투명, 1은 완전 투명하게 표현됩니다.

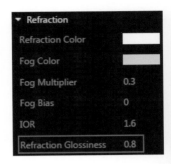

12 | 영역 지정 해제

Refraction Glossiness 수치값을 '1'로 설정하고 [VFB] 창의 Region render 아이콘(🖼)을 클릭해 영역 지정을 해제합니다.

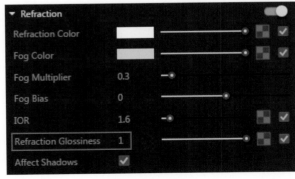

수치값 설정

아이콘 클릭

범프 표현하기

재질의 매입되는 재질감을 표현하는 효과로 범프를 표현하기 위해서는 매핑한 메트리얼의 흑백 이미지가 필요합니다. 범프 맵으로 사용하는 흑백 이미지 중 검은색 부분이 매입되는 재질감을 표현합니다. 범프는 매핑한 메트리얼과 범프 맵의 좌표를 아주 약간 다르게 겹쳐 매입과 돌출을 표현하는 효과로, 눈속임이라고 볼 수 있습니다. 이번에는 범프 효과를 표현하는 방법을 학습하겠습니다.

1 | 렌더링

'2-3' 장면 탭을 클릭한 후 렌더링❾합니다.

장면 탭 클릭 - 렌더링

2 | 이미지 편집 프로그램 설정

스케치업 메뉴의 [window − Preferences]를 클릭해 [SketchUp Preferences] 창을 나타냅니다. 매핑한 이미지(텍스처)를 편집하는 프로그램을 설정하기 위해 Applications 항목을 클릭한 후 [Choose] 버튼을 클릭해 포토샵 실행 파일(photoshop.exe)을 선택하고 [OK] 버튼을 클릭합니다. 포토샵이 설치돼 있지 않은 독자들은 해당 옵션의 기능만을 이해하고 넘어갑니다.

[window − Preferences] 클릭

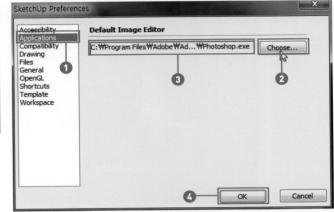

Applications 클릭 − [Choose] 버튼 클릭 − 포토샵 실행 파일 선택 − [OK] 버튼 클릭

3 | 포토샵 열기

스케치업 [Materials] 창에서 '00-3.con-wall' 메트리얼에 마우스 포인터를 올려놓고 우클릭하면 나타나는 확장 메뉴 중 이미지를 편집하는 명령인 Edit Texture Image를 클릭합니다. 포토샵이 자동 실행되며 '00-3.con-wall' 이미지가 열리는 것을 확인할 수 있습니다.

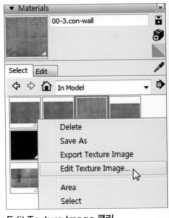

Edit Texture Image 클릭

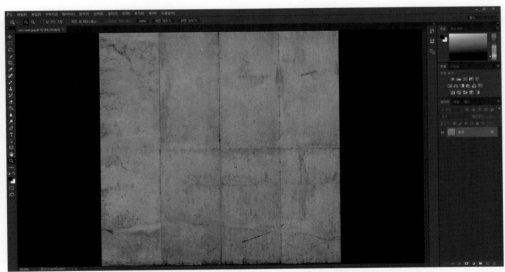

포토샵 확인

4 | 흑백 만들기 / 밝기 설정

Ctrl + Shift + Alt + B 를 눌러 이미지를 흑백으로 만들고 [흑백] 창의 [확인] 버튼을 클릭해 [흑백] 창을 닫습니다. Ctrl + L 을 눌러 [레벨] 창을 나타내고 어두운 색 영역을 '30', 밝은 색 영역을 '150'으로 설정하고 [확인] 버튼을 클릭합니다. 흑백 이미지라도 명도 차이가 크면 범프 효과가 더 잘 나타납니다.

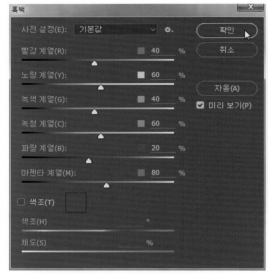

밝기 설정

흑백 만들기

5 | 범프 옵션 활성

포토샵 메뉴의 [파일 – 다른 이름으로 저장]을 클릭합니다. 저장 경로는 바탕화면에 만든 [vray study] 폴더의 file 폴더로 지정하고 이름은 con-wall.bump 로 입력해 저장합니다. 포토샵 버전에 따라 파일 형식(.jpg)을 이름에 붙이지 않으면 이미지 파일로 저장되지 않는 경우가 있으므로 저장한 후에 확인합니다. 불러온 이미지 파일은 닫습니다. [Materials] 옵션 창에서 '00-3.con-wall' 메트리얼을 선택하고 우측의 [Maps] 레이어 탭을 클릭해 하위 옵션들을 확장합니다. [Bump/Normal Mapping] 옵션 탭을 클릭해 확장하고 옵션을 활성합니다.

[레이어] 탭 확장 – [옵션] 탭 확장 – 옵션 활성

6 | 타입 선택

[Mode / Map] 옵션의 [비활성 맵] 버튼(■)을 클릭하고 [V-Ray Asset Editor] 창 좌측 상부의 Bitmap 타입을 선택합니다.

[Mode/Map] 옵션의 [비활성 맵] 버튼(■) 클릭

[Bitmap] 선택

7 | 파일 불러오기

[Select a file] 창이 나타나면 4번 과정에서 저장한 'con-wall.bump.jpg' 파일을 선택하고 [열기] 버튼을 클릭합니다. 포토샵이 없어 파일을 만들지 못한 독자들은 부록 CD의 이미지 파일(Program1/2강.con-wall.bump.jpg)로 따라합니다. [Bitmap] 옵션 창의 [Back] 버튼을 클릭합니다.

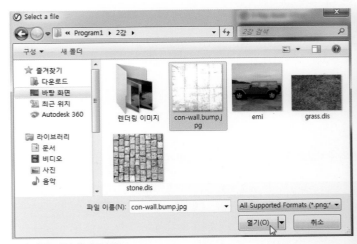

파일 선택 – [열기] 버튼 클릭

[Back] 버튼 클릭

8 | 미리 보기 / 렌더링

재질감 미리 보기 창을 확인한 후 렌더링⑩합니다.

미리 보기

렌더링

9 | 세기 설정

많이 거친 느낌이 들기 때문에 범프 효과의 세기를 설정하는 [Amount] 옵션의 수치값을 '0.2'로 내리고 렌더링⑪합니다.

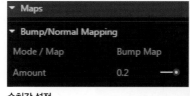

수치값 설정

렌더링

| 알아두기 | **반사 표현에 의한 범프 효과**

반사가 표현되면 범프 효과를 더 잘 확인할 수 있습니다.

반사가 표현되지 않은 상태

반사가 표현된 상태

디스플레이스먼트 표현하기

디스플레이스먼트(Displacement)는 일종의 눈속임 효과인 범프와 달리 평면상의 재질이 실제로 솟아오르기 때문에 매핑한 객체의 볼륨감을 표현할 수 있습니다. 이번에는 디스플레이스먼트 효과를 표현하는 방법을 학습하겠습니다.

1 | 렌더링

'2-4' 장면 탭을 클릭한 후 렌더링⓬합니다.

렌더링

2 | 옵션 활성

잔디를 디스플레이스먼트로 표현하는 방법을 학습하겠습니다. [V-Ray Asset Editor] 창에서 '02-1.grass' 메트리얼을 선택한 후 우측의 [Maps] 레이어 탭을 확장하고 [Displacement] 옵션 탭을 확장합니다. [Mode/Map] 옵션을 활성한 후 [비활성 맵] 버튼(■)을 클릭합니다.

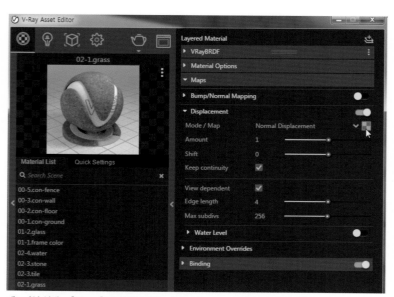

메트리얼 선택 – [Maps] 레이어 탭 확장 – [Displacement]옵션 탭 확장 / 활성 – [Mode/Map] 옵션의 비활성 맵 버튼(■) 클릭

3 | 파일 불러오기

Bitmap 타입을 선택한 후 부록 CD(Program1/2강.grass dis.jpg)에 있는 파일을 선택
하고 [Back] 버튼을 클릭합니다.

Bitmap 선택

파일 불러오기 – [Back] 버튼 클릭

4 | 미리 보기

재질감 미리 보기 창을 보면 구가 커지면서 볼륨감이 생기는 것을 확인할 수 있습니다. 디스플레이스먼트의 세기를 높이기 위해 [Amount] 옵션의 수치값
을 '4'로 설정하고 재질감을 확인해보면 훨씬 더 많이 솟아오르는 것을 확인할 수 있습니다.

미리 보기

세기 설정 – 미리 보기

5 | 렌더링

렌더링⑬합니다. 디스플레이스먼트는 평면상의 재질이 실제로 솟아오르기 때문에 렌더타임이 오래 걸립니다.

렌더링 / 잔디 확인

6 | 옵션 비활성

'02-1.glass'에 적용한 [Displacement] 옵션을 비활성합니다.

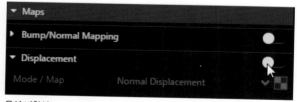

옵션 비활성

범프와 디스플레이스먼트의 차이 / 퍼

범프와 디스플레이스먼트이 차이점과 잔디나 털 표현에 적합한 퍼(Fur)에 대해 알아보겠습니다.

1 | 범프와 디스플레이스먼트의 차이

범프는 평면상의 표면 질감을 표현하고 디스플레이스먼트는 평면상의 오브젝트가 실제로 솟아오르기 때문에 렌더타임이 범프보다 디스플레이스먼트가 오래 걸립니다.

특별한 경우가 아니라면 범프와 디스플레이스먼트 효과를 함께 사용할 필요는 없고, 표현할 재질감에 맞게 한 가지 효과만 사용하면 됩니다.

표현하기 전

왼쪽 구는 범프 표현, 오른쪽 구는 디스플레이스먼트 표현

2 | 퍼

V-Ray Objects 도구 모음(🔲🔲🔲🔲🔲🔲🔲)의 Add Fur to Selection 도구(🔲)를 이용하면 쉽게 잔디, 카펫, 인형 등의 표현을 할 수 있기 때문에 굳이 디스플레이스먼트 효과로 잔디를 표현할 필요는 없습니다. Add Fur to Selection 도구(🔲)의 사용법은 Program 2 과정에서 학습합니다.

퍼로 표현한 잔디

퍼로 표현한 인형

7 | 렌더링

'2-4-1' 장면 탭을 클릭한 후 렌더링⓮합니다.

렌더링

8 | 옵션 활성

돌의 재질감을 표현하려면 범프보다 오브젝트가 실제로 솟아오르는 디스플레이스먼트가 적합합니다. [V-Ray Asset Editor] 창의 [Materials] 옵션 창에서 '02-3.stone' 메트리얼을 선택한 후 우측의 [Maps] 레이어 탭을 클릭해 하위 옵션들을 확장합니다.

[Displacement] 옵션 탭을 클릭해 확장한 후 [Made/Map] 옵션을 활성하고 [비활성 맵] 버튼(■)을 클릭합니다.

메트리얼 선택-[Maps] 레이어 탭 확장 – [Displacement] 옵션 탭 확장 / 활성 – [Mode/Map] 옵션의 비활성 맵 버튼(■) 클릭

9 | 파일 불러오기

Bitmap 타입을 선택한 후 부록 CD(Program1/2강.stone dis.jpg)의 파일을 선택하고 렌더링⑮합니다.

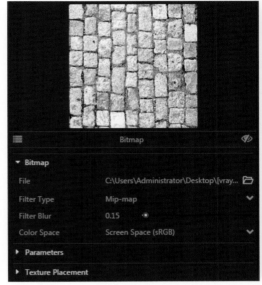

파일 불러오기

렌더링

| 알아두기 | **특정 영역 먼저 렌더링하기**

렌더링 과정에서 [VFB] 창의 Follow mouse 아이콘(🔳)을 클릭하고 마우스 포인터를 올려놓으면 마우스 포인터가 있는 위치부터 렌더링됩니다. 특정 영역을 빨리 확인할 경우에 유용합니다.

아이콘 클릭 – 빨리 확인하고 싶은 위치에 마우스 포인터를 올려놓음

10 | Blur 설정

너무 거칠게 표현됐기 때문에 부드럽게 표현하는 방법을 학습해보겠습니다. 이미지를 흐릿하게(blur) 표현하기 위해 [Bitmap] 옵션 창의 Filter Blur의 수치값을 '20'으로 설정하고 렌더링⑯합니다. 이처럼 Filter Blur의 수치값을 올리면 디스플레이스먼트 맵이 흐릿해져 부드러운 질감으로 표현됩니다.

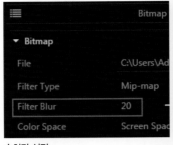

수치값 설정

렌더링

11 | 렌더링

[Back] 버튼을 클릭합니다. 이번에는 물 표현을 학습하겠습니다. '2-4-2' 장면 탭을 클릭한 후 렌더링⑰합니다.

버튼 클릭

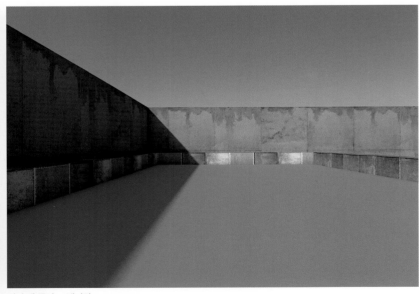

장면 탭 클릭 – 렌더링

12 | 옵션 활성

물도 투명한 재질이기 때문에 반사와 굴절이 동시에 표현됩니다. '02-4.water' 메트리얼의 반사와 굴절 옵션을 활성합니다.

반사 활성

굴절 활성

13 | 렌더링

렌더링⑬합니다.

렌더링

14 | 옵션 활성

파동으로 인해 물결이 생기게 해서 좀 더 현실감 있게 표현하는 방법을 학습하겠습니다. 흑백
이미지를 적용해 디스플레이스먼트 맵으로 활용해도 되지만, 브이레이에서 기본으로 제공하는
타입으로 표현하겠습니다. '02-4.water' 메트리얼의 [Displacement] 옵션 탭을 확장한 후
옵션을 활성합니다. [Mode/Map] 옵션의 비활성 맵 버튼(▦)을 클릭합니다.

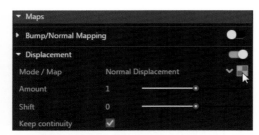

[Maps] 레이어 탭 확장 – [Displacement] 옵션 탭 확장 /
활성 – [Mode/Map] 옵션의 비활성 맵 버튼(▦) 클릭

15 | 타입 선택

Noise A 타입을 선택합니다.

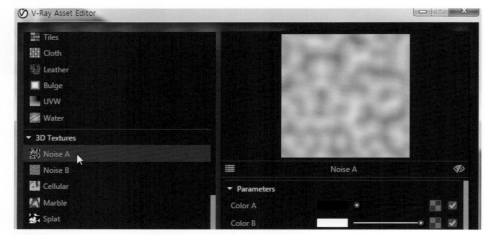

타입 선택

16 | 렌더링

렌더링⑲합니다. 렌더링 완료 이미지를 확인해보면 재
질감이 아주 촘촘하게 표현된 것을 알 수 있습니다.

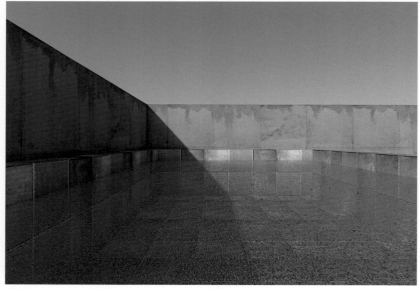

렌더링

17 | Repeat 설정

적용한 맵의 반복 수치값을 설정하기 위해 [Texture Placement] 옵션 탭을 확장한 후
Repeat U/V의 수치값을 각각 '0.02', '0.02'로 수정하고 [Back] 버튼을 클릭합니다.

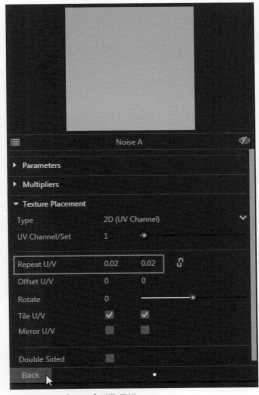

수치값 입력 – [Back] 버튼 클릭

18 | 렌더링

렌더링⑳합니다.

렌더링

물 표현에 사용하는 Bitmap 타입

물 표현을 할 때 가장 많이 사용하는 타입은 Water, Noise A, Noise B입니다.

맵 타입 종류

Water 타입

Noise A 타입

Noise B 타입

5 자체 발광 표현하기

매핑한 메트리얼이 조명처럼 빛을 발산하는 자체 발광(Emissive) 효과를 표현하는 방법에 대해 알아보겠습니다.

1 | 렌더링

'2-5' 장면 탭을 클릭한 후 렌더링❷합니다. 렌더링이 완료된 이미지를 보면 빛을 많이 받는 부분이 너무 밝아 흰색 반점이 생기는 화이트 도트 현상이 발생한 걸 확인할 수 있습니다. 오른쪽 이미지를 참조해 [VFB] 창에서 Region render 아이콘(🖳)(3.60.03 버전은 Link VFB to PDPlayer로 잘못 표기돼 있음)을 클릭하고 화이트 도트 현상이 발생하는 흰색 반점이 생기는 영역을 지정합니다.

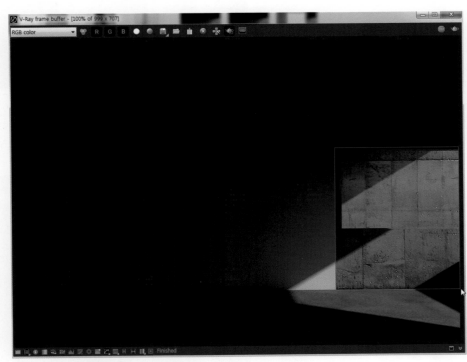

렌더링 – 화이트 도트 현상 확인 – 영역 지정

| 알아두기 | **화이트 도트 현상**

반사값을 가진 재질에 흰색 반점이 발생하는 현상을 '화이트 도트 현상'이라고 하며, 모니터에서 표현할 수 있는 색상 범위를 넘어간 부분에 흰색 반점이 불특정하게 발생합니다.

화이트 도트 현상

2 | 옵션 체크

화이트 도트 현상을 제거하기 위해 '00-3.
con-wall' 메트리얼의 [Reflection] 옵션
탭에 있는 [Highlight Glossiness] 옵션에
체크 표시합니다.

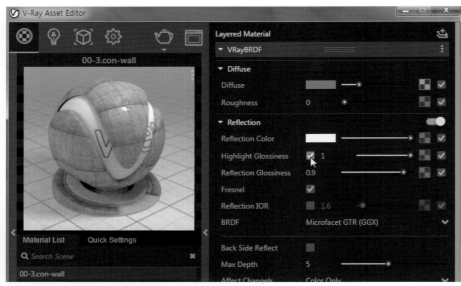

[Highlight Glossiness] 옵션 체크 표시

3 | 렌더링

렌더링❷합니다. 렌더링 완료 이미지를 보면
화이트 도트 현상이 제거된 것을 확인할 수
있습니다. 영역 지정을 해제합니다.

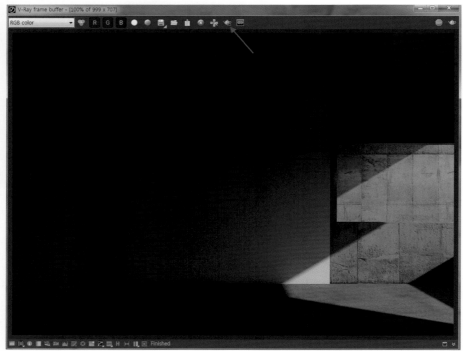

렌더링 – 확인 – 영역 지정 해제

4 | 자체 발광 레이어 추가

[V-Ray Asset Editor] 창의 [Materials] 옵션 창에서 '04-1'번 메트리얼을 선택한 후 자체 발광 레이어를 추가하기 위해 Add Layer 아이콘(🔳)을 클릭하고 [Emissive]를 클릭합니다.

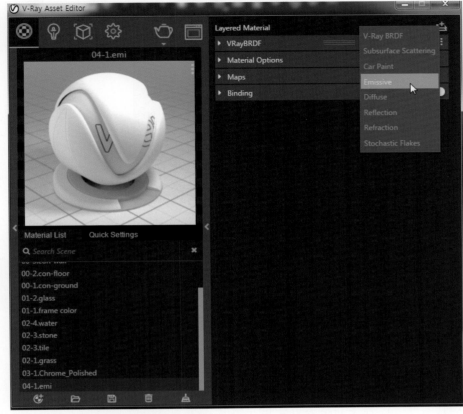

메트리얼 선택 – 아이콘 클릭 – 자체 발광 레이어 추가

5 | 재질감 확인

자체 발광 레이어(Emissive)가 추가되고 재질이 빛을 표현하는 것을 확인할 수 있습니다.

6 | 렌더링

렌더링㉓합니다. 렌더링 이미지를 보면 조명
을 배치한 것처럼 장면이 밝아진 것을 확인할
수 있습니다. 이처럼 자체 발광 효과는 실제
로 빛을 표현하며 크기와 밝기가 비례합니다.

렌더링 – 확인

7 | 세기 설정 / 렌더링

자체 발광 세기를 설정하는 [Intensity] 옵션의 수치값을 '3'으로 설정하고 렌더링㉔합니다. 렌더링 완료 이미지를 보면 장면이 더 밝아진 것을 알 수 있습니다.

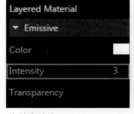

수치값 입력

렌더링 – 확인

8 | 이미지 불러오기

자체 발광으로 색상이 아닌 이미지를 표현하는 방법을 학습하겠습니다. Intensity를 '1'로 수정합니다. 스케치업 [Materials] 창에서 '04-1.emi' 메트리얼을 선택한 후 [Edit] 탭을 클릭합니다. Browser for Material Image File 아이콘(▶)을 클릭합니다.

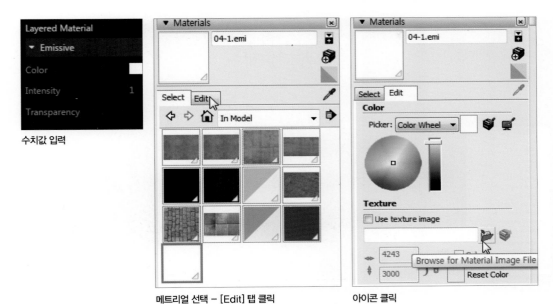

수치값 입력

메트리얼 선택 – [Edit] 탭 클릭

아이콘 클릭

9 | 파일 열기 / 크기 설정

부록 CD(Program1/2강.emi.jpg)에 있는 파일을 선택한 후 [열기] 버튼을 클릭하고 가로 크기를 '3000'으로 설정합니다.

파일 선택 – [열기] 버튼 클릭

가로 크기에 '3000' 입력

10 | 매핑 위치 수정

면을 클릭해 매핑한 후 면에 마우스 포인터를 올려놓고 우클릭하면 나타나는 확장 메뉴 중 매핑 위치를 수정하는 명령인 Texture-Position을 클릭합니다. 네 개의 색깔 핀이 나타나면 빨간색 핀을 클릭한 채로 드래그해 면의 좌측 하단 끝점을 클릭해 매핑 위치를 수정합니다.

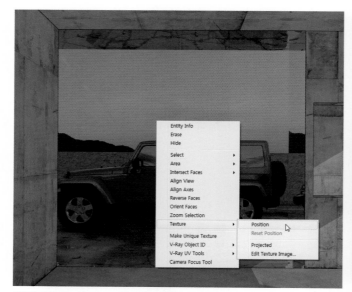

마우스 우클릭 – Texture-Position 클릭

빨간색 핀 클릭한 채로 드래그 – 끝점 클릭

| 알아두기 | **색깔 핀이 나타나지 않는 경우**

마우스 우클릭하면 나타나는 확장 메뉴 중 Fixed Pins 명령에 체크 표시가 안 된 상태라면 흰색 핀만 나타나고, 클릭해 체크 표시를 하면 색깔 핀이 나타납니다. 색깔 핀이 나타나면 각 핀들의 고유한 기능을 수행하는 고정 핀 모드, 흰색 핀이 나타나면 이미지의 크기만 수정할 수 있는 자유 핀 모드입니다.

11 | 매핑 위치 고정 / 렌더링

면에 마우스 포인터를 올려놓고 우클릭하면 나타나는 확장 메뉴 중 Done을 클릭해 매핑 위치를 고정하고 렌더링㉕합니다. 렌더링 완료 이미지를 보면 불러온 이미지가 자체 발광으로 조명처럼 표현되는 것을 확인할 수 있습니다.

마우스 우클릭 – Done 클릭

렌더링

자체 발광의 특성

자체 발광의 특성에 대해 알아보겠습니다.

1 | 렉탱글 라이트와의 차이점

자체 발광은 인공조명인 렉탱글 라이트와 동일하게 빛을 발산해 어두운 실내를 밝힐 수 있지만, 렉탱글 라이트처럼 숨길 수 없기 때문에 실내 장면에서의 주조명 표현에는 적합하지 않습니다.

2 | 자체 발광 표현

자체 발광은 각종 조명 컴포넌트의 발광 부위와 11번 과정처럼 실사 간판, 모니터 화면, 등의 이미지를 조명처럼 표현할 경우에 활용합니다. 그리고 자체 발광은 인공조명(렉탱글 라이트, IES 라이트, 스피어 라이트)과 함께 사용합니다.

레일 할로겐(IES 라이트) 및 펜던트의 발광 부위

매입등의 발광 부위

스탠드 조명 백열등(스피어 라이트)의 발광 부위

매입 할로겐(IES 라이트)의 발광 부위

각종 인공조명의
활용 및 특성 이해하기

3강

빛을 표현하는 인공조명(렉탱글 라이트, 스팟 라이트, IES 라이트, 옴니 라이트, 메시 라이트, 돔 라이트)의
역할은 매우 중요하며 각각의 특성이 있습니다. 이번에는 인공조명을 어떻게 설치하고 활용하는지를 학습하겠습니다.
이번 과정에서는 과정별로 예제 파일이 제공되지만, 각 과정의 예제 파일로 따라하지 말고 처음 실행하는
p1-3-1.skp 파일로 마지막 8번 과정까지 따라하는 것이 효율적입니다.

학습목표

모델의 특성과 환경에 맞는 인공조명 사용법을 숙지합니다.

주간 / 야간 장면 렌더링하기

이번에는 주간과 야간 장면에 적합한 환경 설정을 하는 방법을 학습하겠습니다.

예|제|파|일|Program1/3강/p1-3-1 완|성|파|일|Program1/3강/p1-3-1.완성

1 | 외부 장면 렌더링

p1-3-1.skp 파일을 열고 렌더링❶합니다.

렌더링

2 | 그림자 시간 수정

스케치업 브이레이는 스케치업에서 설정한 그림자 설정(날짜, 시간)이 렌더링 시에 그대로 적용됩니다. 스케치업 [Shadows] 창을 확장한 후 시간을 오후 네 시로 설정하고 렌더링❷합니다.

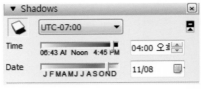

그림자 시간 수정

렌더링

3 | 그림자 시간 수정

이번에는 오후 여섯 시로 설정하고 렌더링❸합니다. 그림자 시간을 더 늦게 설정하면 태양(빛)이 없어 아무것도 보이지 않기 때문에 인공조명을 배치해야 합니다.

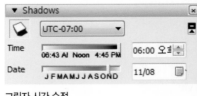

그림자 시간 수정

렌더링

| 알아두기 | **그림자 시간**

그림자 시간의 차이로 인해 렌더링 이미지의 느낌이 완전히 다르게 표현됩니다. 그림자 방향만 다른 것이 아니고 환경 색상도 변하기 때문에 전체적인 색감이 다르게 표현되는 것입니다. 현실 세계와 동일한 표현입니다.

오후 세 시

오후 다섯 시

4 | 실내 장면 렌더링

'3-1-1' 장면 탭을 클릭한 후 렌더링❹합니다. 스케치업 [Shadows] 창을 보면 '3-1-1'번 장면은 그림자 시간이 오후 한 시 반으로 설정된 것을 확인할 수 있습니다. 동일 시간대의 외부 장면 렌더링 이미지(1번 렌더링 이미지)는 밝게 표현됐지만, 실내 장면 렌더링 이미지는 빛이 실내로 많이 들어오지 못하기 때문에 어둡게 렌더링됐습니다. 현실 세계도 실내에 태양빛이 들어오지 못하면 어둡기 때문에 현실과 같은 표현입니다.

장면 탭 클릭 - 렌더링

Exposure Value(EV)

[Settings] 옵션 창의 [Camera] 탭에 있는 [Exposure] 옵션 탭을 확장하면
[Exposure Value(EV)] 옵션이 나타나며, 기본값이 '14.24'로 설정돼 있습니다.
[Exposure Value(EV)]는 노출값을 말하며, 조리개와 카메라 속도의 조합에 의
해 결정되는 노출량을 나타내는 값입니다.

Exposure Value(EV) 기본값 확인

Exposure Value(EV) 수치값을 내리면 장면이 밝아지고, 올리면 장면이 어두워집니다. 인공조명이 없고 실내에 빛이 많이 들어오지 못하는 경
우, 수치값 조절로 장면을 밝게 표현할 수 있습니다.

Exposure Value(EV) 12

Exposure Value(EV) 10

5 | 아이소 장면 렌더링

'3-2' 장면 탭을 클릭한 후 렌더링❺합니다.

장면 탭 클릭 - 렌더링

6 | 선 라이트 비활성

야간 장면으로 표현하는 방법을 학습하겠습니다. 야간 장면은 당연히 태양이 없기 때문에 [V-Ray Asset Editor] 창의 Lights 아이콘(🔆)을 클릭해 [Lights] 옵션 창을 나타내고 활성돼 있는 SunLight를 클릭해 비활성합니다.

SunLight 활성 상태

클릭해 비활성 상태로 만듦

7 | 렌더링

렌더링⑥합니다. SunLight(태양)을 비활성해도 빛이 있어 모델이 보이는 이유는 Background 세팅 때문입니다.

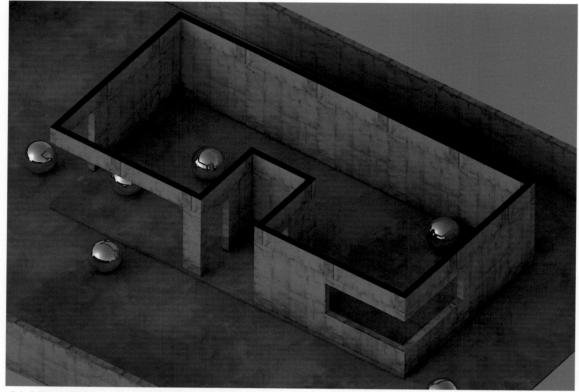

장면 탭 클릭 – 렌더링

8 | 야간 장면 설정

Settings 아이콘(⚙)을 클릭해 [Settings] 옵션 창을 나타내고 환경 설정을 하는 [Environment] 탭을 확장합니다. [Background] 옵션의 체크 표시를 클릭해 해제하고 렌더링⑦합니다. 이제는 빛이 전혀 없기 때문에 렌더링 이미지에는 아무것도 보이지 않습니다.

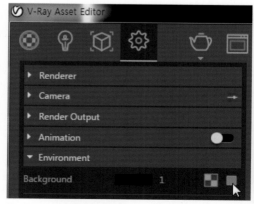

Background 체크 표시 해제

렌더링

현장 플러스 + **아이소 장면 렌더링**

아이소 장면을 렌더링하는 방법에 대해 알아보겠습니다.

아이소 장면은 SunLight와 Background를 비활성하고 [Environment Overrides] 옵션 탭에 있는 GI로 장면의 빛을 표현합니다.

SunLight/Background 비활성 – GI 활성
수치값 설정

1 | 세기 설정

GI 기본 수치값인 '1'로 설정하고 렌더링하면 장면이 너무 어둡기 때문에 수치값을 높게 설정해야 합니다.

GI 세기 '1'

GI 세기 '80'

2 | GI 색상

GI 색상은 객체에 반영되기 때문에 아이소 렌더링 시에는 GI 색상을 흰색으로 설정해야 합니다. GI 색상은 GI 색상 박스를 클릭해 나타나는 [Color Picker] 창에서 설정하면 됩니다.

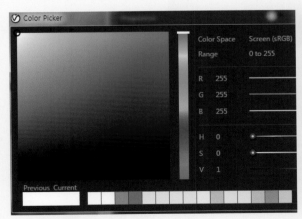

GI 색상 흰색 설정

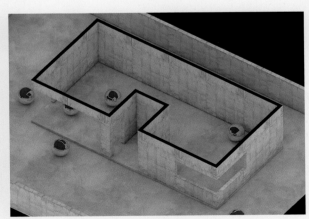

렌더링

2 렉탱글 라이트 활용하기

렉탱글 라이트(Rectangle Light)는 사각형 조명으로 실내 장면의 빛을 표현할 때 사용하는 인공조명으로, 주조명(모델의 전체 밝기를 표현) 용도와 간접 조명(실제 현실에서의 간접 조명) 용도로 사용하는 인공조명입니다. 렉탱글 라이트는 기본적으로 빛을 앞면으로만 발산하며, 직진의 성질을 갖고 있습니다. 이번에는 렉탱글 라이트로 실내의 빛을 표현하는 방법을 학습하겠습니다.

예│제│파│일│**Program1/3강/p1-3-1.완성** 완│성│파│일│**Program1/3강/p1-3-2.완성**

1 | 렉탱글 라이트 만들기

V-Ray Lights 도구 모음( )의 Rectangle Light 도구( )를 선택한 후 시작점 클릭, 드래그, 끝점을 클릭해 렉탱글 라이트를 만듭니다. 현재 렉탱글 라이트는 앞면이 보입니다.

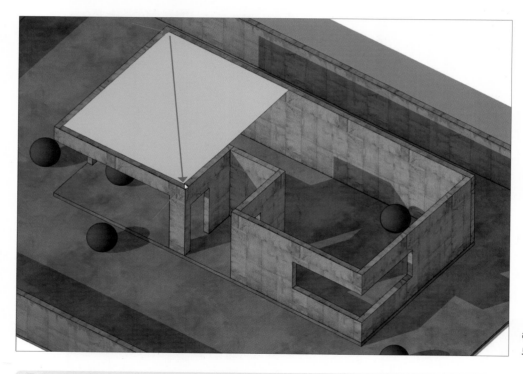

렉탱글 라이트 도구 클릭 – 시작점 클릭 –
드래그 – 끝점 클릭

| 알아두기 | **스케치업의 앞면 뒷면 색상**

스케치업은 두께가 없는 면이라도 앞면과 뒷면의 구분이 있습니다. 앞면과 뒷면 색상을 확인하려면 스케치업의 [Styles] 창을 연 후 In Model 아이콘( )을 클릭하고 [Edit] 탭을 클릭합니다. 면의 색상을 설정하는 Face Settings 아이콘( )을 클릭하면 앞면 색상(Front color)과 뒷면 색상(Back color)을 확인할 수 있습니다.

아이콘 클릭 – [Edit] 탭 클릭

아이콘 클릭 – 색상 확인

2 | 렌더링

렌더링⑧합니다. 렌더링 완료 이미지를 보면 빛이 아래로 발산되는 것이 아니라 위로 발산되는 것을 확인할 수 있습니다. 렉탱글 라이트는 기본적으로 앞면으로만 빛이 발산되기 때문입니다.

렌더링

3 | 대칭 이동

렉탱글 라이트에 마우스 포인터를 올려놓고 우클릭하면 나타나는 명령 중 대칭 이동 명령인 Flip Along-Components Blue를 클릭해 Z축 방향으로 180도 대칭 이동(회전)합니다.

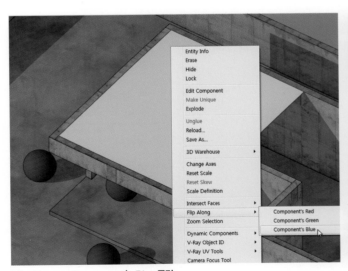

Flip Along – Component's Blur 클릭

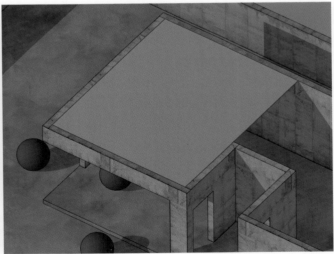

회전(Z축으로 대칭 이동)된 상태 – 뒷면이 보임

| 알아두기 | **Reverse Faces**

스케치업에서 면을 뒤집을 때 일반적으로 사용하는 Reverse Faces 명령은 렉탱글 라이트에 적용되지 않기 때문에 렉탱글 라이트의 면의 방향을 수정하려면 [Flip Along-Components Blue]를 사용해야 합니다.

4 | 렌더링

렌더링⑨합니다.

렌더링

5 | 확인

[V-Ray Asset Editor] 창에서 Lights 아이콘(💡)을 클릭하면 [Lights] 옵션 창이 나타나며, V-Ray Rectangle Light 가 추가된 것을 확인할 수 있습니다.

그리고 스케치업 [Components] 창을 확장하고 In Model 아이콘(🏠)을 클릭하면 V-Ray Rectangle Light 컴포넌트가 자동으로 등록된 것도 확인할 수 있습니다. 모델에 새롭게 만드는 인공조명은 모두 컴포넌트로 등록되기 때문에 Save As 명령으로 외부로 저장해 다른 작업 파일에서 활용할 수 있지만, 크기가 작게 저장되는 버그가 발생(3.60.03 버전 기준)하기 때문에 [Components] 창에서 [Save As] 명령으로 저장하는 방법은 권장하지 않습니다.

렉탱글 라이트 확인

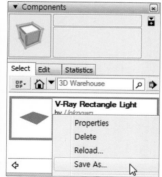

스케치업 [Components] 창 확인

| 알아두기 | 컴포넌트의 특성

컴포넌트는 하나의 컴포넌트만 수정해도 동일한(복사한) 컴포넌트는 모두 수정되기 때문에 모델에 여러 개를 배치하는 객체일 경우에 효율적으로 활용할 수 있습니다. 예를 들어, 렉탱글 라이트 컴포넌트를 만들고 복사해 여러 개를 배치한 후 조명의 옵션(세기, 색상, 기타)을 수정하고자 할 경우에 각각의 렉탱글 라이트 컴포넌트를 일일이 수정하는 것이 아니라 하나만 수정하면 나머지는 자동으로 수정됩니다.

6 | 이름 수정

[Lights] 옵션 창에서 V-Ray Rectangle Light를 더블클릭해 이름을 'V-Ray Rectangle Light-주조명'으로 수정합니다. 작업 모델에 렉탱글 라이트가 여러 개 배치되는 경우가 많기 때문에 각각의 이름을 입력하는 것입니다.

이름 수정

7 | 복사

스케치업 Select 도구(▶)로 렉탱글 라이트 컴포넌트를 선택하고 Move 도구(✥)를 선택합니다. 복사 기능을 활성하기 위해 Ctrl 을 누른 후 렉탱글 라이트 컴포넌트 오른쪽 끝점을 클릭하고 X축으로 드래그한 다음, 자동으로 스냅이 잡히는 벽체 그룹 끝점을 클릭해 복사합니다.

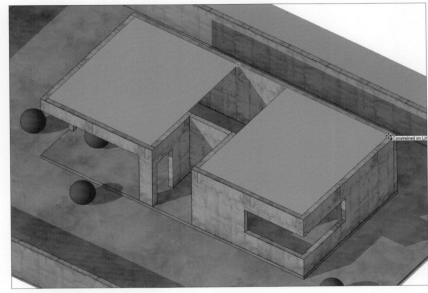

Move 도구로 렉탱글 라이트 컴포넌트 복사

8 | 복사

중간 지점에도 렉탱글 라이트 컴포넌트를 복사합니다.

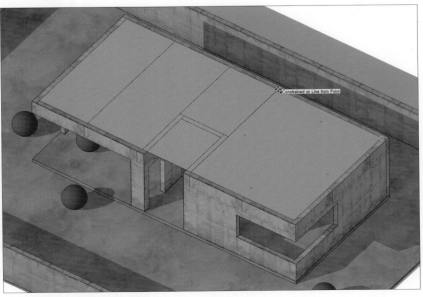

Move 도구로 렉탱글 라이트 컴포넌트 복사

9 | 크기 조절

중간에 있는 렉탱글 라이트 컴포넌트가 선택된 상태에서 스케치업 Scale 도구(🖼️)를 선택한 후 표시되는 그립을 클릭한 채로 안으로 드래그하고 스냅이
잡히는 지점을 클릭해 크기를 조절합니다.

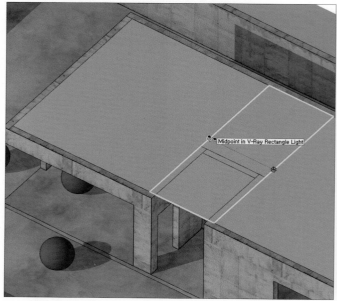

크기 조절

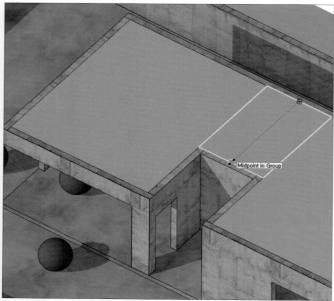

크기 조절

10 | 다중 선택

Select 도구(▸)로 세 개의 렉탱글 라이트 컴포넌트를 다중 선택합니다.

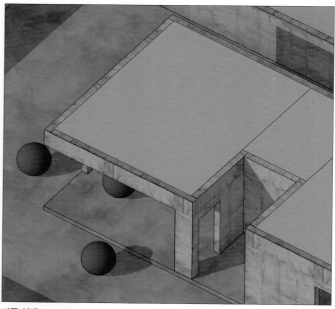

다중 선택

11 | 레이어 추가 / 지정

레이어를 관리하는 스케치업 [Layers] 창을 확장하고 Add Layer 아이콘(⊕)을 클릭해 레이어를 추가한 후 이름을 수정하기 위해 레이어를 더블클릭하고 이름을 '10-1. 렉탱글 라이트-주조명'으로 입력합니다. 객체 정보를 나타내는 스케치업 [Entity Info] 창을 확장한 후 Layer 항목의 내림 버튼(▼)을 클릭해 '10-1. 렉탱글 라이트-주조명' 레이어를 선택하고 세 개의 렉탱글 라이트 컴포넌트를 포함시킵니다.

[Layers] 창에서 레이어 추가 – 이름 입력

[Entity Info] 창에서 레이어 지정

| 알아두기 | **레이어 지정**

렉탱글 라이트를 처음 만든 시점에서 레이어를 추가하고 추가한 레이어로 지정해도 됩니다. 처음에 특정 레이어로 지정한 후 복사하면 복사한 객체들은 원본 객체와 동일한 레이어로 지정됩니다.

12 | 렌더링

렌더링⑩합니다.

렌더링

13 | 이동

Move 도구(✛)를 이용해 세 개의 렉탱글 라이트 컴포넌트를 아래로 5mm 내립니다.

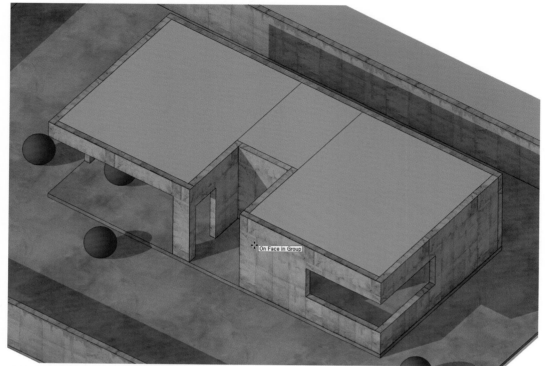

아래로 5mm 이동

| 알아두기 | **렉탱글 라이트를 아래로 내리는 이유**

렉탱글 라이트는 객체의 면을 기준으로 생성되기 때문에 객체의 면에 붙어 만들어집니다. 면에 붙어 있을 경우, 빛이 올바르게 표현되지 않는 경우가 있기 때문에 조금이라도 띄우는(내리는) 것입니다.

아래로 내리기 전 – 천장 그룹의 면과 붙어 있음

아래로 내린 후

14 | 렌더링

'3-1-1' 장면 탭을 클릭한 후 렌더링⑪합니다. 렉탱글 라이트
는 기본적으로 보이게 설정돼 있기 때문에 렉탱글 라이트가 장
면에 보입니다.

장면 탭 클릭 – 렌더링

15 | 옵션 체크

[Lights] 옵션 창에서 렉탱글 라이트-주조명을 선택한 후 펼
침 아이콘(▶)을 클릭해 오른쪽의 옵션 창이 나타나도록 합니
다. [Options] 탭을 클릭한 후 조명을 보이지 않게 설정하기
위해 Invisible에 체크 표시를 합니다.

[Rectangle Light] 옵션 창에서 [Invisible] 옵션 체크

| 알아두기 | **Invisible**

[Invisible] 옵션은 조명은
모델에서 보이지 않고 조명
이 발산하는 빛만 표현하는
옵션입니다.

Invisible 체크 표시 해제

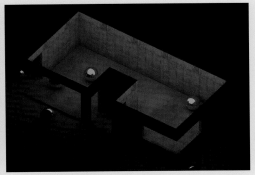

Invisible 체크

16 | 렌더링

렌더링⑫합니다. 렌더링 완료 이미지를 보면
반사값을 가진 구에는 조명이 반사되는 것을
확인할 수 있습니다. 조명을 보이지 않게 하기
위해 [Invisible] 옵션에 체크 표시를 해도 반
사값을 가진 재질에는 조명이 반사가 됩니다.

렌더링

17 | 옵션 설정

반사값을 가진 재질에 조명을 반사하지 않게 [Option] 탭의 [Affect Reflections] 옵션의 체크 표시를 해제하고 렌더링⑬합니다.

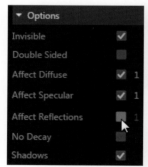

Affect Reflections 체크 표시 해제

렌더링

18 | 조명 세기 설정

실내가 어둡기 때문에 조명의 세기를 올리겠습니다. 조명의 세기를 설정하는 [Intensity] 옵션의 수치값을 '150'으로 올리고 렌더링⑭합니다. 렌더링 완료 이미지를 확인해보면 실내는 밝게 표현됐지만, 천장은 조금 어둡게 표현된 것을 알 수 있습니다. 렉탱글 라이트는 빛이 직진하는 성질을 갖고 있기 때문에 천장에서 내려오는 빛이 바닥과 벽면을 반사하면서 천장 부분에도 도달하지만, 도달하는 빛의 양이 많지 않기 때문에 어둡게 렌더링될 수밖에 없습니다.

Intensity '150' 수정

렌더링

| 알아두기 | **조명의 세기를 설정하는 방법**

조명의 세기를 올리려면 [Lights] 옵션 창 왼쪽의 조명 수치 입력 박스에서 수치값을 입력하거나 오른쪽의 [Main] 탭에 있는 [Intensity] 옵션에서 수치값을 입력하면 됩니다. 한 부분만 입력하면 나머지 부분은 자동으로 설정됩니다.

조명 세기 입력

19 | 장면 업데이트

'3-2' 장면 탭을 클릭한 후 스케치업 [Layers] 창의 '10-1. 렉탱글 라이트-주조명' 레이어의 체크 표시를 해제합니다. '3-2' 장면 탭에 마우스 포인터를 올려놓고 우클릭하면 나타나는 확장 메뉴 중 Update를 클릭해 장면을 업데이트합니다.

체크 표시 해제

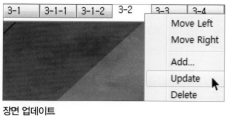

장면 업데이트

| 알아두기 | 조명 활성/비활성

[Lights] 옵션 창에서 조명 아이콘을 클릭해 활성하거나 비활성할 수 있지만, 레이어로 지정해 장면별로 활성(체크), 비활성(체크 표시 해제) 여부를 설정하는 것이 더 효율적입니다.

조명 활성

조명 비활성

---

20 | 렉탱글 라이트 만들기

아래 이미지를 참조해 렉탱글 라이트를 추가로 만들고 앞으로 5mm 이동시킵니다.

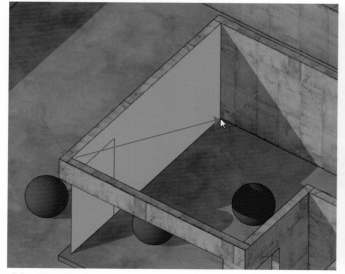

렉탱글 라이트 만듦

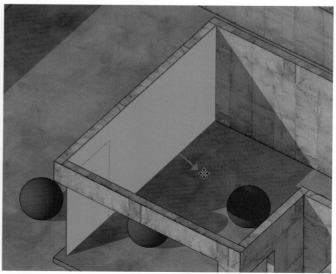

앞으로 5mm 이동

21 | 레이어 추가 / 지정

[Layers] 창의 Add Layer 아이콘(⊕)을 클릭해 레이어를
추가한 후 레이어 이름에 '10-2. 렉탱글 라이트−보조조명'
을 입력합니다. [Entity Info] 창을 확장한 후 Layer 항목의
내림 버튼을 클릭해 '10-2. 렉탱글 라이트−보조조명' 레이
어를 선택해 레이어를 지정합니다.

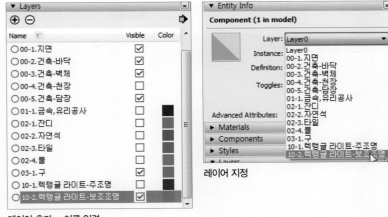

레이어 추가 − 이름 입력

레이어 지정

22 | 옵션 설정

20번 과정에서 만든 렉탱글 라이트의 이름을 [Lights] 옵션 창에서 'V-Ray Rectangle Light−보조조명'으로 입력하고 조명의 세기를 '90'으로 설정합
니다. 조명이 보이지 않게 [Invisible] 옵션에 체크 표시를 하고 반사값을 가진 재질에 조명이 반사되지 않도록 [Affect Reflection] 옵션의 체크 표시를
해제합니다.

이름 수정 − 세기 설정 − Invisible 체크 − Affect Reflections 체크 표시 해제

23 | 렌더링

렌더링⑮합니다. 렉탱글 라이트의 빛은 직진성을 갖고 있으며, 거리에 따라 밝기가 감소하는 것을 확인할 수 있습니다.

렌더링

24 | 옵션 설정

렉탱글 라이트의 빛이 거리에 따라 감소하지 않고 균등하게 표현하기 위해 [No Decay] 옵션에 체크 표시를 하고 렌더링⑯합니다. 빛이 감소하지 않고 전체가 밝아진 것을 확인할 수 있습니다.

옵션 체크

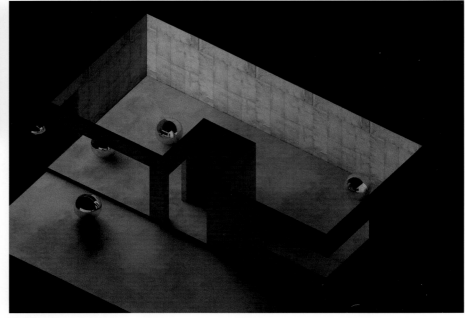

렌더링

| 알아두기 | No Decay

렉탱글 라이트가 표현하는 빛은 직진성을 갖고 있으며, 광원에서 멀어질수록 빛의 세기는 감소합니다. [No Decay] 옵션에 체크 표시를 하고 렌더링하면 옵션 체크 표시가 해제된 상태보다는 밝게 표현되지만, 거리의 한계 없이 빛을 균등하게 표현하지는 않습니다.

[No Decay] 옵션 체크 표시 해제   [No Decay] 옵션 체크

25 | 렌더링

'3-1-1' 장면 탭을 클릭한 후 렌더링⑰합니다. 실내가 전체적으로 밝아진 것을 확인할 수 있습니다.

장면 탭 클릭 - 렌더링

26 | 렉탱글 라이트로 이미지 표현하기

'3-1-2' 장면 탭을 클릭한 후 렌더링⑰-1합니다. [Lights] 옵션 창에서 'V-Ray Rectangle Light-보조조명'을 선택한 후 [Main] 탭에 있는 [Color/Texture] 옵션의 [비활성 맵] 버튼(■)을 클릭합니다.

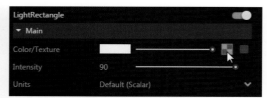

[Color/Texture] 옵션의 [비활성 맵] 버튼(■) 클릭

장면 탭 클릭 - 렌더링

27 | 맵 불러오기

Bitmap 타입을 선택한 후 부록 CD(Program1/3강.bg.jpg)에 있는 파일을 선택하고 [열기] 버튼을 클릭합니다.

Bitmap 선택

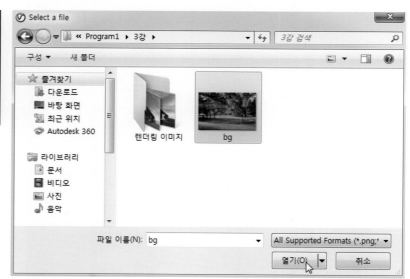

파일 선택 - [열기] 버튼 클릭

28 | 옵션 설정

[Bitmap] 옵션 창의 [Back] 버튼을 클릭합니다. [Color/Texture] 옵션에 체크 표시를 하고, 조명이 보이도록 설정하기 위해 [Invisible] 옵션의 체크 표시를 해제합니다.

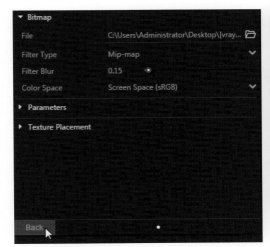

[Back] 버튼 클릭

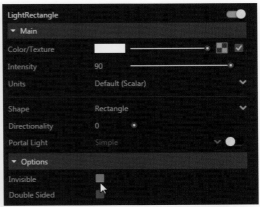

[Color/Texture] 옵션 체크 표시 – [Invisible] 옵션 체크 표시
해제

29 | 렌더링

렌더링⑰-2합니다. 불러온 이미지가 뒤집혀 표현됐기 때문에 회전하겠습니다. 스케치업 Rotate 도구( )를 선택한 후 렉탱글 라이트의 중간 부분에 위치시키면 자동으로 중간(중심점)에 스냅이 잡힙니다. 중심점을 클릭합니다.

렌더링– 확인

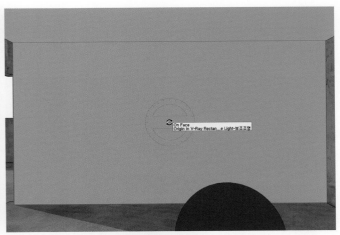

Rotate 도구 선택 – 렉탱글 라이트의 중심점 클릭

렉탱글 라이트로 표현할 이미지 크기

1. 이미지 크기 수정

자체 발광으로 표현하는 이미지는 [Materials] 창에서 매핑 크기를 수정할 수 있지만, 렉탱글 라이트로 표현하는 이미지는 [Materials] 창에서 수정하지 못하고 [V-Ray Asset Editor] 창의 [Texture Placement] 옵션 탭에 있는 [Repeat U/V] 항목에서 수정해야 합니다.

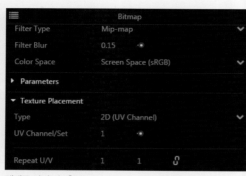

렉탱글 라이트는 [Texture Placement] 옵션 탭에 있는
[Repeat U/V] 항목에서 크기 수정 가능

자체 발광은 스케치업 [Materials] 창에서 크기 수정 가능

2. 품질

렉탱글 라이트와 자체 발광은 비슷한 느낌으로 이미지를 조명으로 표현할 수 있지만, 자체발광만으로 장면의 빛을 표현했을 경우 얼룩이 조금 발생한다는 문제가 있습니다. 이 얼룩은 인공 조명을 추가로 설치하면 제거됩니다. 아래 이미지로는 얼룩 확인이 어렵기 때문에 비교해볼 독자분들은 부록 CD(Program1/3강.참조1.bmp, 참조1-1.bmp)의 이미지 파일을 참조하기 바랍니다.

렉탱글 라이트

자체 발광

30 | 회전

회전하고자 하는 방향으로 드래그한 후 클릭하고 시계 반대 방향으로 조금 회전한 다음 '180'을 입력하고, Enter 를 눌러 180도 회전합니다.

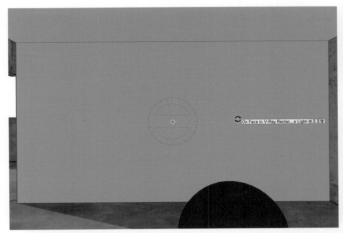

회전시킬 기준점 클릭

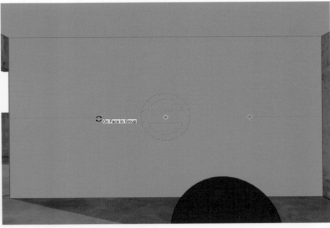

회전 - '180' 입력 - Enter

31 | 렌더링

렌더링⑰-3합니다.

렌더링

천장용 보조 조명 활용

[No Decay] 옵션에 체크 표시한 렉탱글 라이트를 이용해 천장을 포함한 실내를 밝게 표현하는 방법도 있지만, 어두운 천장만 비추기 위한 렉탱글 라이트를 추가로 만드는 경우도 있습니다. 천장의 빛을 보강하기 위한 렉탱글 라이트이므로 천장에 배치한 렉탱글 라이트보다 세기는 약하고 크기는 작으며 앞면이 위로(천장으로) 향하게 해야 합니다.

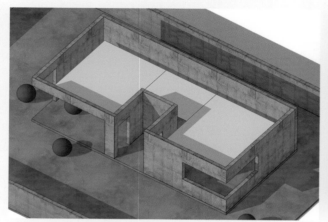

천장에 배치한 조명처럼 세 개를 추가 – 앞면이 위로 향하게 배치

세기 및 옵션 설정

천장을 비추는 보조 조명 없음 – 천장이 어두움

보조 조명 있음 – 천장이 어둡지 않음

3 스피어 라이트 활용하기

스피어 라이트(Sphere Light)는 원형 조명으로, 빛을 사방으로 발산합니다. 스케치업 조명 컴포넌트의 내부에 배치해 인공조명의 빛을 표현하는 경우에 주로 사용합니다. 이번에는 펜던트 컴포넌트 내부에 스피어 라이트를 배치해 빛을 표현하는 방법을 학습하겠습니다.

예|제|파|일 | Program1/3강/p1-3-2.완성   예|성|파|일 | Program1/3강/p1-3-3.완성

1 | 장면 업데이트

'3-3' 장면 탭을 클릭합니다. [Layers] 창에서 10-1, 10-2번 레이어의 체크 표시를 해제하고, '3-3' 장면을 업데이트합니다.

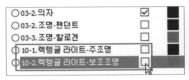

레이어 체크 표시 해제

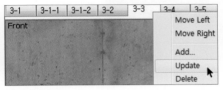

장면 업데이트

> | 알아두기 | **장면 업데이트**
>
> 장면별로 여러 가지 인공조명의 설정(레이어 체크 또는 레이어 체크 표시 해제)을 다르게 하는 경우가 대부분이기 때문에 레이어 설정을 수정하면 해당 장면을 꼭 업데이트해야 합니다.

2 | 스피어 라이트 만들기

V-Ray Lights 도구 모음(⬚⬚⬚⬚⬚⬚⬚⬚)의 Sphere Light 도구(◎)를 선택한 후 아래 이미지를 참조해 미리 그려져 있는 선의 끝점을 클릭합니다. 오른쪽으로 조금 드래그한 후 '50'을 입력하고 Enter 를 눌러 스피어 라이트의 크기를 설정해 배치합니다.

Sphere Light 도구 선택 – 끝점 클릭

오른쪽으로 드래그 – '50' 입력 – Enter

3 | 렌더링 / 세기 설정

렌더링⑲합니다. 빛이 너무 약하기 때문에 [Lights] 옵션 창에서 V-Ray Sphere Light의 세기를 '30000'으로 설정합니다.

세기 설정

렌더링

4 | 렌더링 / 옵션 설정

렌더링⑳합니다. 스피어 라이트가 렌더링 이미지에 보이기 때문에 [Lights] 옵션 창에서 V-Ray Sphere Light를 선택하고 오른쪽 옵션 창의 [Options] 탭을 확장한 다음 Invisible에 체크 표시를 합니다.

렌더링

체크 표시

5 | 렌더링

렌더링㉑합니다.

6 | 레이어 체크

스케치업 [Layers] 창의 '03-2.조명-펜던트' 레이어에 체크 표시를 합니다.

레이어 체크

7 | 렌더링

렌더링㉒합니다. 펜던트 조명 컴포넌트의 전구에 매핑된 메트리얼은 자체 발광(Emissive) 레이어가 미리 추가돼 있는 상태입니다.

8 | 레이어 추가 / 지정

Select 도구( )로 스피어 라이트를 선택합니다. 스케치업 [Layers] 창에서 '11-1.스피어 라이트' 레이어를 추가한 후
[Entity Info] 창에서 선택한 스피어 라이트를 '11-1.스피어 라이트' 레이어에 지정합니다.

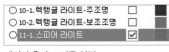

레이어 추가 - 이름 입력

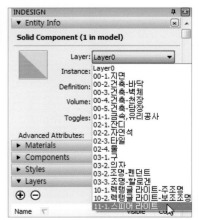

레이어 지정

스피어 라이트 활용

스피어 라이트는 조명 컴포넌트 내부에 배치해 활용합니다. 조명 컴포넌트를 만들 때 스피어 라이트 컴포넌트도 함께 만들어놓으면 효율적으로 활용할 수 있습니다.

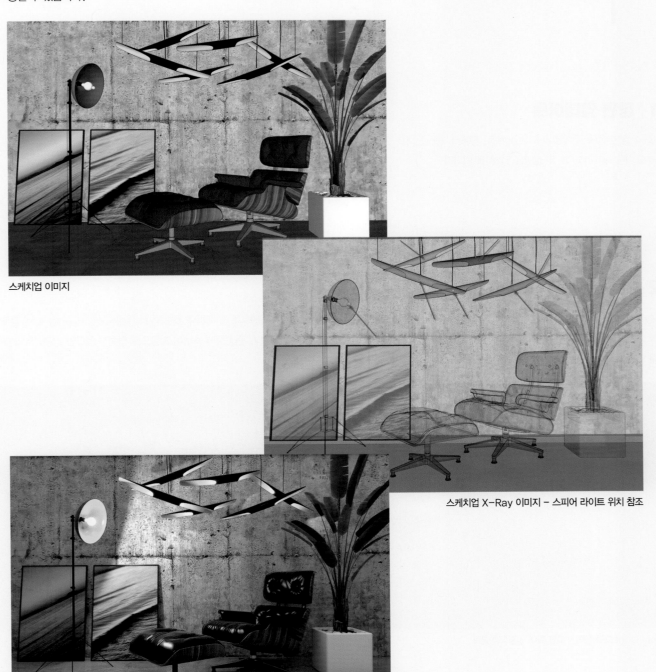

스케치업 이미지

스케치업 X-Ray 이미지 – 스피어 라이트 위치 참조

스케치업 브이레이 렌더링 이미지

4 스팟 라이트 활용하기

이번에는 할로겐의 빛 표현에 적합한 스팟 라이트(Spot Light)에 대해 알아보겠습니다.

예|제|파|일 | Program1/3강/p1-3-3.완성 완|성|파|일 | Program1/3강/p1-3-4.완성

1 | 장면 업데이트

'3-4' 장면 탭을 클릭합니다. [Layers] 창에서 '10-1, 10-2, 11-1'번 레이어의 체크 표시를 해제하고 '3-4' 장면을 업데이트합니다.

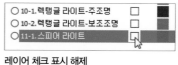

레이어 체크 표시 해제

장면 업데이트

2 | 스팟 라이트 배치

V-Ray Lights 도구 모음( )에 있는 Spot Light 도구( )를 선택합니다. 모델에 세 개 배치돼 있는 'com.light.spot.rectangle' 컴포넌트 중 중간에 배치된 컴포넌트로 화면을 확대하고 중심점을 클릭해 스팟 라이트를 배치합니다. 중심점에 스냅이 자동으로 잡히지 않으면 컴포넌트의 내부에 있는 원에 마우스 포인터를 올려놓은 후 중간으로 이동하면 자동으로 스냅이 잡힙니다.

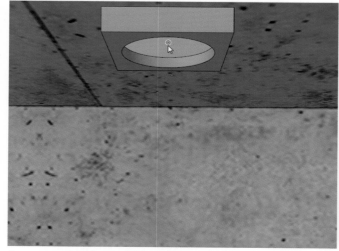

Spot Light 도구 선택 – 화면 확대 – 중심점 클릭

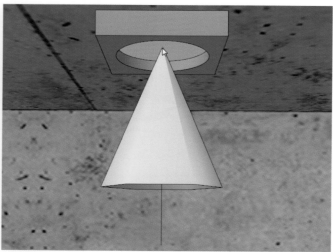

배치된 상태

3 | 레이어 추가 / 지정

Select 도구( )로 스팟 라이트를 선택합니다. 스케치업 [Layers] 창에서 '12-1.스팟 라이트' 레이어를 추가한 후 [Entity Info] 창에서 선택한 스팟 라이트를 '12-1.스팟 라이트' 레이어에 지정합니다.

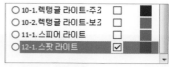

레이어 추가 – 이름 입력

레이어 지정

4 | 복사

Move 도구( )를 이용해 좌, 우로 복사합니다. 조명 간격은 '1200'입니다.

좌, 우로 복사

5 | 렌더링

'3-4' 장면 탭을 클릭한 후 렌더링㉓합니다.

렌더링

| 알아두기 | **스팟 라이트 배치**

스팟 라이트의 꼭짓점이 객체의 면에 맞닿게 배치해야 합니다. 객체에 매입되게 배치하면 빛이 표현되지 않습니다. 다음 과정에서 학습하는 IES 라이트도 마찬가지입니다.

6 | 세기 조절

[Lights] 옵션 창에서 V-Ray Spot Light를 선택한 후 세기를 '90'으로 수정하고 렌더링㉔합니다.

세기 설정

렌더링

7 | 각도 설정

빛이 산란되는 각도를 설정하기 위해 [Lights] 옵션 창의 오른쪽에 있는 [Main] 탭을 확장한 후 Cone Angle 수치값을 '90'으로 수정하고 렌더링㉕합니다.

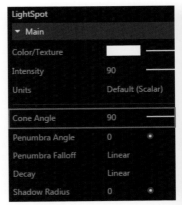

수치값 설정

렌더링

8 | 반그림자 설정

반그림자의 각도를 설정하기 위해 Penumbra Angle의 수치값을 '10'으로 수정하고 렌더링㉖합니다.

수치값 설정

렌더링

국부 조명의 표현

할로겐의 빛 표현은 스팟 라이트보다 다음 과정에서 학습하는 IES 라이트가 느낌이 더 좋기 때문에 저자의 경우 할로겐 표현에는 IES 라이트를 주로 사용합니다. 하지만 특정 부분에만 빛이 표현되는 국부 조명은 IES 라이트보다 스팟 라이트의 느낌이 좋습니다.

스케치업 이미지: 스팟 라이트 배치

렌더링 이미지: 국부 조명 표현

IES 라이트 활용하기

IES 라이트(IES Light)도 스팟 라이트와 마찬가지로 할로겐의 빛 표현에 가장 적합한 인공조명입니다. 스팟 라이트보다 빛 산란의 느낌이 좋기 때문에 저자의 경우 할로겐 표현에는 IES 라이트를 주로 사용하고 있습니다. IES 라이트는 다른 인공조명과 달리 자체적으로는 빛을 표현할 수 없고, 외부에서 IES 데이터 파일을 불러와야 합니다. 이번에는 IES 데이터 파일을 불러와 IES 라이트로 빛을 표현하는 방법을 학습하겠습니다.

예|제|파|일| Program1/3강/p1-3-4.완성 완|성|파|일| Program1/3강/p1-3-5.완성

1 | 장면 업데이트

'3-5' 장면 탭을 클릭합니다. [Layers] 창에서 '10-1, 10-2, 11-1, 12-1'번 레이어의 체크 표시를 해제한 후 '3-5' 장면을 업데이트합니다.

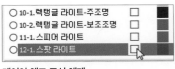

레이어 체크 표시 해제

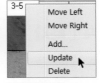

장면 업데이트

2 | IES 라이트 배치

V-Ray Lights 도구 모음(　)에 있는 IES Light 도구(　)를 선택합니다. [IES File] 창이 열리면 부록 CD(Program1/3강.1.ies)에 있는 파일을 선택하고 [열기] 버튼을 클릭합니다. 모델에 세 개 배치돼 있는 'com.light.spot.rectangle' 컴포넌트 중 중간에 배치된 컴포넌트로 화면을 확대한 후 중심점을 클릭해 IES 라이트를 설치합니다.

ies 파일 선택 - [열기] 버튼 클릭

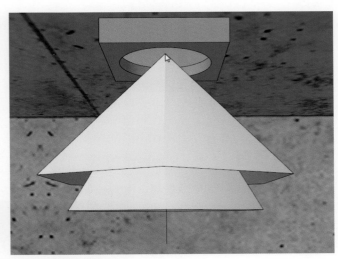

컴포넌트 중심점에 배치

3 | 레이어 추가 / 지정

Select 도구(↖)로 IES 라이트를 선택합니다. 스케치업 [Layers] 창에서 '13-1.IES 라이트' 레이어를 추가한 후 [Entity Info] 창에서 선택한 IES 라이트를 '13-1.IES 라이트' 레이어에 지정합니다.

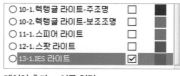

레이어 추가 – 이름 입력

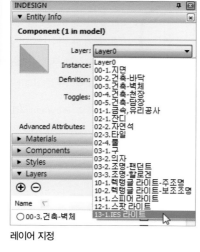

레이어 지정

4 | 복사

IES 라이트를 좌, 우로 복사(조명 간격 '1200')한 후 '3-5' 장면 탭을 클릭하고 렌더링㉗합니다. 렌더링 완료 이미지를 보면 IES 라이트의 빛이 표현되지 않는 것을 확인할 수 있습니다.

IES 라이트 복사 – '3-5' 장면 탭 클릭

렌더링

5 | 세기 조절

IES 라이트를 배치하면 기본적으로는 빛이 표현되지 않습니다. IES 라이트의 빛을 표현하기 위해 [Lights] 옵션 창의 V-Ray IES Light를 선택한 후 [Main] 탭에 있는 [Intensity] 옵션에 체크 표시를 하고 '600000'을 입력합니다.

세기를 '600000'으로 설정

6 | 렌더링

렌더링㉓합니다.

| 알아두기 | **IES 라이트의 빛이 표현되지 않을 때**

렌더링을 하고 종료한 파일을 추후에 실행시켜 렌더링했을 때 IES 라이트의
빛이 표현되지 않는 경우가 발생합니다.
IES 데이터 파일이 저장된 경로가 수정되거나 적용한 IES 데이터 파일이 삭
제됐을 경우에 발생하는 문제입니다.
이 경우에는 [Lights] 옵션 창에서 IES 라이트를 선택한 후 [IES Light File]
옵션의 Open File 아이콘(🗁)을 클릭하고 IES 데이터 파일을 다시 선택해
적용하면 됩니다.

자체 발광

'com.light.spot.rectangle' 컴포넌트에서 표현되는 빛은 자체 발광입니다.

1 | 자체 발광 매핑

해당 컴포넌트의 발광 부위에 매핑된 'com.light.emi' 메트리얼은 자체 발광(Emissive) 레이어가 추가돼 있기 때문에 빛이 표현되는 것입니다.

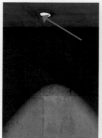

빛 확인

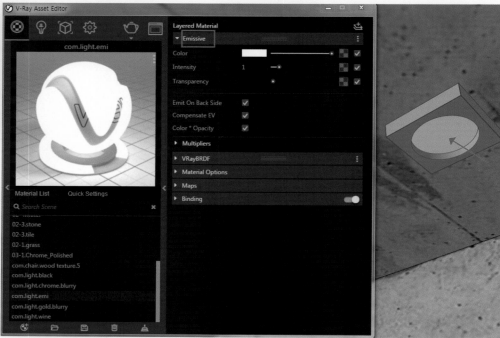

자체 발광 레이어가 추가된 상태

2 | 자체 발광 세기

조명의 발광 부위에 매핑된 메트리얼의 자체 발광 세기를 올린다고 해서 장면이 밝아지지 않습니다. 크기와 밝기가 비례하기 때문입니다.

인공조명이 없을 경우: 자체 발광 세기 1

자체 발광 세기: 1000

6 옴니 라이트 활용하기

옴니 라이트(Omni Light)는 원형 조명으로 스피어 라이트와 동일하게 빛을 사방으로 발산합니다. 이번에는 옴니 라이트로 빛을 표현하는 방법을 학습하겠습니다.

예|제|파|일|Program1/3강/p1-3-5.완성 완|성|파|일|Program1/3강/p1-3-6.완성

1 | 장면 업데이트

'3-6' 장면 탭을 클릭합니다. [Layers] 창에서 '10-1, 10-2, 11-1, 12-1, 13-1'번 레이어의 체크 표시를 해제하고 '3-6' 장면을 업데이트합니다.

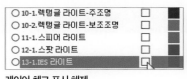

레이어 체크 표시 해제

장면 업데이트

2 | 옴니 라이트 만들기

V-Ray Lights 도구 모음(　　　　　　　)의 Omni Light 도구(✳)를 선택한 후 미리 그려져 있는 선의 끝점을 클릭해 배치하고 렌더링㉑합니다. 렌더링 완료 이미지를 보면 빛이 전혀 표현되지 않는 것을 확인할 수 있습니다.

Omni Light 도구 선택 – 끝점 클릭

렌더링

3 | 옵션 설정

옴니 라이트의 빛을 표현하기 위해 [Light] 옵션 창에서 V-Ray Omni Light를 선택하고 [Main] 탭에 있는 빛의 표현방식을 설정하는 [Decay] 옵션의
내림 버튼(⌄)을 클릭해 Linear를 선택합니다.

내림 버튼 클릭 – Linear 선택

4 | 렌더링

렌더링㉚합니다.

렌더링

5 | 세기 설정

V-Ray Omni Light의 세기를 '60'으로 설정하고 렌더링❸합니다.

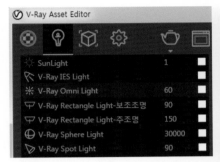

세기 '60'

렌더링

6 | 렌더링

[Layers] 창에서 '03-2.조명-펜던트' 레이어에 체크 표시를 하고 렌더링❸합니다. 렌더링 완료 이미지를 확인해보면 그림자가 선명하게 표현되는 것을
확인할 수 있습니다.

'03-2'번 레이어 체크

렌더링

7 | 부드러운 그림자 설정

그림자의 경계면을 부드럽게 표현하기 위해 [Main] 탭의 Shadow Radius 수치값을 '1.5'로 설정하고 렌더링③③합니다.

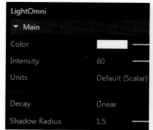

세기 60

렌더링

8 | 레이어 추가 / 지정

Select 도구(▶)로 옴니 라이트를 선택합니다. 스케치업 [Layers] 창에서 '14-1. 옴니 라이트' 레이어를 추가한 후 [Entity Info] 창에서 선택한 옴니 라이트를 '14-1. 옴니 라이트' 레이어에 지정합니다.

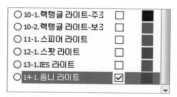

레이어 추가 – 레이어 이름 입력

레이어 지정

| 알아두기 | **스피어 라이트와 옴니 라이트의 차이**

스피어 라이트에 비해 빛을 받는 조명 컴포넌트의 느낌과 반사되는 빛의 느낌이 별로기 때문에 펜던트나 스탠드 같이 조명 내부에 배치하는 용도로는 옴니 라이트보다 스피어 라이트가 적합합니다.

옴니 라이트

스피어 라이트

옴니 라이트

스피어 라이트

7 메시 라이트 활용하기

이번에는 선택한 객체를 조명으로 만들 수 있는 메시 라이트에 대해 알아보겠습니다.

예|제|파|일| **Program1/3강/p1-3-6.완성** 완|성|파|일| **Program1/3강/p1-3-7.완성**

1 | 장면 업데이트

'3-7' 장면 탭을 클릭합니다. [Layers] 창에서 '10-1, 10-2, 11-1, 12-1, 13-1, 14-1'번 레이어의 체크 표시를 해제하고 '3-6' 장면을 업데이트합니다.

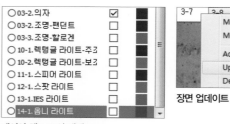

레이어 체크 표시 해제

장면 업데이트

2 | 렌더링

메시 라이트 전, 후의 이미지를 비교하기 위해 렌더링❹합니다. 렌더링 완료 이미지를 확인해보면 인공조명이 없기 때문에 아무것도 보이지 않는 것을 알 수 있습니다.

렌더링

3 | 메시 라이트 만들기

Select 도구(➤)로 '구' 그룹을 선택하고 V-Ray Lights 도구 모음(▽▣◎△↑☀◎◎꽉)에 있는 Convert to Mesh Light 도구(◎)를 클릭해 '구' 그룹을 메시 라이트로 만듭니다.

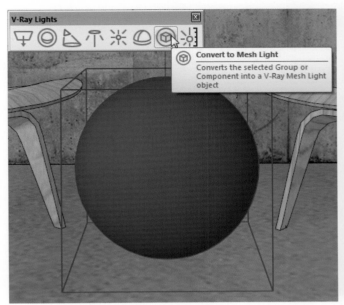

'구' 그룹 선택 – Convert to Mesh Light 아이콘 클릭

메시 라이트가 만들어진 상태

4 | 렌더링

렌더링㉟합니다.

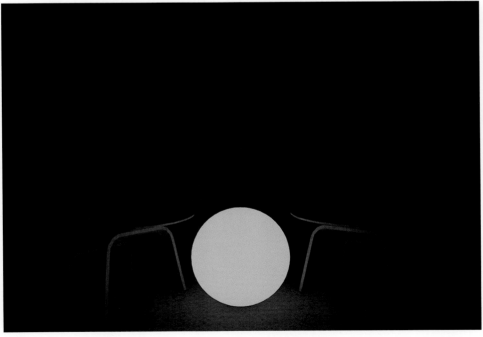

렌더링

5 | 세기 설정

V-Ray Mesh Light의 세기를 '150'으로 설정하고 렌더링㊱합니다.

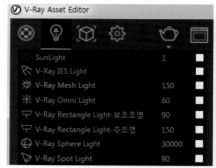

세기 설정

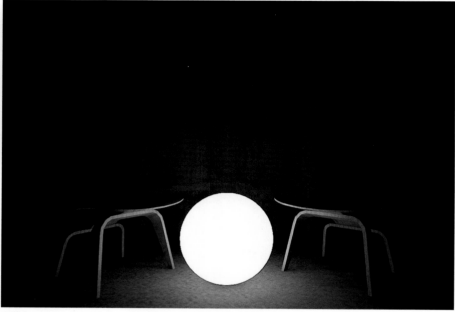

렌더링

| 알아두기 | **Light Intensity Tool 사용하기**

V-Ray Lights 도구 모음(▽◉△↑❋◎⊕⊛)에 있는 Light Intensity Tool 도구(⊛)를 클릭한 후 인공조명에 마우스 포인터를 올려놓으면 노란색으로 영역이 표시됩니다. 아무 지점이나 클릭한 채로 위로 드래그하면 조명 세기가 올라가고, 아래로 드래그하면 내려갑니다.

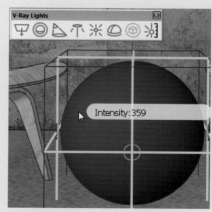

메시 라이트

옴니 라이트

스팟 라이트

6 | 레이어 추가 / 지정

Select 도구(▶)로 메시 라이트를 선택합니다. 스케치업 [Layers] 창에서 '15-1. 메시 라이트' 레이어를 추가한 후 [Entity Info] 창에서 선택한 메시 라이트를 '15-1. 메시 라이트' 레이어에 지정합니다.

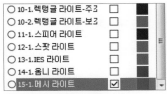

레이어 추가 – 레이어 이름 입력

레이어 지정

| 알아두기 | **메시 라이트로 만들 수 있는 객체**

단일 그룹(또는 컴포넌트)인 객체만 메시 라이트로 만들 수 있습니다. 하위 그룹(또는 컴포넌트)이 있는 객체는 메시 라이트로 만들 수 없습니다.

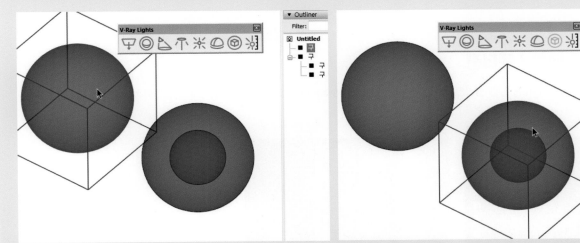

단일 그룹 선택 – Convert to Mesh Light 아이콘 활성됨

하위 그룹이 있는 그룹 선택 – Convert to Mesh Light 아이콘 활성 안 됨

돔 라이트 활용하기

주변 환경을 표현할 때 사용하는 돔 라이트(Dome Light)에 대해 알아보겠습니다.

예|제|파|일|Program1/3강/p1-3-7.완성 완|성|파|일|Program1/3강/p1-3-8.완성

1 | 장면 업데이트

'3-8' 장면 탭을 클릭합니다. [Layers] 창에서 '10-1, 10-2, 11-1, 12-1, 13-1, 14-1, 15-1'번 레이어의 체크 표시를 해제하고 '03-8' 장면을 업데이트합니다.

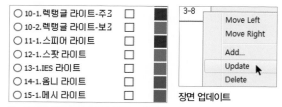

'3-8' 장면 탭 클릭 장면 탭 클릭 - 레이어
체크 표시 해제

장면 업데이트

2 | 돔 라이트 배치 / 렌더링

[Lights] 옵션 창에서 SunLight를 활성하고 [Settings] 옵션 창의 [Environment] 탭에 있는 [Background] 옵션에 체크 표시를 합니다.

SunLight 활성

Background 체크

3 | 렌더링

렌더링㉧합니다.

4 | 돔 라이트 배치

V-Ray Lights 도구 모음(아이콘들)에 있는 Dome Light 도구(◎)를 선택한 후 '지면' 그룹을 클릭해 돔 라이트를 배치하고 렌더링㉨합니다. 렌더링 완료 이미지를 확인해보면 돔 라이트로 인해 주변 환경이 표현됐지만, 그림자가 어색하고 반사값을 가진 구에 화이트 도트 현상이 발생한다는 것을 알수 있습니다.

아이콘 클릭 – 바닥 클릭해 배치

렌더링

5 | HDR 파일 재적용

돔 라이트에 기본으로 적용돼 있는 환경 맵 파일은 오류가 있어 사용하지 못하기 때문에 새로운 환경 맵 파일을 불러와 돔 라이트에 적용하겠습니다. [V-Ray Asset Editor] 창의 [Lights] 옵션 창에서 V-Ray Dome Light를 선택하고 [Main] 탭에 있는 [Color/Texture HDR] 옵션의 [활성 맵] 버튼(■)을 클릭합니다.

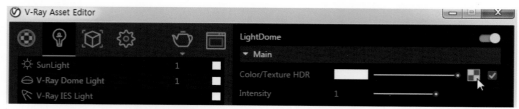

V-Ray Dome Light 선택 – [활성 맵] 버튼(■) 클릭

6 | HDR 파일 불러오기

[Bitmap] 옵션 창이 나타나면 Open File 아이콘(📁)을 클릭해 부록CD(Program1/3강.day.hdr)의 파일을 선택하고 [열기] 버튼을 클릭합니다.

아이콘 클릭

day.HDR 파일 선택 – [열기] 버튼 클릭

| 알아두기 | 인공조명 삭제

인공조명을 삭제하려면 스케치업 [Components] 창에서 삭제할 조명 컴포넌트에 마우스 포인터를 올려놓고 우클릭하면 나타나는 확장 메뉴 중 [Delete]를 클릭하거나 [V-Ray Asset Editor] 창의 [Lights] 옵션 창에서 삭제할 조명 컴포넌트에 마우스 포인터를 올려놓고 우클릭하면 나타나는 확장 메뉴 중 [Delete]를 클릭하면 됩니다. 두 군데 중 한 군데만 삭제하면 나머지는 자동으로 삭제됩니다.

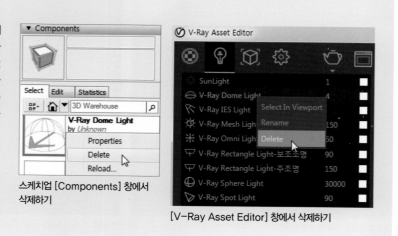

스케치업 [Components] 창에서 삭제하기

[V-Ray Asset Editor] 창에서 삭제하기

7 | 세기 설정

[Bitmap] 옵션 창의 [Back] 버튼을 누른 후 HDR 파일의 밝기를 설정하기 위해 Intensity 수치값을 '50'으로 수정합니다.

Intensity 50

[Back] 버튼 클릭

8 | 렌더링

렌더링❸❾합니다. 렌더링이 완료된 이미지를 보면 모델 주변으로 자연스러운 환경이 표현된 것을 알 수 있습니다. 이처럼 돔 라이트는 환경 맵을 적용해 모델의 주변 환경을 손쉽게 표현할 수 있습니다.

렌더링

| 알아두기 | **환경 맵 회전**

환경 맵을 회전하려면 [Bitmap] 옵션 창에서 [Texture Placement] 옵션 탭을 확장한 후 [Rotate H] 옵션에서 수치값을 입력하면 됩니다.

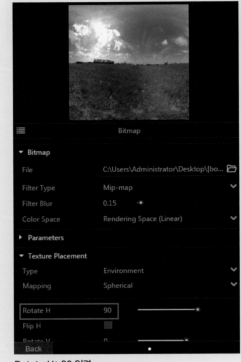

Rotate H: 90 입력

렌더링 – 환경 맵이 회전됨

9 | 레이어 추가 / 지정

Select 도구( )로 돔 라이트를 선택합니다. 스케치업 [Layers] 창에서 '16-1.돔 라이트' 레이어를 추가한 후 [Entity Info] 창에서 선택한 돔 라이트를 '16-1.돔 라이트' 레이어에 지정합니다.

레이어 추가 – 레이어 이름 입력

레이어 지정

환경 맵의 종류

환경 맵은 모델의 주변 환경을 표현할 때 사용하며, hdr, exr 파일 형식의 파일들이 사용됩니다. 모델의 주변을 자연스럽게 표현하고 반사값을 가진 재질에 자연스러운 반사가 표현되기 때문에 활용도가 무척 높은 파일입니다.

저자는 환경 맵으로 사용할 파일의 특성에 따라 주간 장면, 야간 장면 등으로 구분해 사용하고 있습니다.

저자가 사용하고 있는 환경 맵

실무예제
따라하기

이번에는 스케치업 브이레이를 사용하면서 자주 경험하는 문제점을
해결하는 방법과 실무예제로 다양한 장면과 설정에 맞는 각종
옵션 값을 설정해 렌더링하는 과정을 학습하겠습니다.

컴포넌트 만들고
재질의 옵션 설정하기

1강

스케치업과 스케치업 브이레이가 버전업되면서 하위 버전(2.0 버전대)에서 작업된 파일을 상위 버전(3.0 버전대)에서 실행하면
의도하지 않는 결과가 나오는 경우가 자주 있습니다. 버전 업으로 인해 옵션이 추가되거나 삭제됐기 때문인데
몇몇 옵션만 수정하면 문제 없이 사용할 수 있습니다. 이번에는 모델에서 배경으로 활용할 배경 컴포넌트를 만드는
방법과 재질의 설정값을 수정하는 방법에 대해 알아보겠습니다.

학습목표

스케치업 브이레이를 사용하다 보면 의도하지 않
는 결과가 자주 나타납니다. 작업 중인 파일보다
는 다운로드한 컴포넌트나 파일에서 주로 문제점
이 나타나지만, 옵션 몇 개만 수정하면 문제 없이
활용할 수 있습니다. 이번 과정에서 학습하는 옵
션들의 특성과 설정 전, 후의 차이점을 꼭 숙지하
기 바랍니다.

1 배경 컴포넌트 만들기

이번에는 저자가 직접 찍은 사진을 이용해 배경 컴포넌트를 만드는 방법에 대해 알아보겠습니다. 자연스러운 반사를 표현하려면 배경을 포토샵에서 합성하는 것보다 배경 컴포넌트를 모델에 배치하는 것이 좋습니다.

예│제│파│일│ **Program2/1강/p2-1-1** 완│성│파│일│ **Program2/1강/p2-1-1.완성**

1 | 파일 실행

p2-1-1.skp 파일을 실행합니다. 제공 파일에 설정된 장면은 정면(Front)입니다. 스케치업 [Materials] 창을 확장하고 In Model 아이콘(🏠)을 클릭해 메트리얼을 확인합니다. background 메트리얼을 선택하고 만들어져 있는 사각형을 클릭해 매핑합니다.

스케치업 [Materials] 창 확장 – In Model 아이콘 클릭 – 메트리얼 선택 – 면을 클릭해 매핑

2 | 객체 선택

Select 도구(▶)로 면을 더블클릭해 선과 면을 모두 선택한 후 마우스 우클릭하면 나타나는 확장 메뉴 중 컴포넌트로 만드는 명령인 [Make Component]를 클릭합니다.

선택 도구로 면을 더블클릭 – 마우스 우클릭 – Make Component 클릭

3 | 컴포넌트 만들기

[Definition] 항목에 'com.background'를 입력한 후 Description 항목에 '주간 장면용 배경 컴포넌트'라고 입력하고 [Create] 버튼을 클릭합니다. 스케치업 [Components] 창을 확장한 후 In Model 아이콘(🏠)을 클릭해 새로 만든 컴포넌트를 확인합니다.

이름, 설명 입력 – [Create] 버튼 클릭

스케치업 [Component] 창에서 확인

| 알아두기 | **컴포넌트 저장하기**

모델에서 만든 컴포넌트를 저장하려면 컴포넌트에 마우스 포인트를 올려놓은 후 우클릭하면 나타나는 확장 메뉴 중 [Save As]를 클릭하거나 [Components] 창에서 마우스 우클릭하면 나타나는 확장 메뉴 중 [Save As]를 클릭하면 됩니다. 불러온 컴포넌트의 이름을 수정하고 저장할 때 수정한 이름으로 저장되는 것이 아니라 원래 이름으로 저장되는 경우도 있으므로 컴포넌트를 저장하는 경우에는 이름을 꼭 확인해야 합니다.

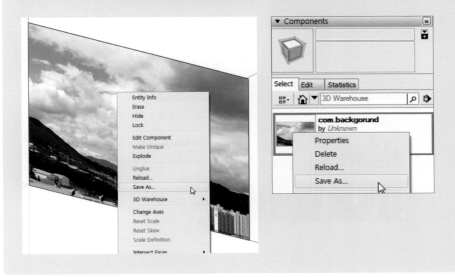

4 | 복사

화면을 축소하고 Move 도구(✤)를 선택합니다. Ctrl 을 눌러 복사 기능을 활성하고 오른쪽으로 복사합니다.

이동 도구로 컴포넌트 복사

5 | 새로운 컴포넌트로 만들기

복사한 컴포넌트를 새로운 컴포넌트로 만들기 위해 복사한 컴포넌트가 선택된 상태에서 마우스 우클릭하면 나타나는 확장 메뉴 중 [Make Unique]를 클릭합니다. [Components] 창을 확인해보면 새로운 컴포넌트가 만들어진 것을 알 수 있습니다.

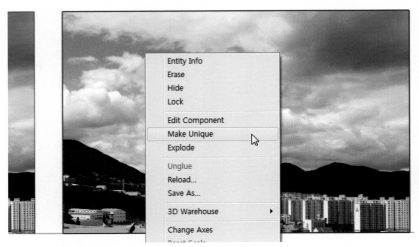

마우스 우클릭 – [Make Unique] 클릭

[Components] 창 확인

6 | 이름 수정

[Components] 창에서 새로 만든 com.background#1 컴포넌트를 선택한 후 이름을 'com.background-1'로 수정합니다. 마우스 포인터에 나타나는 컴포넌트는 Esc 를 눌러 나타나지 않게 합니다. 새로 만든 컴포넌트에 마우스 포인터를 올려놓고 우클릭하면 나타나는 확장 메뉴 중 선택한 객체를 화면에 꽉 차게 배치하는 명령인 Zoom Selection을 클릭합니다.

컴포넌트 선택 – 이름 수정

마우스 우클릭 – [Zoom Selection] 클릭

7 | 장면 추가

스케치업 [Scenes] 창을 확장한 후 Add Scene 아이콘(⊕)을 클릭해 장면을 추가합니다.

장면 추가

8 | 면 분할

하늘 부분만 삭제해 산 이미지만을 컴포넌트로 만드는 방법에 대해 알아보겠습니다. 어떤 작업인지 궁금하면 11번 항목을 먼저 보기 바랍니다. Select 도구( )로 com.background-1.컴포넌트를 더블클릭해 편집 모드로 만듭니다. Select 도구( )로 왼쪽의 선을 선택한 후 Move 도구( )를 선택하고 왼쪽 하단 끝점을 클릭합니다. Ctrl 을 눌러 복사 기능을 활성한 후 오른쪽 하단 끝점으로 복사하고 키보드로 '/10'을 입력한 다음 Enter 를 눌러 면을 분할합니다. 이렇게 면을 분할하는 이유는 총 열 개의 면을 각각 작업하면서 면 분할을 확인하기 위해서입니다.

선 선택　　　복사　　　'/10'을 입력한 후 Enter

9 | 자유로운 선 그리기

아래 이미지를 참조해 왼쪽으로 화면을 확대한 후 Freehand 도구(🖉)를 선택하고 선을 클릭합니다. 사진의 산 모양을 따라 화면을 확대, 축소, 이동하면서 자유로운 선을 그립니다.

Freehand 도구로 선 클릭

자유로운 선을 그림

10 | 분할된 면 확인

한 번에 사진의 산 부분을 모두 작업하는 데는 어려움이 있기 때문에 직선으로 분할한 부분까지만 작업하고 면이 분할됐으면 다음 면의 작업을 진행하는 순서로 진행합니다. 최대한 확대해 작업하면 좀 더 디테일한 배경을 만들 수 있습니다.

분할된 면 확인

| 알아두기 | **작업 되돌리기**

스케치업 작업 중에 이전의 작업으로 되돌리려면 Ctrl + Z , 되돌린 작업을 다시 되돌리려면 Ctrl + Y 를 누르면 됩니다.

11 | 스타일 변경

산 부분을 모두 그렸으면 면 분할을 보다 쉽게 확인하기 위해 Styles 도구 모음( )의 Hidden Line 도구( )를 클릭해 화면을 히든 라인 스타일로 표현합니다. Select 도구( )로 산 부분을 다중 선택해 분할이 잘 됐는지 확인합니다.

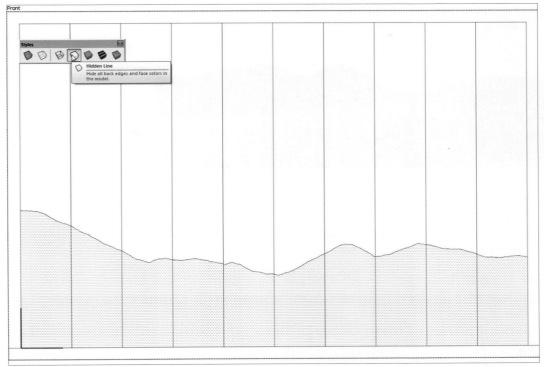

히든 라인 스타일 적용 – 면 선택 – 분할 확인

12 | 선 지우기

Eraser 도구( )를 선택한 후 면 분할을 위해 만든 직선을 모두 삭제하고 가장자리의 선도 밑부분의 선만 제외하고 삭제합니다.

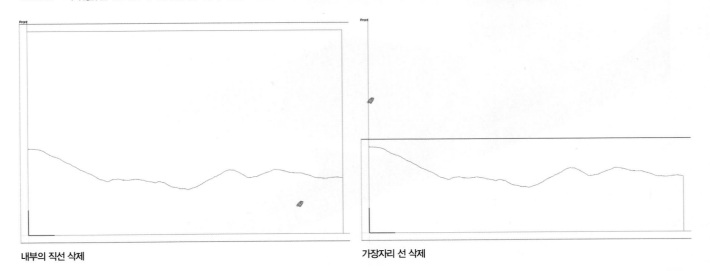

내부의 직선 삭제　　　　　　　　　　　　　　　　가장자리 선 삭제

13 | 스타일 변경

Styles 도구 모음()에서 기본 작업 스타일로 화면을 표현하는 Shaded With Textures 도구( )를 클릭합니다.

도구 클릭

14 | 그림자 표시

화면을 회전시키고 그림자를 표시해 그림자를 확인합니다. 당연한 얘기지만, 사각형 컴포넌트는 사각형 그림자가 생기고 하늘 부분을 삭제한 컴포넌트에 산 모양의 그림자가 생기는 것을 알 수 있습니다. 모델에 배경 컴포넌트를 배치했을 경우, 모델에 배경 컴포넌트의 그림자가 반영되는 경우가 생기기 때문에 주의 깊게 살펴봐야 합니다.

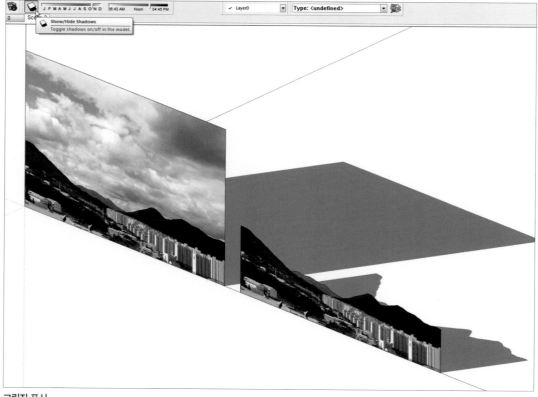

그림자 표시

15 | 스케치업 파일 저장

현재의 스케치업 파일은 그대로 두고 새로운 스케치업 파일로 저장하겠습니다. 메뉴의 [File-Save A Copy As]를 클릭한 후 저장 경로는 바탕화면에
만든 [vray study] 폴더의 file 폴더로 지정합니다. 파일 이름은 'p2-1-1.완성'으로 입력하고 [저장] 버튼을 눌러 저장합니다.

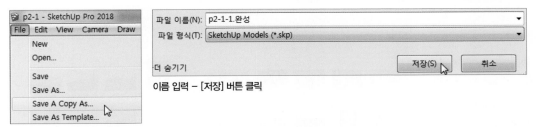

[File-Save A Copy As]

이름 입력 - [저장] 버튼 클릭

16 | 배경 컴포넌트 저장하기

두 개의 배경 컴포넌트도 [Save As] 명령으로 [vray study] 폴더의 file 폴더에 저장합니다. p2-1.skp 파일은 저장하지 않고 닫습니다. 따라한 예제
파일을 저장하지 않는 이유는 완전히 이해될 때까지 복습을 몇 번 더 해보라는 의미입니다. 프로그램 학습은 반복이 매우 중요하므로 여러 번 학습하기 바
랍니다.

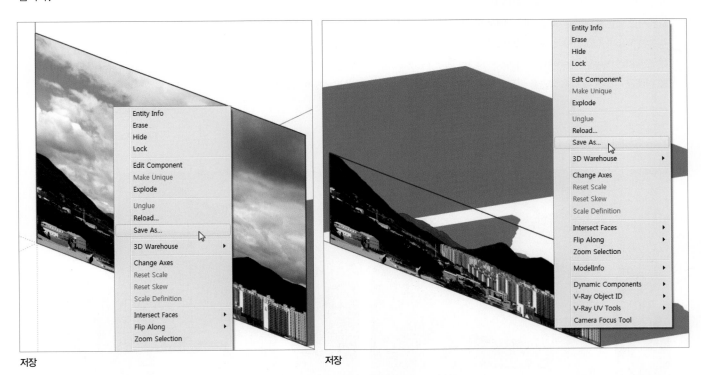

저장   저장

배경 컴포넌트

저자의 배경 컴포넌트 종류와 배경 컴포넌트를 어떻게 활용하는지에 대해 알아보겠습니다.

1 | 배경 사진

저자는 DSLR 카메라를 자주 휴대하고 다니면서 좋은
풍경이 있으면 바로바로 촬영합니다. 핸드폰 카메라도
대안이 되겠지만, 선명도 부분에서 DSLR 카메라와
차이가 많이 나기 때문에 풍경 촬영용은 DSLR 카메
라를 추천합니다. 이렇게 촬영한 사진을 이용해 모델
의 배경에 배치할 배경 컴포넌트를 만듭니다.

저자가 촬영한 배경 사진들

2 | Two Point Perspective

스케치업 모델의 장면을 설정할 때 위에서 아래로 내려다보는 아이소 장면을 제외한 대부분의 장면은 세로선이 수
직선이 되도록 설정합니다. 수직선으로 설정하는 이유는 장면이 안정감 있게 표현되기 때문입니다. 수직선 설정
은 스케치업 메뉴의 [Camera – Two – Point Perspective]를 클릭하면 됩니다. 작업 시에는 Perspective
를 선택해 작업하고 최종 장면을 설정할 때는 Two – Point Perspective로 설정한다고 이해하기 바랍니다.

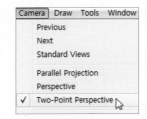

Two–Point Perspective

Two–Point Perspective와 Perspective의 차이점을 비교해보겠습니다.

Two–Point Perspective: 세로선이 수직선으로 표현됨

Perspective: 세로선이 기울어짐

아이소 장면을 제외한 대부분의 장면을 Two-Point Perspective로 설정하기 때문에 배경으로 활용할 컴포넌트에 매핑할 사진의 세로 방향의 선들도 주의 깊게 확인해야 합니다.

일반적인 카메라 렌즈는 왜곡이 있어 수직선으로 촬영하지 못하기 때문에 산이나 자연 지형은 상관없지만, 건물이 포함된 사진인 경우 기울어진 세로 방향의 선을 수직선으로 포토샵에서 만들어야 합니다.

원본 사진

기울어진 세로선을 포토샵에서 수직선으로 만든 사진

3 | 배경 컴포넌트 종류

저자가 사용하는 배경 컴포넌트입니다. 주간용, 야간용으로 구분돼 있으며, 직사각형 컴포넌트와 하늘 부분을 삭제한 컴포넌트로 구성돼 있습니다.

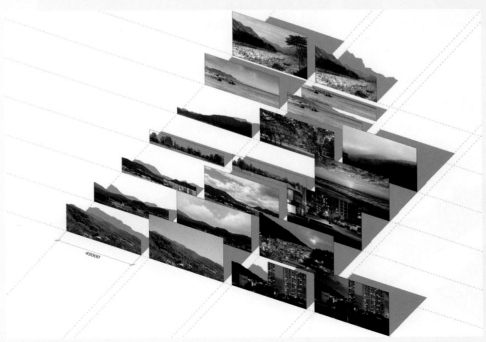
저자의 배경 컴포넌트

하늘 부분을 굳이 삭제한 배경 컴포넌트가 있는 이유는 사각형 배경 컴포넌트를 렌더링할 때 그림자가 객체에 드리워지는 경우가 있고, 화면에 꽉 차게 배치하는 것이 쉽지 않기 때문이며, 렌더링할 때 브이레이 Sky 또는 HDR로 하늘을 표현하는 방법이 느낌이 더 좋기 때문입니다.

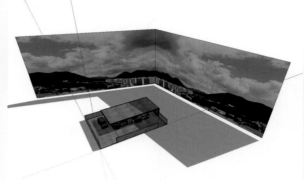

사각형 컴포넌트: 그림자가 객체에 반영됨

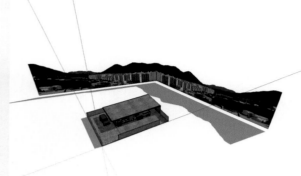

하늘 부분을 삭제한 컴포넌트: 그림자가 반영되지 않음

사각형 컴포넌트: 화면에 꽉 차게 배치하기 어려움, 하늘 이미지가 자연스럽지 않음

하늘 부분을 삭제한 컴포넌트: 자연스러운 하늘을 연출할 수 있음

4 | 배경 컴포넌트 활용

배경 컴포넌트는 모델 주위에 배치합니다. 렌더링은 반사값을 가진 재질에 주변의 사물이 반사되기 때문에 여러 방향으로 배치하는 것이 효율적입니다. 평면이 아닌 곡면으로 된 배경 컴포넌트를 배치하면 재질에 반사되는 상이 왜곡돼 보이는 경우가 있어 저자는 잘 사용하지 않습니다.

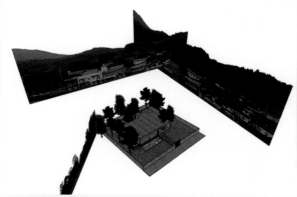

모델 주변에 배경 컴포넌트 배치

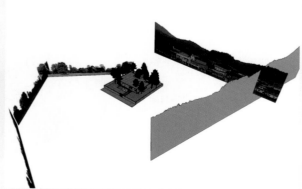

모델 주변에 배경 컴포넌트 배치

배경 컴포넌트가 배치된 스케치업 모델

렌더링: 배경은 브이레이 기본 Sky 타입

렌더링: 배경은 환경 맵인 HDR 파일 적용

컴포넌트 재질감 설정하기

이번에는 컴포넌트의 재질감을 설정하는 방법에 대해 알아보겠습니다. 이번 과정에서 유의할 부분은 컴포넌트를 불러왔을 때 감마 색상 보정 여부를 설정하는 [Linear workflow] 옵션의 체크 여부입니다. 스케치업 브이레이 3.0 버전 기반에서 매핑한 메트리얼은 기본적으로 체크 표시가 해제돼 있으므로 문제가 없고, 3.0 이하 버전에서 매핑한 메트리얼은 체크돼 있습니다. 체크돼 있을 경우에 매핑한 이미지가 진하게 표현되는 문제가 발생하기 때문에 체크 표시를 해제해야 합니다. 색상으로 매핑했을 경우에는 상관없으며, 이미지(텍스처)로 매핑했을 경우에만 해당합니다.

예|제|파|일 | Program2/1강/ p2-1-2 완|성|파|일 | Program2/1강/ p2-1-2.완성

1 | 파일 실행

p2-1-2.skp 파일을 연 후 V-Ray for SketchUp 도구 모음( )의 Frame Buffer 도구( )를 클릭해 [VFB] 창이 나타나도록 합니다. Show VFB history window 아이콘( )을 클릭해 [VFB history] 창을 열고 Enable VFB history 아이콘( )을 클릭합니다. Settings 아이콘( )을 클릭해 History Settings 메뉴를 클릭하고 [Render history settings] 창이 나타나도록 합니다. 경로를 설정하고 [Auto Save] 옵션에 체크 표시한 후 [OK] 버튼을 클릭합니다.

아이콘 클릭 – 아이콘 클릭 – 메뉴 클릭

경로 지정 – 옵션 체크 – [OK] 버튼 클릭

2 | 출력 크기 / 자동 저장 경로 설정

[V-Ray Asset Editor] 창의 Settings 아이콘( )을 클릭해 [Settings] 옵션 창이 나타나도록 합니다. [Render Output] 탭을 확장한 후 [Aspect Ratio] 옵션의 내림 버튼( )을 클릭해 렌더링 비율을 화면 비율로 설정하는 Match Viewport를 선택합니다. [Image Width/Height] 옵션의 가로 크기에 '800'을 입력하고 Enter 를 누릅니다. [Save Image] 옵션을 활성한 후 Save File 아이콘( )을 클릭해 저장 경로를 설정합니다. 파일을 입력하고 파일 타입을 bmp로 선택합니다.

본문의 1, 2번 내용은 파일을 새롭게 실행할 때마다 계속 반복되는 내용이기 때문에 다음 과정부터는 생략합니다.

비율 / 렌더링 크기 설정

Save Image 활성 – 경로 설정 – 파일 이름 입력 – 파일 타입 설정

3 | 렌더링

렌더링❶합니다. 렌더링이 완료되면 렌더링 이미지와 스케치업 화면을 비교합니다. 화면에 배치된 com.flower pot 컴포넌트가 스케치업에서 보이는 것보다 진하게 렌더링된 것을 확인할 수 있습니다.

렌더링: 스케치업 화면보다 진하게 표현됨

4 | 메트리얼 색감 확인

스케치업 [Materials] 창을 확장한 후 [V-Ray Asset Editor] 창의 Materials 아이콘(◉)을 클릭해 [Materials] 옵션 창이 나타나도록 합니다. 화분에 매핑돼 있는 com.flower pot.01 메트리얼을 선택한 후 스케치업 [Materials] 창에서 색감을 비교합니다. 흙에 매핑돼 있는 com.flower pot.02 메트리얼을 선택한 후 스케치업 [Materials] 창에서 색감을 비교합니다. 매핑한 색상보다 아주 진하게 표현된 것을 알 수 있습니다.

메트리얼 선택 – 색감 비교

메트리얼 선택 – 색감 비교

5 | 옵션 수정

스케치업 브이레이 3.0 이하 버전에서 작업된 파일들은 모두 이처럼 진하게 표현되기 때문에 옵션을 수정해야 합니다. 색상 매핑은 상관없으며, 이미지 매핑만 해당합니다. 스케치업 유저들이 가장 즐겨 찾는 3D Warehouse(https://3dwarehouse.sketchup.com/)에서 다운로드하는 대부분의 컴포넌트나 스케치업 파일 역시 이러한 문제점이 발생합니다. 스케치업 브이레이 3.0 버전에서 작업된 파일들은 색감이 진하게 표현되는 문제는 없습니다. com.flower pot.01 메트리얼을 선택한 후 [Diffuse] 레이어 탭의 [Advanced Options] 옵션 탭을 확장합니다. 체크 표시돼 있는 [Linear Workflow] 옵션의 체크 표시를 클릭해 해제하면 색감이 올바르게 표현되는 것을 확인할 수 있습니다. [Linear Workflow] 옵션은 감마 색상 보정 여부를 설정하는 옵션으로, 스케치업 브이레이 3.0 기반으로 작업된 파일들은 기본적으로 체크 표시가 해제돼 있습니다.

옵션 탭 확장

Linear Workflow 체크 표시 해제: 색감이 올바르게 표현됨

6 | 옵션 수정

com.flower pot 컴포넌트에 매핑된 나머지 메트리얼들도 [Linear Workflow] 옵션의 체크 표시를 해제합니다.

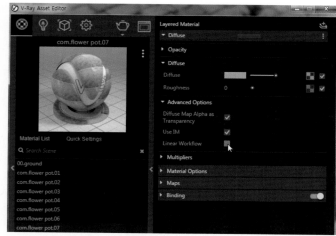
나머지 메트리얼들도 체크 표시 해제

7 | 렌더링

렌더링❷합니다.

렌더링: 올바르게 표현됨

8 | 이미지 비교

[VFB] 창에서 두 장의 이미지를 비교해봅니다.

두 장의 이미지 비교

9 | 장면 추가

화면을 확대한 후 장면을 추가합니다.

화면 확대 – 장면 추가

10 | 렌더링

렌더링❸합니다.

렌더링

11 | 메트리얼 편집

화분에 매핑된 com.flower pot.01 메트리얼에 범프 효과를 적용하겠습니다. 스케치업 [Materials] 창에서 com.flower pot 메트리얼에 마우스 포인 터를 올려놓고 우클릭하면 나타나는 확장 메뉴 중 텍스처(이미지)를 편집하는 명령인 Edit Texture Image를 클릭합니다. 포토샵이 실행되면 Ctrl + J 를 눌러 레이어를 복제합니다.

마우스 우클릭 – [Edit Texture Image]
클릭

포토샵이 실행되면 레이어 복제

12 | 흑백 만들기

Ctrl + Shift + Alt + B 를 눌러 이미지를 흑백으로 만든 후 [흑백] 창의 [확인] 버튼을 클릭합니다. Ctrl + L 을 눌러 [레벨] 창을 나타내고 어두운 색영역 '50', 밝은 색 영역 '150'을 입력한 후 [확인] 버튼을 클릭합니다.

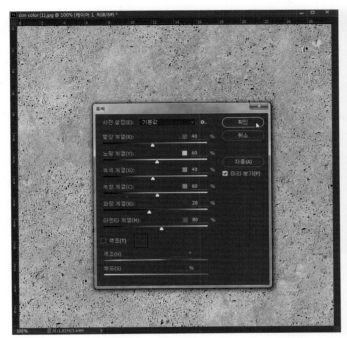

흑백 만들기

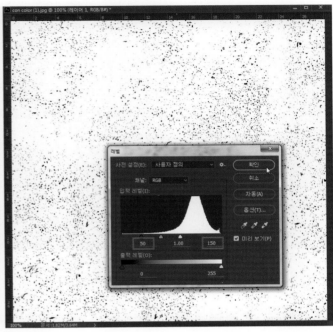

밝기 조절

13 | 이미지 저장

Ctrl + E 를 눌러 레이어를 병합하고 포토샵 메뉴의 [파일 – 다른 이름으로 저장]을 클릭합니다. 저장 경로는 바탕화면에 만든 [vray study] 폴더의 file 폴더로 지정한 후 이름에 com.flower pot.01.bump를 입력해 저장합니다. 불러온 이미지 파일은 닫습니다.

레이어 병합

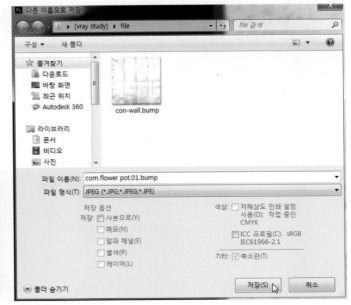

이미지 저장

14 | 범프 효과 활성

[V-Ray Asset Editor] 창에서 com.flower pot.01 메트리얼을 선택한 후 [Maps] 레이어 탭을 확장합니다. [Bump/Normal Mapping] 옵션 탭을 활성한 후 [Mode / Map] 옵션의 [비활성 맵] 버튼(■)을 클릭합니다.

[Mode / Map] 옵션의 [비활성 맵] 버튼(■) 클릭

15 | 범프 맵 불러오기

타입을 Bitmap 으로 선택한 후 [Select a file] 창이 나타나면 저장한 com.flower pot.01.bump 파일을 선택하고 [열기] 버튼을 클릭합니다.

Bitmap 선택

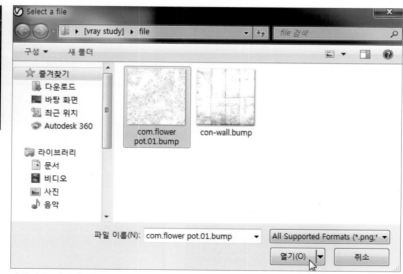

파일 선택 - [열기] 버튼 클릭

16 | 렌더링

[Bitmap] 옵션 창의 [Back] 버튼을 클릭한 후 렌더링❹합니다. 렌더링이 완료되면 [VFB] 창에서 이전의 렌더링 이미지와 비교합니다.

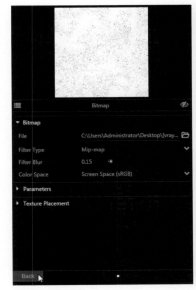

[Back] 버튼 클릭

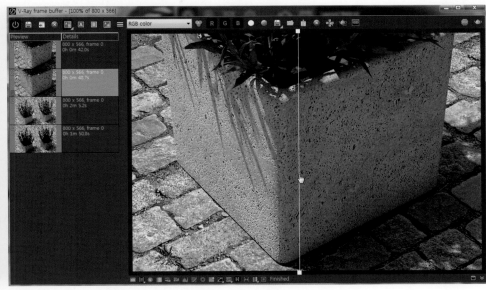

렌더링 / 비교

17 | 통합 레이어 추가

통합 레이어(V-Ray BRDF)를 추가하기 위해 Add Layer 아이콘(🖾)을 클릭한 후 V-Ray BRDF 레이어를 클릭합니다.

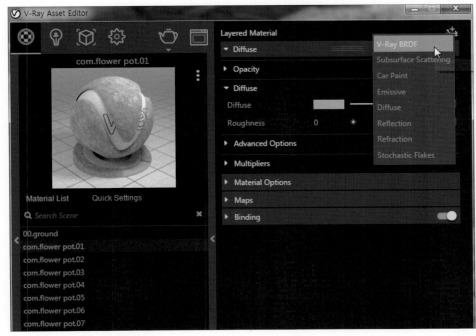

아이콘 클릭 – V-Ray BRDF 클릭

18 | 메트리얼 색상 확인

통합 레이어인 [VRay BRDF] 레이어 탭이 추가됐고 메트리얼의 색상이 바뀐 것을 확인할 수 있습니다. 메트리얼 색상이 바뀐 이유는 [VRay BRDF] 레이어의 Diffuse 기본 색상이 적용되기 때문입니다.

색상 확인

| 알아두기 | [VRayBRDF] 레이어

반사를 표현하기 위해 Reflection 레이어를 추가해도 되지만, 통합 레이어인 [V-Ray BRDF] 레이어를 추가하는 것이 편리합니다. 스케치업 3.0 버전 기반으로 작업된 파일의 메트리얼은 [VRayBRDF] 레이어가 자동 생성되지만 3.0 하위 버전에서 작업된 파일들은 [VRayBRDF] 레이어가 없고 [Diffuse] 레이어가 있으며 반사(Reflection)나 굴절(Refraction)을 설정했으면 [Reflection](또는 [Refraction]) 레이어가 자동으로 추가됩니다.

추가할 수 있는 레이어

ground 메트리얼은 [VRayBRDF] 레이어가 자동 생성돼 있음

19 | 맵 복사

[Diffuse] 레이어 탭의 [활성 맵] 버튼(■)
을 클릭한 채로 드래그한 후 [VRayBRDF]
레이어 탭의 [Diffuse] 옵션의 [비활성 맵]
버튼(■)으로 이동시켜 복사합니다.

맵 복사

20 | 색상 복사

같은 방법으로 [Diffuse] 레이어 탭의
Diffuse 색상 박스를 클릭한 채 드래그한
후 [VRayBRDF] 레이어 탭의 Diffuse 색
상 박스로 이동시켜 복사합니다.

색상 복사

21 | 레이어 삭제

[Diffuse] 레이어가 두 개 있을 필요가 없기 때문에 [Diffuse] 레이어 탭의 옵션 아이콘(⋮)을 클릭해 확장 메뉴를 나타내고 Delete를 클릭해 삭제합니다.
[VRayBRDF] 레이어 탭의 Reflection Color를 흰색으로 설정해 반사를 활성하고 화이트 도트 현상을 제거하기 위해 [Highlight Glossiness] 옵션에
체크 표시를 합니다. Reflection Glossiness(반사값)은 '0.9'로 설정합니다.

[Diffuse] 레이어 삭제

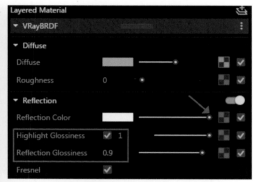

반사 활성 – 옵션 체크 – 반사값 설정

22 | 렌더링

렌더링❺합니다.

렌더링

23 | 컴포넌트 저장

컴포넌트에 마우스 포인터를 올려놓고 우클릭하면 나타나는 확장 메뉴 중 [Save As]를 클릭해 [vray study] 폴더의 file 폴더로 저장 경로를 지정합니다. 이름에 com.flower.pot을 입력한 후 [저장] 버튼을 클릭해 저장합니다. 이렇게 저장한 컴포넌트는 언제든지 다른 작업 파일에 배치해 활용할 수 있습니다. 현재의 설정이 그대로 반영되기 때문에 작업이 효율적입니다.

[Save As]

저장

24 | 스케치업 파일 저장

메뉴의 [File-Save A Copy As]를 클릭한 후 저장 경로는 바탕화면에 만든 [vray study] 폴더의 file 폴더로 지정합니다. 파일 이름에 'p2-1-2.완성'으로 입력한 후 [저장] 버튼을 눌러 저장합니다. p2-1-2.skp 파일은 저장하지 않고 닫습니다.

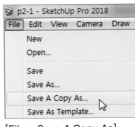

[File − Save A Copy As]

이름 입력 − [저장] 버튼 클릭

| 알아두기 | 컴포넌트 정리

실무 작업을 할 때는 항상 시간이 부족함을 느낍니다. 디자인을 고민하고 스케치업으로 디자인을 표현하는 시간도 부족한데, 작업 모델에 배치할 컴포넌트를 검색하고, 정리하고, 재질값을 설정할 시간은 더 부족할 수밖에 없습니다.

다운로드한 컴포넌트를 작업 중인 모델에 그냥 배치하면 정리가 안 된 메트리얼로 인해 [Materials] 창은 더욱 복잡하게 섞이고, 메트리얼에 재질값을 주기 위해 일일이 찾아야 하는 번거로움이 발생하기 때문에 불필요한 시간만 허비하게 됩니다. 작업 시간을 효율적으로 사용하기 위해서는 평상시에 컴포넌트를 정리하는 습관이 중요합니다.

다운로드한 컴포넌트나 직접 제작한 컴포넌트의 메트리얼 이름, 컴포넌트의 계층 구조를 정리하고 메트리얼의 재질값(반사, 굴절, 범프 등)을 설정해놓으면 작업 중인 모델에 배치만 하면 되기 때문에 실무 작업에 많은 도움이 됩니다.

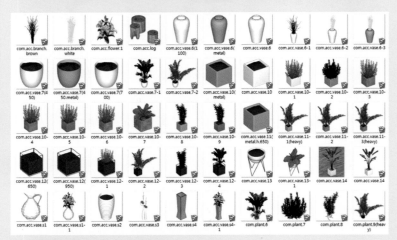

저자가 정리한 컴포넌트 폴더 중 하나

활용 예

vrmat 사용하기

스케치업 브이레이에서 기본으로 제공하는 vrmat를 사용하면 사용자가 일일이 재질값을 설정할 필요 없이 해당 재질에 맞는 가장 적합한 재질감을 표현해주기 때문에 작업에 효율적입니다. 이번에는 vrmat를 사용하는 방법에 대해 알아보겠습니다.

예|제|파|일| Program2/1강/p2-1-3 완|성|파|일| Program2/1강/p2-1-3.완성

1 | [Categories] 창 나타내기

p2-1-3.skp 파일을 실행합니다. [V-Ray Asset Editor] 창의 [Materials] 옵션 창 왼쪽의 펼침 아이콘(◀)을 클릭해 [Categories] 창을 나타낸 후 Metal 폴더를 선택합니다.

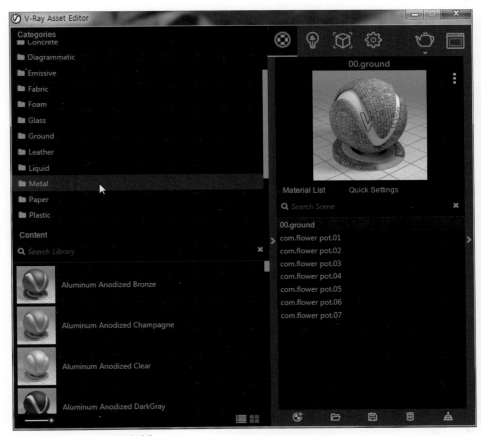

펼침 아이콘 클릭 – Metal 폴더 선택

2 | 미리 보기 방식 설정

창 하단부의 슬라이드 바를 오른쪽 끝으로 이동시켜 미리 보기 이미지를 크게 나타내고, 아이콘을 선택해 미리 보기 방식을 설정합니다.

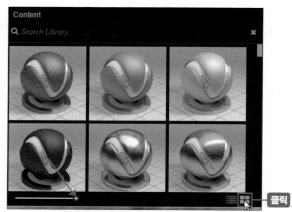

슬라이드 바 이동 – 아이콘 클릭

3 | vrmat 선택

Aluminum Blurry vrmat를 선택한 후 클릭한 채로 [Materials] 창의 Material List로 드래그합니다.

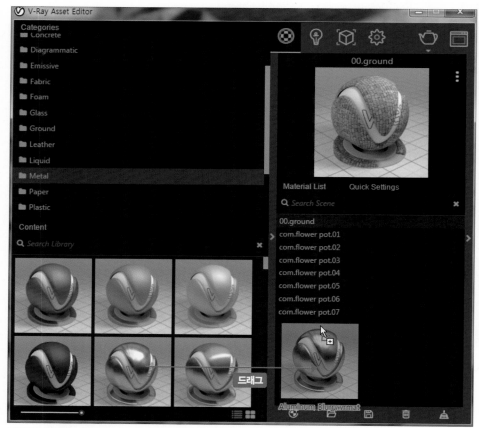

클릭한 채로 드래그

4 | 확인

Material List에 추가됐고 금속 재질감으로 표현되는 것을 확인할 수 있습니다. 스케치업 [Materials] 창에서도 추가된 메트리얼을 확인합니다.

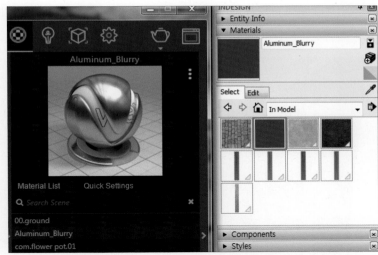

스케치업 [Materials] 창 확인

5 | 그룹 편집 모드 만들기

그룹과 컴포넌트의 계층 구조를 나타내는 스케치업 [Outliner] 창을 확장합니다. 가장 위에 표시된 com.flower pot 컴포넌트 이름 앞의 펼침 아이콘(⊞)을 클릭해 계층 구조를 나타내고 com.acc.vase.10 컴포넌트 앞의 펼침 아이콘을 클릭해 하위 그룹을 나타냅니다. 화분 그룹을 더블클릭해 편집 모드로 만듭니다.

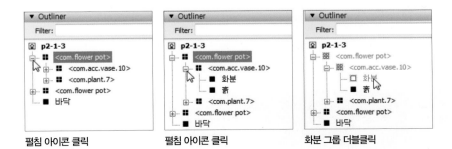

펼침 아이콘 클릭   펼침 아이콘 클릭   화분 그룹 더블클릭

> ### | 알아두기 | 스케치업 [Outliner] 창
>
> 스케치업 [Outliner] 창은 작업 모델에 있는 모든 그룹과 컴포넌트의 계층 구조를 나타냅니다. 객체를 더블클릭해 편집 모드로 만든 후 작업을 하는 경우가 많지만, 하위 그룹(또는 컴포넌트)이 많은 객체일 경우 가장 하위 그룹(또는 컴포넌트)을 선택하거나 편집 모드로 만들려면 더블클릭을 몇 차례 반복해야 하고, 선택됐는지의 여부도 잘 모르는 경우가 자주 발생합니다. 하위 그룹(또는 컴포넌트)이 많은 객체는 스케치업 화면에서 선택하는 것보다 [Outliner] 창에서 선택하는 것이 효율적입니다. [Outliner] 창을 올바르게 활용하려면 그룹과 컴포넌트에 이름을 꼭 입력해야 합니다.

6 | 매핑

스케치업 [Materials] 창에서 Aluminum_Blurry 메트리얼을 선택한 후 화분을 클릭해 매핑합니다. 이때 Ctrl 을 누른 후 매핑하면 인접 채우기 방식으로 매핑돼 연결된 모든 면들이 한 번에 매핑됩니다.

메트리얼 선택 – 화분 클릭해 매핑

7 | 렌더링

[Outliner] 창의 여백을 클릭해 편집 모드를 해제하고 렌더링⑥합니다.

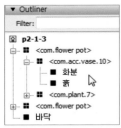

여백 클릭해 편집 모드 해제

렌더링

8 | 영역 지정

렌더링 이미지를 확인해보면 화분 윗부분에 화이트 도트 현상이 발생된 것을 알 수 있습니다. [VFB] 창에서 Region render 아이콘(🔲)(3.60.03 버전은 Link VFB to PDPlayer로 잘못 표기돼 있음)을 클릭하고 영역을 지정합니다.

아이콘 클릭 – 영역 지정

9 | 화이트 도트 현상 제거

화이트 도트 현상을 제거하기 위해 Aluminum_Blurry 메트리얼의 [Reflection] 옵션 탭에 있는 [Highlight Glossiness] 옵션에 체크 표시합니다.

[Highlight Glossiness] 옵션 체크 표시

| 알아두기 | **vrmat 저장하고 불러오기**

재질값을 설정한 메트리얼을 vrmat으로 저장하려면 [Materials] 옵션 창 하단의 Save Material To File 아이콘(🖫)을 클릭해 원하는 경로에 저장하면 되고, vrmat을 불러오려면 Import.vrmat file 아이콘(🖿)을 클릭해 원하는 파일을 선택해 불러오면 됩니다.

10 | 렌더링

렌더링❼합니다. 렌더링 완료 이미지를 확인해보면 화이트 도트 현상이 제거된 것을 알 수 있습니다. [VFB] 창에서 활성돼 있는 Region render 아이콘
(🔳)을 클릭해 영역 지정을 해제합니다.

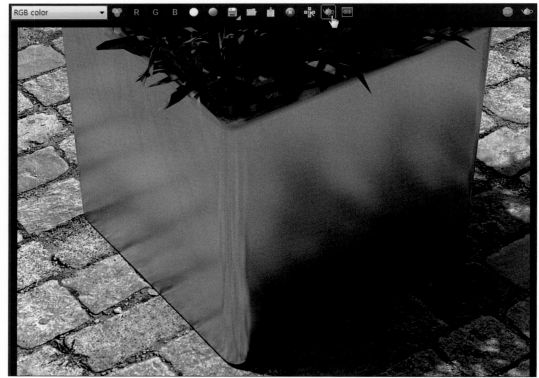

렌더링 – 확인 – 영역 지정 해제

11 | 얼룩 제거

화분 품질이 좋지 않기 때문에 품질을 올리겠습니다. [V-Ray Asset Editor] 창의 Settings 아이콘(⚙)을 클릭해 [Settings] 옵션 창을 나타내고,
[Raytrace] 탭의 [Noise Limit] 옵션의 수치값을 '0.01'로 수정합니다.

Noise Limit 0.01

12 | 렌더링

렌더링❽합니다. 7번 과정에서 렌더링한 이미지와 품질 및 렌더타임을 비교해봅니다. 노이즈가 제거돼 이미지의 품질은 좋아졌고, 렌더타임은 많이 증가했다는 것을 확인할 수 있습니다.

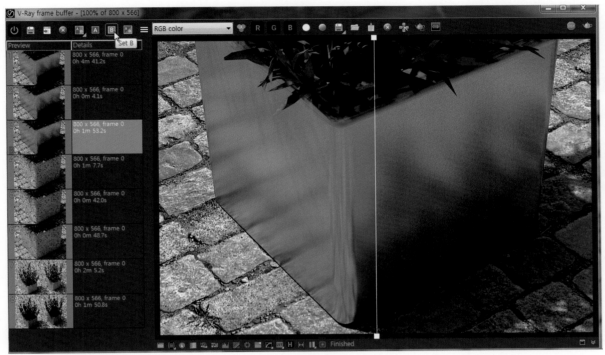

렌더타임 및 이미지 품질 비교

13 | 메트리얼 이름 수정

스케치업 [Materials] 창에서 Aluminum_Blurry 메트리얼의 이름을 'com.flower pot.08.Aluminum_Blurry'로 수정합니다. 컴포넌트에 마우스 포인터를 올려놓고 우클릭하면 나타나는 확장 메뉴 중 [Save As]를 클릭합니다.

이름 수정

마우스 우클릭 – [Save As] 클릭

| 알아두기 | 메트리얼 이름 수정

메트리얼 이름 수정은 [Materials] 편집 창의 Material List에서 수정하고자 하는 메트리얼을 더블클 com.flower pot.07
릭해 수정할 수도 있습니다. 스케치업 [Materials] 창과 브이레이 [Materials] 옵션 창 중에서 한군데 com.flower pot.08.Aluminum_Blurry
만 수정하면 다른 부분은 자동으로 수정됩니다.

---

14 | 컴포넌트 저장

[vray study] 폴더의 file 폴더로 경로를 설정한 후 이름에 'com.flower pot-1'를 입력하고 [저장] 버튼을 클릭해 저장합니다.

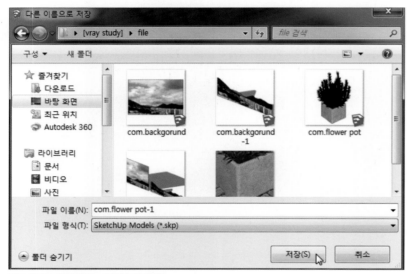

경로 설정 – 이름 입력 – [저장] 버튼 클릭

15 | 스케치업 파일 저장

메뉴의 [File – Save A Copy As]를 클릭한 후 저장 경로는 바탕화면에 만든 [vray study] 폴더의 file 폴더로 지정합니다. 파일 이름은 'p2-1-3.완성'으로 입력한 후 [저장] 버튼을 눌러 저장합니다. p2-1-3.skp 파일은 저장하지 않고 닫습니다.

PNG 매핑 옵션 수정하기

PNG 파일로 매핑하면 배경 부분이 투명하게 표현되는 장점이 있어 많이 사용합니다. 3D Warehouse 등에서 다운로드한 나무 컴포넌트에 매핑된 나뭇잎이 대표적인 PNG 매핑입니다. PNG 매핑된 컴포넌트를 다운로드해 렌더링했을 경우, 배경 부분이 투명하게 표현되지 않는 경우가 가끔 발생합니다. 이번에는 PNG 파일의 배경 부분을 투명하게 표현하는 방법에 대해 알아보겠습니다.

예|제|파|일| Program2/1강/ p2-1-4 완|성|파|일| Program2/1강/ p2-1-4.완성

1 | 파일 실행

p2-1-4.skp 파일을 실행한 후 스케치업 [Materials] 창에서 leaf 메트리얼을 선택합니다.

파일 실행 – 메트리얼 선택

2 | 매핑

면을 클릭해 매핑합니다. 나뭇잎 주변이 투명하게 표현되는 것을 확인할 수 있습니다. 매핑 위치를 수정하기 위해 면에 마우스 포인터를 올려놓고 우클릭하면 나타나는 확장 메뉴 중 Texture-Position 명령을 클릭합니다.

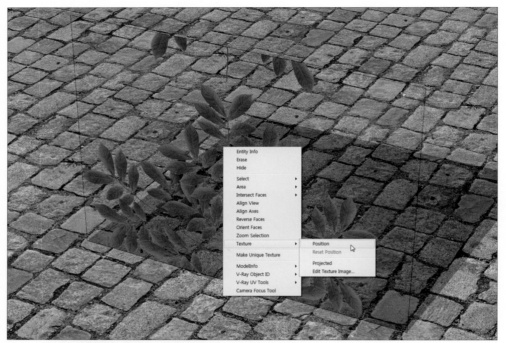

매핑 - [Texture-Position] 클릭

3 | 매핑 위치 수정

네 개의 핀이 나타나면 이동 핀인 빨간색 핀을 클릭한 채로 스냅이 잡히는 사각형의 왼쪽 하단 끝점으로 드래그해 매핑 위치를 수정합니다. 면에 마우스 포인터를 올려놓고 우클릭하면 나타나는 확장 메뉴 중 Done 명령을 클릭해 매핑 위치를 고정합니다.

빨간색 핀을 클릭한 채로 스냅이 잡히는 끝점으로 드래그

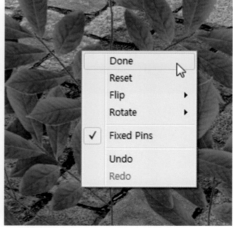

우클릭 - Done 클릭

| 알아두기 | **색깔 핀이 나타나지 않는 경우**

마우스 우클릭하면 나타나는 확장 메뉴 중 [Fixed Pins]에 체크 표시가 안 된 상태면 흰색 핀만 나타나며, 클릭해 체크 표시하면 색깔 핀이 나타납니다. 색깔 핀이 나타나면 각 핀들의 고유한 기능을 수행하는 고정 핀 모드, 흰색 핀이 나타나면 이미지의 크기만 수정할 수 있는 자유 핀 모드입니다.

마우스 우클릭

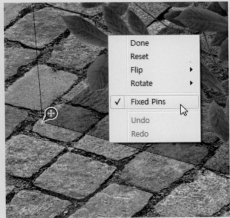

Fixed Pins 클릭해 체크 표시

4 | 렌더링

렌더링⑨합니다. 나뭇잎 주변이 스케치업 화면처럼 투명하게 표현되지 않고 흰색으로 막힌 것을 확인할 수 있습니다.

렌더링 – 흰색으로 막혀 렌더링됨

5 | 옵션 확인

재질감 미리 보기 방식을 Floor로 선택하고 미리 보기합니다. 옵션을 확인하기 위해 [Materials] 옵션 창의 [VRayBRDF] 레이어 탭을 확장하고 [Opacity] 옵션 탭을 확장한 다음 [Custom Source] 옵션을 확인합니다.

옵션 확인

6 | 옵션 활성

[Custom Source] 옵션을 활성합니다. 나뭇잎 배경 부분이 투명해지는 것을 확인할 수 있습니다.

옵션 활성 – 나뭇잎 배경 부분이 투명해짐

7 | 렌더링

렌더링⑩합니다.

렌더링 – 확인

8 | 스케치업 파일 저장

메뉴의 [File – Save A Copy As]를 클릭한 후 저장 경로는 바탕화면에 만든 [vray study] 폴더의 file 폴더로 지정합니다. 파일 이름은 'p2-1-4.완성'으로 입력한 후 [저장] 버튼을 눌러 저장합니다. p2-1-4.skp 파일은 저장하지 않고 닫습니다.

VRayBRDF 레이어가 없는 메트리얼

작업된 스케치업 브이레이의 버전에 따라 VRayBRDF 레이어가 없는 메트리얼이 있습니다. VRayBRDF 레이어가 없는 메트리얼은 [Diffuse]
레이어 탭의 [Diffuse Map Alpha as Transparency] 옵션에 체크 표시를 하면 배경 부분이 투명하게 표현됩니다.

체크 표시 해제 – 배경이 흰색으로 표현됨

체크 표시 – 배경이 투명하게 표현됨

체크 표시 해제

체크 표시

5 메트리얼 다시 불러오기

렌더링했을 때 매핑한 메트리얼 이미지가 표현되지 않는 경우가 가끔 발생합니다. 브이레이 버전과 작업 환경의 차이로 인해 발생하는 문제로 매핑한 메트리얼을 외부에 저장하고 저장한 메트리얼을 다시 불러와 적용하면 해결됩니다. 이번에는 매핑한 메트리얼을 다시 불러와 적용하는 방법에 대해 알아보겠습니다.

예|제|파|일|**Program2/1강/ p2-1-5** 완|성|파|일|**Program2/1강/ p2-1-5.완성**

1 | 파일 실행

p2-1-5.skp 파일을 실행하고 렌더링❶합니다. 렌더링 완료 이미지를 확인해보면 스케치업에서 보이는 이미지와 다르게 렌더링되는 것을 알 수 있습니다.

파일 실행 – 렌더링 – 스케치업 화면과 비교

2 | 이미지 저장

브이레이 버전에 따라 가끔 발생하는 문제로 이런 경우에 매핑한 메트리얼을 외부에 저장하고 저장한 메트리얼을 다시 불러와 적용하면 해결됩니다. 매핑한 메트리얼을 외부로 저장하기 위해 스케치업 [Materials] 창에서 com.box 컴포넌트에 매핑된 com.box 메트리얼에 마우스 포인터를 올려놓고 외부에 저장하는 명령인 [Export Texture Image]를 클릭합니다. [vray study] 폴더의 file 폴더로 지정한 후 파일 이름에 'com.box'를 입력하고 파일 형식은 png 파일을 선택한 다음 [Export] 버튼을 클릭해 저장합니다.

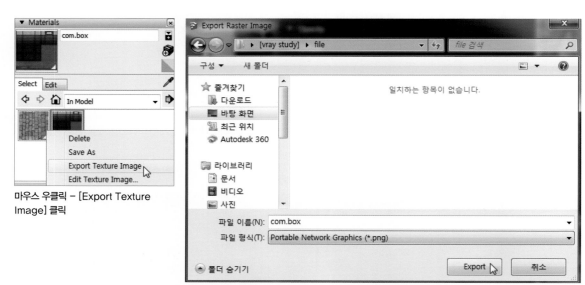

마우스 우클릭 – [Export Texture Image] 클릭

경로 지정 – 파일 이름 입력 – 파일 형식 지정 – [Export] 버튼 클릭

3 | 이미지 확인

저장된 폴더를 윈도우나 포토샵에서 확인해보면 손잡이 부분과 격자 부분 사이가 투명하다는 것을 알 수 있습니다.

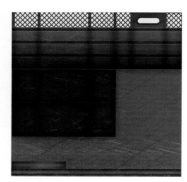

이미지 확인

| 알아두기 | **매핑 파일 형식**

Export Texture image 명령으로 매핑 파일을 저장하면 원본 파일 형식으로 저장됩니다. com.box 메트리얼의 원본 파일 형식은 무손실 압축 방식인 tif 파일 형식이므로 용량이 큽니다. png 파일과 tif 파일의 품질 차이가 크지 않기 때문에 용량이 크지 않은 png 파일로 저장한 것입니다. jpg나 기타 파일로 저장하지 않은 이유는 png 파일과 tif 파일만 배경을 투명하게 표현하기 때문입니다.

파일 형식별 용량 차이

4 | 맵 재지정

맵을 다시 지정하기 위해 com.box 메트리얼의 [Diffuse] 레이어 탭을 확장한 후 [Diffuse] 옵션의 [활성 맵] 버튼(■)을 클릭합니다.

[Diffuse] 레이어 탭 확장 – [Diffuse] 옵션의 [활성 맵] 버튼(■) 클릭

5 | 불러오기

[Bitmap] 옵션 창에서 [Open File] 아이콘(▣)을 클릭한 후 2번 과정에서 저장한 'com.box' 이미지 파일을 선택하고 [열기] 버튼을 클릭합니다.

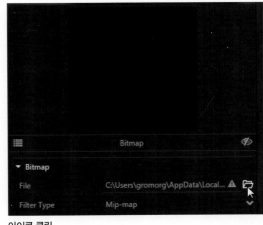

아이콘 클릭

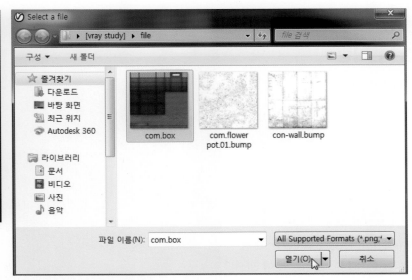

이미지 파일 선택 – [열기] 버튼 클릭

6 | 맵 확인

맵이 적용된 것을 확인한 후 [Back] 버튼
을 클릭하고 재질을 확인합니다.

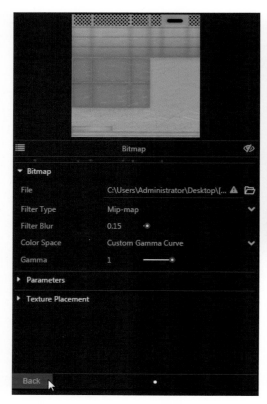

7 | 렌더링

렌더링⑫합니다.

8 | 스케치업 파일 저장

메뉴의 [File – Save A Copy As]를
클릭한 후 저장 경로는 바탕화면에 만든
[vray study] 폴더의 file 폴더로 지정
합니다. 파일 이름은 'p2-1-5.완성'으
로 입력한 후 [저장] 버튼을 눌러 저장합
니다. p2-1-5.skp 파일은 저장하지
않고 닫습니다.

Pack Project

외부에서 불러온 각종 파일(이미지 파일, IES 데이터 파일, HDR 파일 등)의 경로가 달라지거나 폴더의 이름이 수정되면 추후에 동일한 컴퓨터로 렌더링하거나 다른 컴퓨터로 렌더링했을 때 적용한 파일의 효과가 표현되지 않는 경우가 발생합니다. 이는 파일의 저장 경로 때문에 발생하는 문제로, 스케치업 모델에 매핑한 메트리얼은 잘 발생하지 않는 문제지만, 외부에서 불러온 파일이 있을 경우에 자주 발생합니다.

이런 문제를 해결하는 데에는 모든 작업 컴퓨터의 경로와 저장하는 폴더의 이름을 동일하게 설정한 후 외부에서 불러온 파일을 모두 같은 폴더에 저장해놓는 방법과 [Pack Project] 명령으로 해당 프로젝트에 적용된 모든 파일을 하나의 파일로 저장하는 방법이 있습니다.

Pack Project의 사용 방법은 스케치업 메뉴의 [Extensions - V-Ray-Pack Project]를 클릭한 후 저장 경로를 설정하고 [저장] 버튼을 클릭하면 압축 파일(zip) 형식으로 저장됩니다.

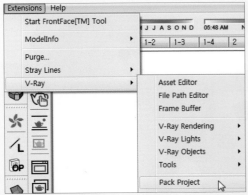

[Extensions-V-Ray-Pack Project]

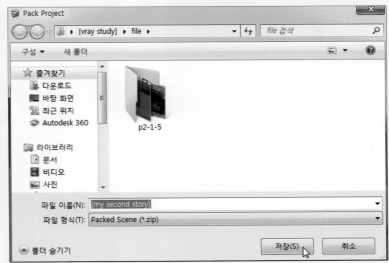

경로 설정 - [저장] 버튼 클릭

압축을 해제하면 스케치업 원본 파일, 각종 맵 이미지 파일, ies 데이터 파일, HDR 파일, 연산 데이터 파일 등이 한 폴더에 저장됩니다. 단, 해당 파일의 스케치업 브이레이 버전에 따라 저장되는 파일의 범위가 다를 수 있습니다.

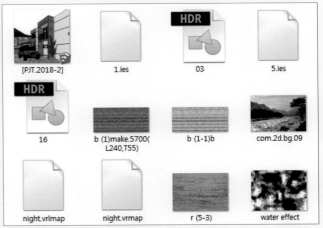

압축을 푼 상태

다양한 효과
표현하기

2강

이번에는 지금까지 학습한 내용과 Program 3 부분을 토대로 제시되는
예제 이미지와 테스트 내용을 참고해 각종 옵션과 재질값을 독자들이 직접 설정하고 렌더링합니다.

학습목표

이번에는 테스트 과정과 따라하기 과정으로 구분
되며, 테스트 과정은 설명이 모두 첨부돼 있습니
다. 테스트 과정에서 설명글을 미리 보지 말고 테
스트 내용과 예제 이미지만을 참고해서 독자들이
수차례 테스트한 후 설명글을 보고 비교하는 것
이 학습에 큰 도움이 됩니다.
학습한 Program1 과정과 Program 3 과정의
매뉴얼 부분도 참고하면서 학습할 수 있는 좋은
방법이므로 꼭 본문 내용대로 따라하면서 학습하
기 바랍니다.

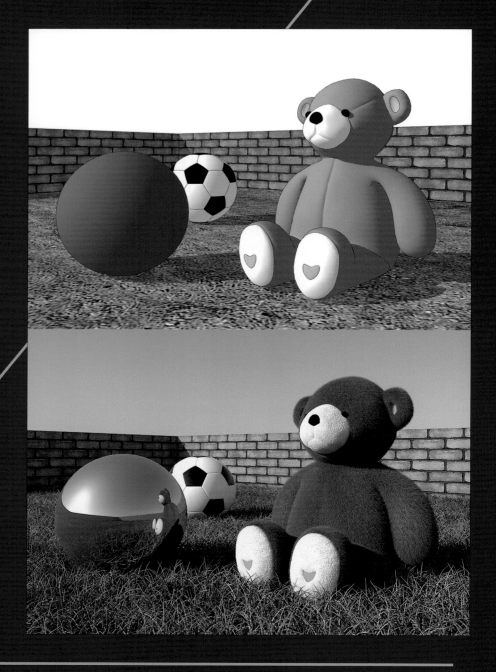

1

브이레이 퍼를 이용한 잔디와 곰 인형 표현하기

예|제|파|일 Program2/2강/ p2-2-1 완|성|파|일 Program2/2강/ p2-2-1.완성

1 | 브이레이 옵션 파일 불러오고 렌더링[테스트 – 1번 이미지 참조]

p2-2-1.skp 파일을 실행합니다. 현재 파일의 옵션은 디폴트 옵션이기 때문에 Program 1 과정에서 만든 브이레이 옵션(p1-1.vropt)을 불러와 렌더링 가로 크기에 '1000'을 입력한 후 렌더링❶합니다.

렌더링

브이레이 옵션 파일 불러옴 – 옵션 설정 – 렌더링

1 [V-Ray Asset Editor] 창의
Settings 아이콘(⚙)을 클릭
해 [Settings] 옵션 창이 나타나도
록 한 후 브이레이 옵션 파일을 불러
오기 위해 Load Render Setting
From File 아이콘(📁)을 클릭합니
다. [Load Render Settings] 창
이 나타나면 Program 1 과정에서
저장한 p1-1.vropt 파일을 선택
한 후 [열기] 버튼을 클릭합니다.

아이콘 클릭

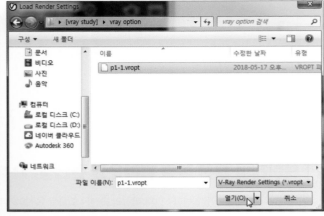

옵션 선택 – [열기] 버튼 클릭

2 [Image Width] 항목에 '1000'을 입력한 후
Enter 를 누릅니다. 다시 '1000'을 입력한 후
Enter 를 누르는 이유는 Program 1 과정에서 저장
한 브이레이 옵션의 화면 비율과 p2-2-1.skp 파
일의 화면 비율이 다를 수 있기 때문입니다. 즉, 화
면 비율대로 렌더링을 하기 위해 수치값을 입력하고
Enter 를 누르는 것입니다. [Render history
settings] 창이 나타나도록 한 후 경로를 지정하고
[Auto Save] 옵션에 체크 표시를 한 다음 [OK] 버
튼을 클릭하고 렌더링합니다.

가로 크기를 입력한 후 Enter

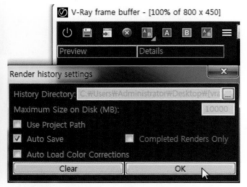

[Render history settings] 열기 – 경로 지정 – 옵션
체크 – [OK] 버튼 클릭 – 렌더링

2 | 태양이 반사되지 않게 설정[테스트 - 2번 이미지 참조]

렌더링 이미지에서 구를 확인해보면 태양이 반사된 것을 알 수 있습니다. [VFB] 창에서 태양이 반사된 영역을 지정하고 태양이 보이지 않게 설정해 렌더링 ❷합니다.

구 확인

영역 지정 – 태양이 보이지 않게 옵션 설정 – 렌더링

해 설

[V-Ray Asset Editor] 창의 Lights 아이콘(💡)을 클릭해 [Lights] 옵션 창이 나타나도록 한 후 SunLight의 [Options] 탭에 있는 [Invisible] 옵션에 체크 표시를 하고 렌더링합니다.

3 | 잔디 그룹 퍼로 만들기[테스트 - 3번 이미지, Program 3-4강 상세 기능 1 참조]

[VFB] 창에서 영역 지정을 해제합니다. 잔디 그룹을 퍼로 만든 후 퍼의 가닥수와 퍼의 길이를 설정하고 렌더링❸합니다.

처음부터 예제 이미지처럼 정확하게 표현할 수는 없습니다. 여러 번의 테스트를 경험하면서 해당 옵션의 기능을 숙지하는 과정이기 때문에 여러 가지 옵션 수치값을 수정하면서 비교해보기 바랍니다.

렌더링

| 알아두기 | **영역 지정 렌더링**

특정 부분만을 확인하고자 할 경우에는 전체를 계속 렌더링할 필요는 없습니다. Region render 아이콘(◼)(3.60.03 버전은 Link VFB to PDPlayer로 잘못 표기돼 있음)을 이용해 특정 영역만 지정해 테스트 렌더링을 수차례 진행하면서 확인하는 방법이 효율적이기 때문입니다.

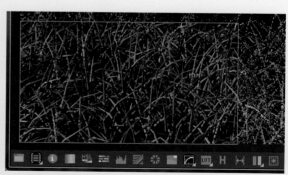

특정 영역만 렌더링

1 Select 도구( )로 바닥의 '잔디' 그룹을 선택한 후 V-Ray Objects 도구 모음(   )에 있는 Add Fur to Selection 도구( )를 클릭해 잔디 그룹을 퍼로 만듭니다.

잔디 그룹 선택 – 아이콘 클릭

2 [V-Ray Asset Editor] 창에서 Geometry 아이콘( )을 클릭해 [Geometry] 옵션 창을 나타낸 후 왼쪽 창에서 이름을 'V-Ray Fur-잔디'로 수정합니다. 퍼의 가닥수를 올리기 위해 Count(Area) 옵션의 수치값을 '6'으로 설정하고 퍼의 길이를 설정하기 위해 [Length] 옵션의 수치값을 '3'으로 설정한 다음 렌더링합니다.

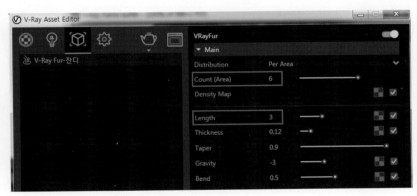

이름 수정 – Count(Area) 6, Length 3

4 | 잔디의 두께 설정 [테스트 - 4번 이미지 참조]

참조 이미지를 보고 잔디의 두께를 설정한 후 렌더링❹합니다.

렌더링

해 설

퍼의 굵기를 설정하기 위해 [Thickness] 옵션의 수치값을 '0.08'로 설정하고 렌더링합니다.

Thickness 0.08

> | 알아두기 | **잔디의 옵션 값**
>
> 잔디를 표현할 때 장면에 따라 옵션 값은 다르게 설정하는 것이 효율적입니다. 즉, 멀리서 보이는 잔디 같은 경우는 옵션 값을 좀 높게(길고 굵게) 설정하고, 가까이 보이는 잔디의 경우에는 좀 낮게(짧고 가늘게) 설정하는 방법을 권장합니다.

5 | [VFB] 창에서 이미지 비교

[VFB] 창에서 이전의 이미지와 비교해봅니다. 앞으로 렌더링하는 이미지들도 옵션 값 차이에 의한 렌더링 이미지의 차이를 계속 확인해야 하기 때문에 꼭 이전의 렌더링 이미지와 비교하기 바랍니다.

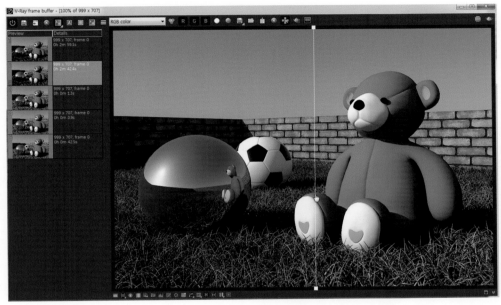

두 장의 이미지 비교

6 | 영역 지정

활성돼 있는 Compare horizontal 아이콘(▣)을 클릭해 비활성합니다. Region render 아이콘(▣)(3.60.03 버전은 Link VFB to PDPlayer로 잘못 표기돼 있음)을 클릭해 곰돌이 인형만 영역을 지정합니다.

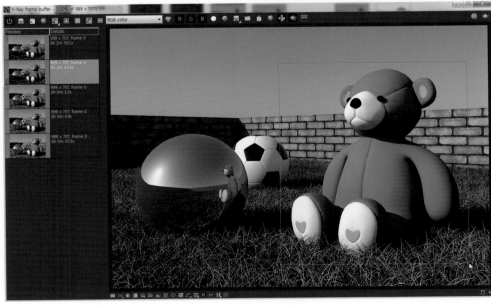

영역 지정

7 | 계층 구조 확인

스케치업 [Outliner] 창을 확장한 후 곰돌이 인형(com.acc.puppet.1(fur)) 컴포넌트의 하위 계층 구조를 확인합니다. 퍼 효과는 그룹 단위로 표현되기 때문에 퍼를 표현할 부분(1. 몸통, 2. 입, 발바닥)만 각각의 그룹으로 설정해놓은 상태입니다.

계층 구조 확인

8 | Fur 만들기

스케치업 [Outliner] 창에서 1. 몸통 그룹을 선택한 후 Add Fur to Selection 도구(🐾)를 클릭해 '1. 몸통' 그룹을 퍼로 만듭니다.

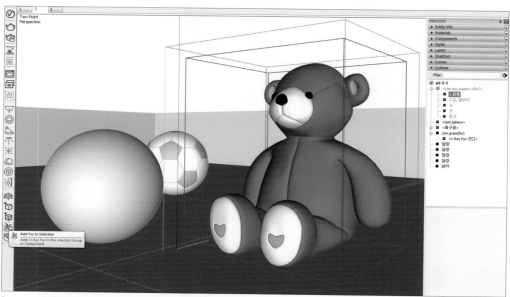

[Outliner] 창에서 1. 몸통 그룹 선택 – 아이콘 클릭

9 | Fur 방식 설정

[Geometry] 옵션 창에서 이름을 'V-Ray Fur-1.몸통'으로 수정한 후 [Main] 탭 [Distribution] 옵션의 내림 버튼(🔽)을 클릭해 Per Face를 선택합니다. 퍼로 표현할 객체가 곡면이 많을 경우에는 Per Face 방식을 사용합니다.

이름 수정 – 방식 수정

10 | 수치값 설정[테스트 - 5번 이미지 참조]

참조 이미지를 보고 Count(Face), Length, Thickness의 수치값을 설정하고 렌더링⑤합니다.

'1.몸통' 그룹 퍼 표현

해 설

Count(Face) 수치값을 '80', Length 수치값은 '0.5', Thickness 수치값은 '0.005'로 설정한 후 렌더링합니다.

수치값 설정

11 | Fur 만들기

스케치업 [Outliner] 창에서 '2. 입, 발바닥' 그룹을 퍼로 만들고 [Geometry] 옵션 창에서 'V-Ray Fur-2.입. 발바닥'으로 이름을 수정합니다. 이때 쉼표(,)는 입력되지 않기 때문에 마침표(.)를 입력합니다.

그룹 선택

이름 수정

12 | 렌더링[테스트 - 6번 이미지 참조]

참조 이미지를 보고 Count (Face), Length, Thickness의 수치값을 설정하고 렌더링❻합니다.

렌더링

Distribution 은 Per Face 방식을 선택하고 Count(Face)
수치값은 '100', Length 수치값은 '0.2', Thickness 수치
값은 '0.08'로 설정합니다.

방식 선택 – 수치값 수정

13 | 영역 지정 렌더링

[VFB] 창에서 구에 반사되는 부분만 영역을 지정합니다.

영역 지정

14 | 영역 지정 해제, 편집 모드 해제

렌더링❼합니다. 렌더링이 완료됐으면 영역 지정을 해제한 후 [Outliner] 창의 여백을 클릭해 편집 모드를 해제합니다.

렌더링 – 영역 지정 해제

여백 클릭 – 편집 모드 해제

15 | 옵션 확인

[Settings] 창에서 이미지의 품질을 설정하는 [Renderer] 탭의 [Quality] 옵션과 [Raytrace] 탭 [Noise Limit] 옵션의 수치값을 확인합니다. 14번 과정에서 렌더링한 이미지보다 품질을 더 좋게 하려면 [Raytrace] 탭의 Noise Limit의 수치값을 내리면 됩니다.

옵션 확인

16 | 보정 창 나타내기

[VFB] 창의 왼쪽 하단부에 있는 Show corrections control 아이콘(■)을 클릭해 이미지를 보정할 수 있는 [Color Corrections] 창을 나타냅니다.
화이트 밸런스를 보정하기 위해 [White Balance] 탭에 체크 표시한 후 탭을 확장합니다.

아이콘 클릭 – 체크 표시 – 탭 확장

17 | 화이트 밸런스 보정

White Balance 수치 입력 창에 '5500'을 입력한 후 Enter 를 누릅니다.

화이트 밸런스 보정: '5500' 입력 – Enter

18 | 밝기 보정

[Levels] 탭에 체크 표시를 한 후 탭을 확장하고 오른쪽 화살표를 클릭한 채로 +0.80이 될 때까지 왼쪽으로 천천히 이동하면서 밝기를 보정합니다.

밝기 보정: +0.80

19 | 이미지 저장

보정한 이미지를 저장하기 위해 [VFB] 창의 Save current channel 아이콘(■)을 클릭합니다. 경로를 지정한 후 이름에 '7-1.[VFB] 창 보정'을 입력하고 [저장] 버튼을 클릭해 저장합니다. 저장된 폴더에서 보정 전, 후의 이미지를 비교해봅니다.

아이콘 클릭

경로 지정 – 이름 입력 – [저장] 버튼 클릭

20 | 스케치업 파일 저장

메뉴의 [File - Save A Copy As]를 클릭한 후 저장 경로는 바탕화면에 만든 [vray study] 폴더의 file 폴더로 지정합니다. 파일 이름은 'p2-2-1.완성'으로 입력한 후 [저장] 버튼을 눌러 저장합니다. p2-2-1.skp 파일은 저장하지 않고 닫습니다.

파일 저장

| 알아두기 |

[Color Corrections] 창에서 보정을 한 이미지를 보정 전으로 되돌리려면 체크 표시를 한 탭의 체크 표시를 해제하면 됩니다. 각종 보정 탭에 체크돼 있으면 렌더링을 해도 보정한 부분이 반영됩니다.

수정한 옵션을 최초 상태로 되돌리려면 Options 아이콘(▤)을 클릭해 나타나는 확장메뉴 중 Reset을 클릭하면 됩니다. 확장 메뉴 중 Save Preset은 보정 데이터를 Correction File 형식으로 저장하는 명령이며, Load Preset은 저장한 보정 데이터 파일을 불러오는 명령입니다.

반사 맵을 이용해
물이 고인 도로 표현하기

이번에는 범프 효과와 물이 고인 도로를 표현하는 방법에 대해 알아보겠습니다.

예|제|파|일| Program2/2강/p2-2-2 완|성|파|일| Program2/2강/p2-2-2.완성

1 | 출력 크기 설정

p2-2-2.skp 파일을 실행합니다. 이 과정부터 제공되는 파일은 Program 1 과정에서 만든 옵션(p1-1.vropt)이 적용돼 있기 때문에 렌더링 가로 크기만 '1000'으로 설정하고 렌더링 이미지의 자동 저장 경로만 설정하기 바랍니다. 다음 과정부터는 반복되는 설정 부분의 설명은 생략합니다. 스케치업 [Shadows] 창을 열고 그림자 시간을 확인합니다.

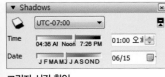

그림자 시간 확인

렌더링 가로 크기 설정

2 | 렌더링

렌더링⑩합니다. 렌더링이 완료되면 차량의 유리 부분만 영역을 지정합니다.

영역 지정

3 | 메트리얼 확인

자동차 유리에 매핑된 메트리얼을 확인하기 위해 스케치업 [Materials] 창의 Sample Paint 아이콘(✏)을 선택한 후 자동차 컴포넌트의 유리를 클릭합니다. 매핑한 메트리얼은 'com.car.glass'로 확인됐습니다.

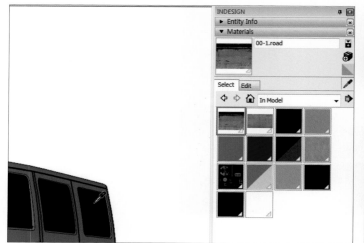

Sample Paint 선택 – 유리 클릭

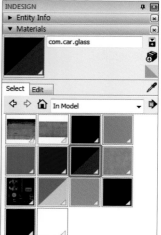

메트리얼 확인

| 알아두기 | **샘플 페인트**

스케치업 [Materials] 창의 Sample Paint 아이콘(✏)은 선택하는 면의 매핑 좌표를 샘플링할 수 있고, 매핑한 메트리얼을 확인할 수 있는 유용한 기능을 갖고 있습니다.

---

4 | 반사 및 불투명도 설정 [테스트 – 11번 이미지, Program 3-2강 상세 기능 3 참조]

참조 이미지를 보고 com.car.glass 메트리얼에 반사(Reflection)를 표현하고 불투명도를 설정합니다.

반사 및 불투명도 설정

[Materials] 옵션 창에서 'com.car.glass'을 선택하고 [Reflection Color] 옵션을 활성해 반사를 표현합니다. 불투명도를 표현하기 위해 [Opacity] 옵션 탭의 [Opacity] 옵션 수치 값을 '0.85'로 입력하고 Enter 를 누른 다음 렌더링합니다.

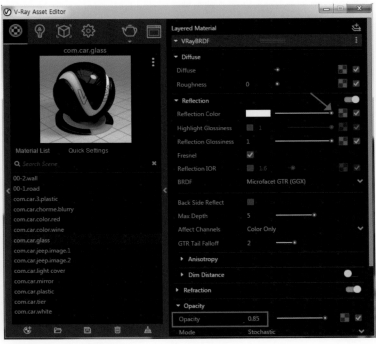

반사 활성, Opacity 0.85 입력

| 알아두기 | **유리의 두께**

유리는 반사와 굴절을 동시에 표현한다고 학습했지만, 유리의 두께가 있을 경우에만 해당하는 내용입니다. 즉, 유리의 두께가 없이 한 면으로만 모델링됐다면 굴절을 표현하지 않습니다. 굴절을 표현했을 경우 반사되는 사물이 왜곡돼 보이기 때문입니다. 자동차 컴포넌트의 유리는 두께가 없이 모델링됐기 때문에 굴절을 표현하지 않는 것입니다.

5 | 그림자 시간 수정

스케치업 [Shadows] 창에서 그림자 시간을 오후 다섯 시로 설정하고 [1 장면] 탭에 마우스 포인터를 올려놓은 후 우클릭하면 나타나는 확장 메뉴 중 Update를 클릭해 1 장면을 업데이트합니다.

그림자 시간 오후 다섯 시로 설정   장면 업데이트

6 | 렌더링

영역 지정을 해제하고 렌더링⑫합니다. 그림자 시간만 수정했는 데도 전체적인 렌더링 이미지의 느낌이 달라진 것을 확인할 수 있습니다.

영역 지정 해제 – 렌더링

7 | 2 장면 렌더링

스케치업 화면 왼쪽 상단에 있는 [2 장면] 탭을 클릭합니다. 그림자 시간을 오후 다섯 시로 수정하고 2 장면을 업데이트한 다음 렌더링⑬합니다.

그림자 시간 오후 다섯 시 수정 – 2
장면 업데이트

렌더링

8 | 바닥 범프 표현[테스트 – 14번 이미지 참조]

참조 이미지를 보고 부록 CD(Program2/2강.road.bump.jpg)에 있는 파일을 이용해 바닥에 매핑한 00-1.road 메트리얼에 범프 효과를 표현⑭합
니다.

바닥에 범프 효과 표현

1 범프 맵을 불러오기 위해 00-1.road 메트리얼의 [Maps] 레이어 탭을 확장합니다. [Bump/Normal Mapping] 옵션을 활성하고 [Mode / Map] 옵션의 [비활성 맵] 버튼(■)을 클릭합니다.

[Maps] 레이어 탭 확장 – [Mode/Map] 옵션 활성 – [비활성 맵] 버튼(■) 버튼 클릭

2 Bitmap 타입을 선택한 후 부록 CD의 road.bump.jpg 파일을 선택하고 [Back] 버튼을 클릭합니다.

Bitmap 타입 선택

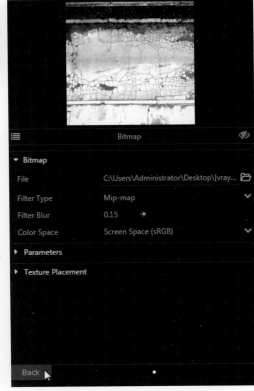

road.bump.jpg 파일 선택 – [Back] 버튼 클릭

3 범프 효과의 세기를 설정하기 위해 Amount 옵션의 수치값을 '0.5'로 설정하고 렌더링합니다.

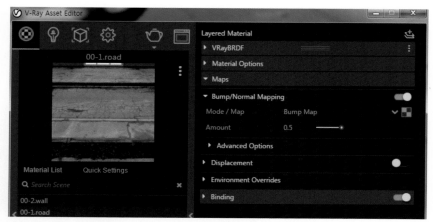

Amount 0.5

| 알아두기 | **범프 세기**

범프 표현은 강하게 하는 것보다 약하게 하는 것이 더 사실적으로 표현되기 때문에 저자의 경우에는 범프 세기를 높게 설정하지 않습니다. 오른쪽 이미지처럼 범프 세기를 높게 설정하면 너무 과장된 재질감이 표현되기 때문에 해당 파일의 범프 세기는 0.5가 가장 적당합니다.

Bump Amount 0.5

Bump Amount 1

Bump Amount 2

9 | 이미지 비교

[VFB] 창에서 범프 효과 전, 후의 이미지를 비교해봅니다.

[VFB] 창에서 이미지 비교하기

10 | 장면 설정

오른쪽 이미지를 참조해 장면을 설정합니다. [vray study] 폴더의 file 폴더를 최소화한 후 1강에서 만든 com. background-1 컴포넌트를 윈도우상에서 클릭한 채로 화면으로 드래그해 배치합니다. 정확한 위치로 배치하는 것이 아니라 오른쪽 이미지와 비슷한 위치에 배치하면 됩니다.

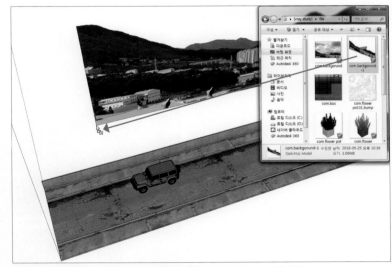

장면 설정 - 윈도우상에서 배경 컴포넌트를 클릭한 채로 모델로 드래그해 배치

11 | 회전 도구 선택

스케치업 Rotate 도구( )를 선택한 후 불러온 배경 컴포넌트 오른쪽 하단 끝점을 클릭해 각도기를 고정합니다. 이때 평면상에서 회전하는 파란색 각도기가 활성돼야 합니다.

Rotate 도구 선택 - 끝점 클릭

12 | 컴포넌트 회전

회전할 기준점이 되는 왼쪽 하단 끝점을 클릭한 후 시계 방향으로 조금 회전시키고 '45'를 입력한 다음 Enter 를 눌러 45도 회전시킵니다. 모델과 일직선으로 배치했을 경우 배경 컴포넌트에 매핑된 사진의 화각과 작업 중인 파일의 화각이 달라 다소 어색해 보일 수 있기 때문에 회전하는 것입니다.

왼쪽 하단 끝점 클릭

시계 방향으로 조금 회전 - '45'를 입력한 후 Enter

13 | 컴포넌트 이동

[1 장면] 탭을 클릭한 후 오른쪽 이미지를 참조해 배경 컴포넌트가 좌, 우측 화면에 꽉 차게 Move 도구(✥)를 이용해 이동시키면서 배치합니다.

Move 도구(✥)를 이용해 화면의 좌, 우측이 꽉 차게 배경 컴포넌트 배치

14 | 렌더링

렌더링⑮합니다. 오른쪽 이미지를 참조해 바닥 부분만 영역을 지정합니다.

렌더링 – 영역 지정

15 | 범프 효과 비활성

이제부터는 물에 젖은 도로를 표현하는 방법에 알아보겠습니다. 00-1.road 메트리얼의 범프 옵션은 비활성합니다.

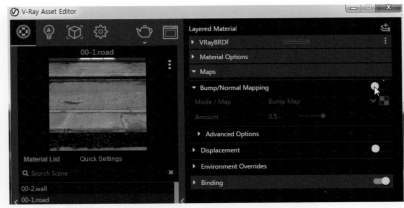

[Bump/Normal Mapping] 옵션 비활성

16 | 반사 맵 적용

00-1.road 메트리얼의 반사를 활성하고 [Reflection Glossiness] 옵션의 [비활성 맵] 버튼(■)을 클릭합니다.

Reflection Color 활성 - [Reflection Glossiness] 옵션의 [비활성 맵] 버튼(■) 클릭

17 | 반사 맵 선택

Bitmap 타입을 선택한 후 부록 CD(Program2/2강.water effect.jpg)에 있는 파일을 선택하고 [Back] 버튼을 클릭합니다.

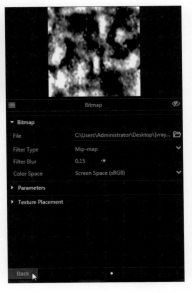

18 | 재질감 확인 후 렌더링

재질감 미리 보기 창에서 재질감을 확인합니다. 바닥에 물이 표현되는 것을 확인할 수 있습니다. 렌더링⑯합니다.

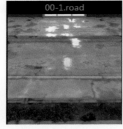
재질감 확인

렌더링

19 | 옵션 설정

물이 고인 표현의 범위를 조금 더 넓게 설정하는 방법을 알아보겠습니다. [Reflection Glossiness] 옵션의 [활성 맵] 버튼(■)을 클릭합니다. [Bitmap] 창에서 [Texture Placement] 옵션 탭을 확장한 후 맵의 반복 횟수를 설정하는 [Repeat U/V] 옵션의 수치값에 각각 '0.6'을 입력하고 [Back] 버튼을 클릭합니다.

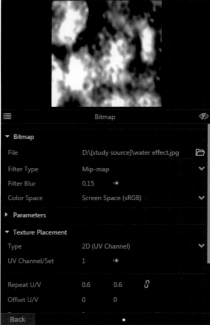

[Reflection Glossiness] 옵션의 [활성 맵] 버튼(■) 클릭

Repeat U/V 0.6, 0.6 입력

20 | 렌더링

렌더링⑰합니다.

렌더링

21 | 반사 세기 설정

물의 반사 느낌을 더 많이 표현하기 위해
[Reflection IOR] 옵션에 체크 표시를 한 후 '10'
을 입력하고 렌더링⑱합니다.

Reflection IOR 체크 표시 –
'10' 입력

렌더링

22 | 그림자 시간 수정

스케치업 [Shadows] 창에서 그림자 시간을 오후 일곱 시로 수정하고 렌더링⑲합니다. 해질녘의 느낌이 잘 표현되는 것을 확인할 수 있습니다.

23 | 색 공간 설정

[Reflection Glossiness] 옵션의 [활성 맵] 버튼(■)을 클릭합니다. [Bitmap] 옵션 창에서 색 공간을 설정하는 [Color Space] 옵션의 내림 버튼(▾)을 클릭해 Rendering Space(Linear)를 선택하고 [Back] 버튼을 클릭합니다.

[Reflection Glossiness] 옵션의 [활성 맵] 버튼(■) 클릭

Rendering Space(Linear) 선택 – [Back] 버튼

24 | 렌더링

렌더링⑳합니다. 물고임 범위가 좀 더 넓어진 것을 확인할 수 있습니다. 이처럼 여러 가지 색 공간 타입의 설정으로 인해 반사 맵을 다양한 느낌으로 표현할 수 있습니다.

25 | 품질 설정[테스트 - 20번 이미지 참조]

참조 이미지를 보고 이미지의 품질을 올린 후 렌더링 ㉑합니다.

해 설

이미지의 품질을 올리는 [Raytrace] 탭의 Noise Limit 수치값을 '0.02'로 설정하고 렌더링합니다.

26 | 이미지 품질 / 렌더타임 비교

이전의 이미지와 품질 및 렌더타임을 비교합니다.

이미지 품질 비교 및 렌더타임 비교

27 | Material Override 렌더링[테스트 - 22번 이미지 참조]

참조 이미지를 보고 [Material Override] 옵션으로 렌더링㉒합니다.

1 [Settings] 옵션 창에서 [Material Override] 옵션을 활성하고 [Override Color] 옵션의 색상을 흰색(R: 255, G: 255, B: 255)으로 설정합니다.

[Material Override] 옵션 활성 – Override Color 흰색 설정

2 [Materials] 옵션 창에서 background, com.car.glass 메트리얼의 [Material Options] 탭에 있는 [Can be Overridden] 옵션에 체크 표시를 해제하고 렌더링합니다.

[Can be Overridden] 옵션 표시 체크 해제

28 | ID Color 확인

모델에 매핑된 메트리얼의 Materials Options 탭에 있는 ID Color를 확인합니다. 모두 검은색으로 설정돼 있는 것을 알 수 있습니다. [ID Color] 옵션은 Material ID 채널을 출력했을 때 해당 메트리얼의 색상을 설정해주는 옵션으로, 포토샵에서 특정 메트리얼의 영역만 선택할 경우에 유용하게 사용할 수 있는 옵션입니다.

ID Color 확인

ID Color 확인

29 | 옵션 설정

[Material Override] 옵션을 비활성한 후 Noise Limit 수치값을 '0.05'로 설정합니다.

Material Override 비활성

Noise Limit '0.05' 입력

30 | Material ID 채널 추가

[Render Elements] 탭에서 Material ID 채널을 추가하고 렌더링㉓합니다. 렌더링이 진행되면 [VFB] 창에서 Material ID 채널을 선택합니다. 자동차 컴포넌트가 검은색으로만 표현되는 것을 확인할 수 있습니다. 이렇게 검은색으로만 표현되는 문제는 스케치업 브이레이 3.0 이하 버전대에서 작업한 파일을 3.0 버전대의 작업 중인 파일로 불러왔을 때 발생합니다.

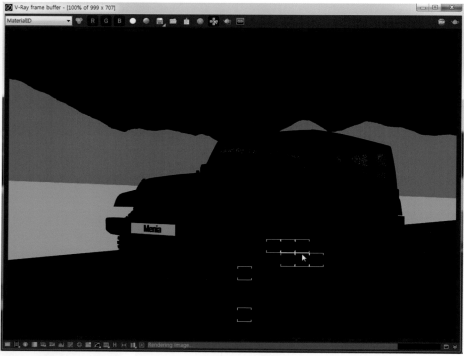

Material ID 채널 추가

렌더링 – Material ID 채널 확인

31 | ID Color 랜덤하게 설정하기

스케치업 메뉴의 [Extensions – V-Ray – Tools – Randomize Project Material IDs]를 클릭한 후 ID Color를 랜덤하게 재설정합니다.

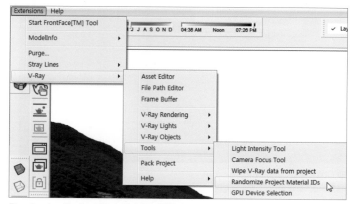

Randomize Project Material IDs 클릭

32 | 렌더링

ID Color가 모두 렌덤하게 재설정된 것을 확인하고 렌더링㉔합니다.

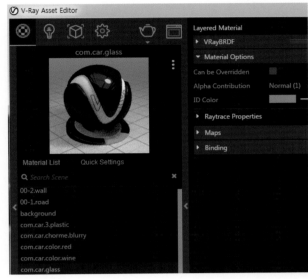

ID Color 확인

렌더링 – 확인

33 | 스케치업 파일 저장

메뉴의 [File – Save A Copy As]를 클릭한 후 저장 경로는 바탕화면에 만든 [vray study] 폴더의 file 폴더로 지정합니다. 파일 이름은 'p2-2-2.완성'으로 입력한 후 [저장] 버튼을 눌러 저장합니다. p2-2-2.skp 파일은 저장하지 않고 닫습니다.

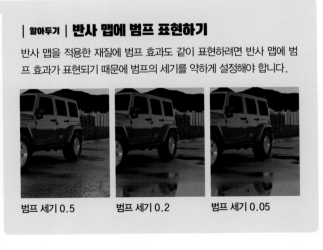

| 알아두기 | **반사 맵에 범프 표현하기**

반사 맵을 적용한 재질에 범프 효과도 같이 표현하려면 반사 맵에 범프 효과가 표현되기 때문에 범프의 세기를 약하게 설정해야 합니다.

범프 세기 0.5　　범프 세기 0.2　　범프 세기 0.05

3 수영장에 커스틱 효과 표현하기

이번에는 커스틱(Caustics) 효과를 표현하는 방법을 알아보겠습니다. 커스틱 효과는 빛이 투명한 객체를 통과할 때 주변으로 산란되는 현상을 말합니다.

예|제|파|일| Program2/2강/ p2-2-3 완|성|파|일| Program2/2강/ p2-2-3.완성

1 | 반사, 굴절 레이어 추가

p2-2-3.skp 파일을 실행합니다. [V-Ray Asset Editor] 창의 [Materials] 옵션 창에서 '00.water' 메트리얼을 선택하고 Add Layer 아이콘(🖾)
을 클릭합니다. Reflection을 클릭해 반사 레이어를 추가한 후 다시 한 번 Add Layer 아이콘(🖾)을 클릭합니다. Refraction 레이어를 클릭해 굴절 레
이어도 추가합니다.

Reflection 레이어 추가

[Refraction] 레이어 추가

| 알아두기 | **반사, 굴절 레이어를 추가하는 이유**

일반적으로는 [VRayBRDF] 레이어 탭에서 반사, 굴절을 설정하지만, 커스틱 표현을 할 경우에는 반사, 굴절 레이어를 추가해야 합니다.

---

2 | 불투명도 설정

불투명도를 설정하기 위해 [VRayBRDF] 레이어 탭을 확장한 후 [Opacity] 옵션 탭을 확장하고 [Opacity] 옵션의 수치값을 '0'으로 수정해 완전 투명하
게 설정합니다.

Opacity 0

3 | 렌더링

렌더링③합니다.

렌더링

| 알아두기 | **스케치업 모델의 불투명도 설정**

스케치업 모델의 불투명도는 스케치업 [Materials] 창의 [Opacity] 옵션에서 수치값을 설정하면 됩니다. 스케치업에서 설정한 불투명도와 브이레이에서 설정한 불투명도는 서로 연동되지 않습니다.

스케치업 [Materials] 창의 [Opacity] 옵션에서 설정

4 | 물 색상 표현하기

물 색상을 표현하기 위해 [Refraction] 레이어 탭의 Fog Color 색상 박스를 클릭합니다. [Color Picker] 창에서 Color Space는 Rendering(RGB)으로 설정한 후 Range 는 '0 to 255'로 설정하고 R: 130, G: 180, B: 230을 입력한 다음 창을 닫습니다.

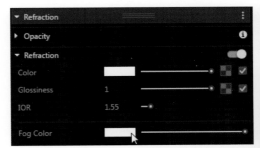

Fog Color 색상 박스 클릭

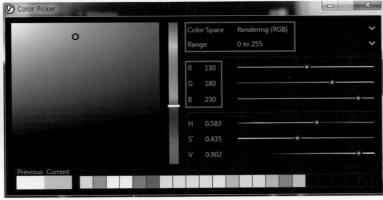

Color Space, Range 설정 – R: 130, G: 180, B: 230 입력

5 | 세기 조절하기[테스트 – 31번 이미지 참조]

참조 이미지를 보고 Fog Multiplier 수치값을 조절해 렌더링③1합니다.

Fog Multiplier 수치값 설정 – 렌더링

해 설

Fog Multiplier 수치값을 '0.02'로 설정하고 렌더링합니다.

Fog Multiplier 0.02

현장 플러스 ＋ 2D 컴포넌트 활용

모델에 배치돼 있는 여성은 2D 컴포넌트입니다. 2D 컴포넌트는 스케치업에서 사각형만 만들고 배경이 투명한 PNG 파일 형식으로 매핑하면 쉽게 만들 수 있습니다. 볼륨감이 있는 3D 컴포넌트에 비해 용량이 작다는 장점이 있으며 볼륨감이 없기 때문에 빛을 받았을 때의 음영 표현에 한계가 있다는 단점이 있습니다.

스케치업 이미지

렌더링 이미지

6 | 영역 지정

이미지를 참조해 영역을 지정합니다.

영역 지정

7 | 디스플레이스먼트 표현[테스트 - 32번 이미지 참조]

참조 이미지를 보고 '00.water' 메트리얼에 [Displacement] 옵션을 활성한 후 Noise A 타입을 선택하고 Repeat 수치값을 설정해 렌더링㉜합니다.

옵션 설정 - 렌더링

[Maps] 레이어 탭의 [Displacement] 옵션을 활성하고 비활성 맵 버튼(■)을 클릭합니다. 맵 타입을 Noise A 타입으로 선택한 후 맵의 반복 횟수를 설정하기 위해 [Texture Placement] 탭을 확장하고 [Repeat] 옵션의 수치값에 각각 '0.02'를 입력한 다음 렌더링합니다.

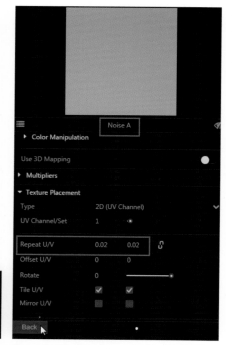

[Displacement] 옵션의 [비활성 맵] 버튼(■) 클릭

Noise A 타입 선택 – Repeat 0.02, 0.02 입력

8 | 세기 조절[테스트 – 33번 이미지 참조]

참조 이미지를 보고 디스플레이스먼트 효과의 세기(Amount)를 수정한 후 렌더링㉝합니다.

세기 수정 – 렌더링

Amount 수치값을 '0.5'로 수정하고 렌더링합니다.

Amount 0.5

| 알아두기 | **렌더링 과정**

스케치업 브이레이로 렌더링을 시작하면 화면이 점차 밝아지면서 GI를 연산하는 과정이 첫 번째, 사각형 버킷이 나타나 샘플링하는 과정이 두 번째, 사각형 버킷이 다니면서 이미지를 완성하는 렌더링 과정이 세 번째로 진행됩니다. 이 세 단계 과정은 렌더링할 때마다 반복됩니다.

9 | 환경 맵 설정

환경 맵을 표현하는 방법에 대해 알아보겠습니다. 영역 지정을 해제하고 [V-Ray Asset Editor] 창의 [Settings] 옵션 창의 [Background] 옵션의 [활성 맵] 버튼(■)을 클릭합니다. [Sky] 옵션 탭을 클릭한 후 Bitmap 타입을 선택합니다.

[Background] 옵션의 [활성 맵] 버튼(■) 클릭

[Sky] 옵션 탭 타이틀 바 클릭 – Bitmap 선택

10 | 파일 선택

[Select a file] 창이 열리면 부록 CD (Program2/2강.Default Dome Light Texture.exr)에 있는 파일을 선택한 후 [열기] 버튼을 클릭합니다. Default Dome Light Texture.exr 파일은 스케치업 브이레이를 설치하면 자동으로 제공되는 파일로 환경 맵을 표현할 때 활용할 수 있습니다. [Texture Placement] 탭을 확장시키고 [Type] 옵션의 내림 버튼(▼)을 클릭해 불러온 파일을 환경으로 표현하기 위해 Environment 타입을 선택하고 [Back] 버튼을 클릭합니다.

파일 선택 – [열기] 버튼 클릭

타입 선택 – [Back] 버튼 클릭

11 | 세기 설정

환경 맵의 세기를 설정하기 위해 Background 수치값을 '4'로 수정하고 렌더링❸❹합니다. 렌더링 완료 이미지를 확인해보면 적용한 환경 맵이 배경으로 표현됐고 장면이 조금 더 밝아진 것을 알 수 있습니다.

Background 수치값 '4' 입력

렌더링

환경 맵 설정

환경 맵의 여러 가지 옵션 설정에 대해 알아보겠습니다.

1 | 환경 맵의 세기

환경 맵으로 활용할 파일(HDR, EXR 파일 형식)은 저마다의 세기를 다르게 설정해야 합니다. 테스트 렌더링을 한 다음 해당 환경 맵 파일의 가장 적당한 세기를 메모해 두거나 브이레이 옵션으로 만들어놓는 것이 효율적입니다.

아래 이미지는 저자가 사용하는 환경 맵 종류입니다. 각각의 환경 맵마다 미리 보기 이미지, 테스트 렌더링 이미지, 브이레이 옵션이 저장돼 있어 작업 파일의 성격에 맞는 브이레이 옵션만 적용하면 되기 때문에 렌더링 작업에 큰 도움이 됩니다.

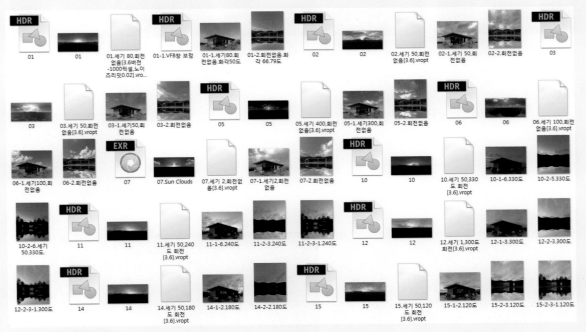

저자가 사용하는 환경 맵 종류

2 | 환경 맵 가로 회전

적용한 환경 맵을 회전하려면 [Bitmap] 옵션 창에 있는 [Texture Placement] 옵션 탭의 [Rotate H] 옵션의 수치값을 조절하면 됩니다. 0도에서 360도까지 설정할 수 있으며, 환경 맵이 시계 반대 방향으로 회전됩니다.

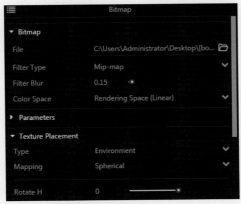

[Rotate H] 옵션으로 가로 회전

0도(회전 없음)

60도

120도

3 | 환경 맵 세로 회전

[Rotate V] 옵션의 수치값을 조절하면 환경 맵이 세로로 회전하지만, 의도적으로 특별한 표현을 하지 않는 이상 사용하는 경우는 없습니다.

Rotate V

Rotate V: 30도

Rotate V: 90도

4 | 매핑 타입

환경 맵의 매핑 타입에 따라 환경 맵이 다양하게 표현되지만, 기본으로 설정된 Spherical
타입을 가장 많이 사용합니다.

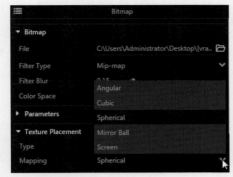

환경 맵 매핑 타입

Angular

Cubic

Spherical

Mirror Ball

Screen

12 | Irradiance Map 연산 데이터 파일 저장

연산 데이터 파일을 저장하고 저장한 연산 데이터 파일을 불러오는 방법을 알아보겠습니다. 연산 데이터 파일을 저장해서 불러오면 GI 연산, 샘플링, 렌더링 과정의 세 단계로 렌더링이 진행되는 것이 아니라 바로 렌더링 과정으로 진행되기 때문에 효율적입니다. Irradiance Map 타입의 연산 데이터 파일을 먼저 저장하기 위해 [Settings] 옵션 창의 [Global Illumination] 탭을 확장시킵니다. [Irradiance Map] 탭의 [Disk Caching] 옵션 탭을 확장시킨 다음 [Save] 버튼을 클릭합니다.

[Disk Caching] 옵션 탭의 [Save] 버튼 클릭

13 | Light Cache 연산 데이터 파일 저장

[vray study] 폴더의 data file 폴더로 경로를 지정한 후 파일 이름에 'p2-2-3'을 입력하고 [저장] 버튼을 클릭해 저장합니다. Light Cache 타입의 연산 데이터 파일을 저장하기 위해 [Light Cache] 탭의 [Disk Caching] 옵션 탭을 확장시키고 [Save] 버튼을 클릭합니다.

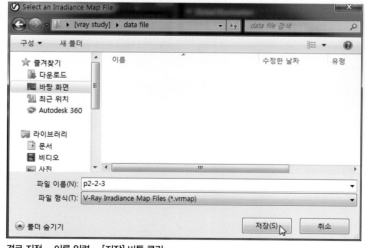

경로 지정 – 이름 입력 – [저장] 버튼 클릭

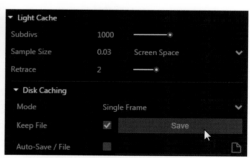

[Disk Caching] 옵션 탭의 [Save] 버튼 클릭

14 | Light Cache 연산 데이터 파일 불러오기

경로를 [vray study] 폴더의 data file 폴더로 지정한 후 파일 이름에 'p2-2-3'을 입력하고 [저장] 버튼을 클릭해 저장합니다. 저장하는 파일 형식이 다르기 때문에 이름이 같아도 상관없습니다. 저장한 연산 데이터 파일을 불러오기 위해 [Mode] 옵션의 내림 버튼(⌄)을 클릭해 [From File] 모드로 선택하고 [Open File] 아이콘(📁)을 클릭합니다.

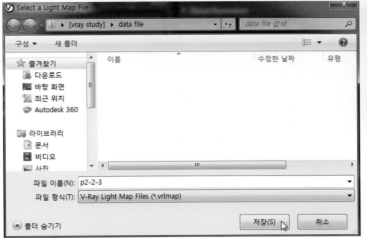

경로 지정 – 파일 이름 입력 – [저장] 버튼 클릭

아이콘 클릭

15 | Irradiance Map 연산 데이터 파일 불러오기

[Select a file] 창이 나타나면 p2-2-3.vrlmap 파일을 선택하고 [열기] 버튼을 클릭합니다. 동일한 방법으로 Irradiance Map 데이터 파일을 불러오기 위해 [Irradiance Map] 탭의 [Disk Caching] 옵션 탭의 모드를 [From File]로 설정하고 Open File 아이콘(📁)을 클릭합니다.

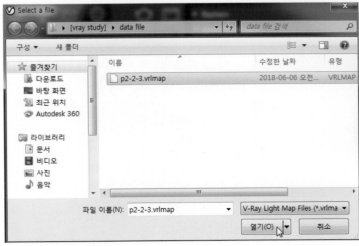

파일 선택 – [열기] 버튼 클릭

아이콘 클릭

16 | 렌더링

[Select a file] 창이 나타나면 p2-2-3.vrmap 파일을 선택한 후 [열기] 버튼을 클릭하고 렌더링㉟합니다. 주의 깊게 볼 부분은 렌더링이 시작되면서 지금까지 봐 왔던 세 번의 과정(GI 연산, 샘플링, 렌더링)이 진행되는 것이 아니라 바로 마지막 과정인 렌더링 과정이 진행되는 것을 확인할 수 있고 렌더타임도 아주 빠르다는 것을 알 수 있습니다.

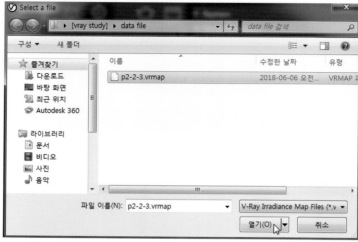

파일 선택 – [열기] 버튼 클릭

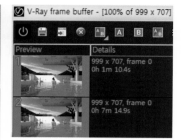

렌더링 – 이전 이미지와 렌더타임 확인

17 | 2 장면 렌더링

다시 한 번 확인해보겠습니다. [2 장면] 탭을 클릭하고 렌더링㊱합니다. 장면을 수정해도 해당 장면에 맞게 렌더링되며 렌더타임 역시 아주 빠르다는 것을 확인할 수 있습니다.

바로 렌더링 과정이 진행됨

18 | 모드 수정

[Single Frame] 모드와 [From File] 모드의 차이점을 확인하기 위해 [Irradiance Map] 모
드를 Single Frame으로 수정하고 [Light Cache] 모드도 Single Frame으로 수정합니다.

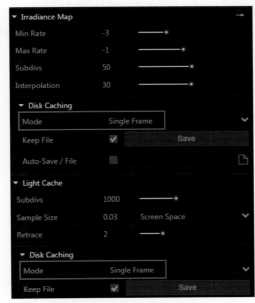

Irradiance Map / [Light Cache] 모드 Single
Frame으로 수정

19 | 렌더링

렌더링❸❼합니다. 렌더링이 완료되면 렌더타임을 확인하고 이전의 렌더링 이미지와 비교해봅니다. 렌더타임은 이전 렌더링 이미지보다 아주 길게 나왔지
만, 이미지는 똑같다는 것을 알 수 있습니다. 저자의 데스크톱으로 [Single Frame] 모드는 렌더타임이 7분대가 나왔고 [From File] 모드는 1분대가 나
왔습니다. 즉, 동일한 이미지인데 시간 차이는 아주 많이 나기 때문에 연산 테이터 파일을 활용해 렌더링하는 방법이 효율적입니다.

렌더링 – 렌더타임 / 이미지 비교

Incremental Add to Map

[From File] 모드의 특성은 동일한 장면에서는 활용이 가능(동일한 장면에서의 장면 축소는 가능하지만, 확대는 안 됨)하지만 장면의 수정이나 객체의 수정이 있으면 올바르게 표현되지 않습니다. 해당 장면의 GI 연산 파일을 재활용하는 개념으로 장면을 수정하게 되면 수정한 장면의 GI는 저장한 데이터 파일과 다르기 때문에 발생하는 현상입니다.

장면 수정 – 수정한 장면의 GI가 올바르게 반영되지 않아 의도하지 않는 그림자와 얼룩이 나타남

데이터 연산 파일을 한 번 저장한 후 장면이나 객체의 수정이 있는 경우에는 [Irradiance Map] 모드를 Incremental Add to Map으로 설정하면 장면이나 객체의 수정에 상관없이 해당 장면에 맞는 GI가 표현됩니다. 즉 [Single Frame] 모드와 동일하게 렌더링된다는 의미입니다. [From File] 모드보다 렌더타임이 길게 나오지만, [Single Frame] 모드보다는 짧게 나옵니다. 실무에 아주 효율적인 옵션이므로 반드시 기억하기 바랍니다.

Incremental Add To Map 선택

렌더링: 장면에 맞는 GI가 반영됨

20 | 커스틱 활성

[Caustics] 탭을 확장한 후 옵션을 활성합니다. 커스틱 세기를 설정하기 위해 Multiplier 수치값에 '1.5'를 입력하고 커스틱 효과를 부드럽게 표현하기 위해 Max Photons 수치값에 '200'을 입력합니다. [Lights] 옵션 창을 연 후 [SunLight] 옵션 창에 있는 [Options] 탭의 [Caustic photons] 옵션 탭을 확장하고 커스틱 효과의 품질을 설정하는 Caustic Subdivisions 의 수치값은 '5000', 광자가 방출될 태양 주위의 반경을 설정하는 Emit Radius 수치값에는 '300'을 입력합니다.

Multiplier 1.5, Max Photons 200

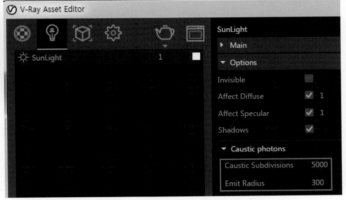

Caustic Subdivisions 5000, Emit Radius 300

21 | 렌더링

렌더링❸합니다. 커스틱 옵션을 활성하면 포톤맵을 계산하는 과정이 추가되기 때문에 렌더타임은 길어집니다.

렌더링

22 | 파일 저장

메뉴의 [File – Save As Copy]를 클릭합니다. [vray study] 폴더의 file 폴더로 저장 경로를 지정한 후 파일 이름에 'p2-2-3.완성'을 입력하고 [저장] 버튼을 클릭해 저장합니다. p2-2-3.skp 파일은 저장하지 않고 닫습니다.

| 알아두기 | **커스틱 옵션 설정**

커스틱 표현은 여러 옵션의 수치값 설정으로 다양하게 표현할 수 있습니다. 아래는 Noise A 타입의 Repeat 수치값을 '0.03'으로 설정하고 렌더링[39]한 이미지입니다.

Repeat U/V 0.03, 0.03

렌더링

4 인공조명을 활용해 스탠드 조명 표현하기

이번에는 인공조명을 활용해 스탠드 조명을 표현하는 방법과 빛이 투과되는 [Two Sided] 옵션에 대해 알아보겠습니다.

예 | 제 | 파 | 일 | Program2/2강/ p2-2-4 완 | 성 | 파 | 일 | Program2/2강/ p2-2-4.완성

1 | 자체 발광 표현[테스트 - 40번 이미지 참조]

p2-2-4.skp 파일을 실행합니다. 참조 이미지를 보고 천장에 배치돼 있는 'com.light.spot' 컴포넌트의 발광 부위에 매핑된 'com.light.emi' 메트리얼에 자체 발광 레이어를 추가하고 렌더링⓲합니다.

com.light.emi 메트리얼에 자체 발광 효과 표현

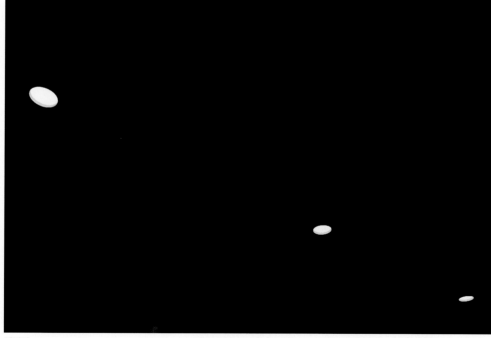

렌더링

[Materials] 옵션 창에서 'com.light.emi' 메트리얼을 선택합니다. 옵션 창 우측의 Add Layer 아이콘(🖫)을 클릭하고 Emissive를 클릭해 Emissive(자체 발광) 레이어를 추가한 다음 렌더링합니다.

아이콘 클릭 – Emissive 클릭

Emissive 레이어 추가됨 – 자체 발광이 표현됨

2 | IES 데이터 파일 불러오기

V-Ray Lights 도구 모음()에 있는 IES Light 도구(⬆)를 클릭한 후 [IES File] 창이 나타나면 부록 CD(Program2/2강.1.ies)의 파일을 선택하고 [열기] 버튼을 클릭합니다.

도구 클릭 – 1.ies 파일 선택 – [열기] 버튼 클릭

3 | IES 라이트 배치하기

IES 라이트를 배치하고 복사(조명 간격은 '1200')합니다. Select 도구(▸)로 모델에 배치한 IES 라이트 컴포넌트를 다중 선택합니다. [Layers] 창에서 '10-1.IES 라이트' 레이어를 추가한 후 [Entity Info] 창에서 '10-1.IES 라이트 레이어'를 선택해 IES 라이트 컴포넌트를 10-1번 레이어에 포함시킵니다.

배치 – 복사 – IES 라이트 다중 선택

레이어 추가 – 레이어 지정

4 | 세기 설정[테스트 - 41번 이미지 참조]

참조 이미지를 보고 IES 라이트의 세기를 설정하고 '2'번 장면을 렌더링❹합니다.

IES 라이트 세기 설정 - 2 장면 탭 클릭 - 렌더링

해 설

1 [Lights] 옵션 창에서 V-Ray IES Light를 선택한 후 [Intensity] 옵션에 체크 표시를 한 다음 '300000'을 입력합니다.

[Intensity] 옵션 표시 체크 표시 - '300000' 입력

2 [V-Ray Asset Editor] 창에서 Settings 아이콘(⚙)을 클릭한 후 [Material Override] 옵션을 활성하고 렌더링합니다.

[Material Override] 옵션 활성

5 | 스피어 라이트 배치

아래 이미지를 참조해 화면을 확대하고 V-Ray Lights 도구 모음( )에 있는 Sphere Light 도구( )를 클릭하고 Sphere Light를 만들고
배치합니다. [V-Ray Asset Editor] 창의 [Lights] 옵션 창에서 스피어 라이트 이름을 'V-Ray Sphere Light-stand.01'이라고 입력합니다.
[Layers] 창에서 '11-1.스피어 라이트' 레이어를 추가하고 배치한 스피어 라이트를 포함시킵니다.

스피어 라이트 배치 – 이름 수정 – 레이어 추가 – 레이어 지정

6 | 세기 설정[테스트 - 42번 렌더링 이미지 참조]

참조 이미지를 보고 스피어 라이트의 세기를
설정한 후 [2 장면] 탭을 클릭하고 렌더링
㊷합니다.

세기 설정 & 렌더링

1 [Lights] 옵션 창에서 V-Ray Sphere Light 의 세기를 '150000'으로 설정하고 조명이 보이 지 않게 설정하기 위해 [Options] 탭의 Invisible에 체크 표시를 하고 렌더링합니다.

세기 '150000' 설정-invisible 체크 표시

7 | 채널 추가

[V-Ray Asset Editor] 창의 [Settings] 옵션 창에 있는 출력 채널을 설정하는 [Render Elements] 탭을 확장시킵니다. 확장된 [Render Elements] 탭의 여백을 클릭해 나타나는 채널 중 반사 채널을 추가하기 위해 Raw Reflection 채널을 클릭합니다.

[Render Elements] 탭에서 Raw Reflection 채널 추가

Raw Reflection 채널이 추가된 상태

8 | 반사값 설정[테스트 - 43번 이미지 참조]

참조 이미지를 보고 스피어 라이트의 옵션을 설정한 후 의자와 테이 블에 매핑된 com.chair.wood.1 메트리얼과 바닥에 매핑된 01-3.flooring 메트리얼에 반사값을 설정하고 렌더링⑬합니다.

스피어 라이트 옵션 설정 - 반사값 설정 - 렌더링

1 반사값을 가진 재질에 조명이 반사되지 않게 하기
위해 [V-Ray Sphere Light] 옵션 창에서
[Affect Reflections] 옵션의 체크 표시를 해제합니다.

[Affect Reflections] 옵션 표시 체크 해제

2 com.chair.wood.1 메트리얼의 반사를 활성
하고 반사값(Reflection Glossiness)을 '0.8'
로 설정합니다.

반사 활성 – 반사값 '0.8'

3 01-3.flooring 메트리얼의 반사를 활성한 후
반사값(Reflection Glossiness)을 '0.9'로 설
정합니다.

반사 활성 – 반사값 '0.9'

4 com.light.emi.2 메트리얼에 자체 발광(Emissive) 레이어를 추가합니다.

자체 발광 레이어 추가

5 [Material Override] 옵션을 비활성한 후 렌더링합니다.

[Material Override] 옵션 비활성

9 | 반사 채널 확인

[VFB] 창에서 RawReflection 채널을 선택해 반사값을 가진 재질의 반사를 확인합니다. 이처럼 RawReflection 채널을 출력하면 재질의 반사값만을 쉽게 확인할 수 있습니다.

[VFB] 창에서 RawReflection 채널 확인

10 | 반사 채널 삭제

[Render Elements] 탭에서 Raw Reflection 채널을 삭제합니다.

Raw Reflection 채널 삭제

11 | 장면 업데이트

[3 장면] 탭을 클릭한 후 '10-1.IES 라이
트', '11-1.스피어 라이트' 레이어의 체크 표
시를 해제하고 3 장면을 업데이트합니다.

[3 장면] 탭 클릭 – '10-1, 11-1'번 레이어 체크 해제 – 3 장면 업데이트

12 | 스피어 라이트 배치하기

오른쪽 이미지를 참조해 화면을 확대, 회전하
면서 Sphere Light를 만들고 배치합니다.
[Layers] 창에서 '11-2.스피어 라이트' 레
이어를 추가하고 배치한 스피어 라이트를 포
함시킵니다.

13 | 옵션 설정

[V-Ray Asset Editor] 창의 [Lights] 옵션 창에서 이름에 'V-Ray Sphere Light-stand.02'로 입력합니다. 세기를 '15000'으로 설정하고 [Invisible 옵션]에 체크 표시, [Affect Reflections] 옵션은 체크 표시 해제합니다.

14 | 스피어 라이트 복사

Styles 도구 모음(⬤○○○○⬤⬤)의 X-Ray 도구(◉)를 클릭해 모델을 X-Ray 스타일로 표현한 후 스피어 라이트를 선택해 오른쪽으로 복사합니다.

X-Ray 도구 클릭 - 복사

15 | 렌더링

렌더링④합니다. 스케치업은 두께가 없는 면이라고 해도 인공조명의 빛이 투과하지 못하기 때문에 조명에서 뚫려 있는 아래, 위로만 빛이 표현되는 것을 확인할 수 있습니다.

렌더링

16 | Two Sided Material 추가

Two Sided Material로 빛이 재질을 투과하는 방법을 알아보겠습니다. [Materials] 옵션 창 아래에 있는 Add Material 아이콘(⊙)을 클릭해 나타나는 확장 메뉴 중 Two Sided를 클릭합니다. [Materials] 옵션 창 우측에 추가된 [Two Sided Material] 레이어 탭을 확장시키고 Front Material과 Back Material의 내림 버튼(⌄)을 클릭해 com.stand.02 컴포넌트에 매핑된 com.light.stand 메트리얼을 선택합니다. 재질감 미리 보기 창을 확인해보면 빛이 투과되는 것을 알 수 있습니다. Two Sided Material은 면의 앞면과 뒷면을 함께 매핑한다고 이해하기 바랍니다.

아이콘 클릭 – Two Sided 선택

Front / Back Material을 com.light.stand 메트리얼로 선택

17 | 이름 수정

스케치업 [Materials] 창을 확인해보면 TwoSided 메트리얼이 추가된 것을 알 수 있습니다.
이름을 com.light.stand.TwoSided로 수정합니다.

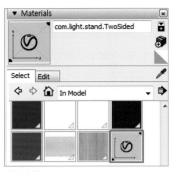

이름 수정

18 | 매핑

아래 이미지를 참조해 화면을 확대합니다. 스케치업 [Outliner] 창을 확장시키고 com.light.stand.02 컴포넌트의 계층 구조를 펼친 다음 한지 그룹을
더블클릭해 편집 모드로 만듭니다. [Materials] 창에서 com.light.stand.TwoSided 메트리얼을 선택한 후 앞면과 뒷면을 클릭해 매핑합니다.

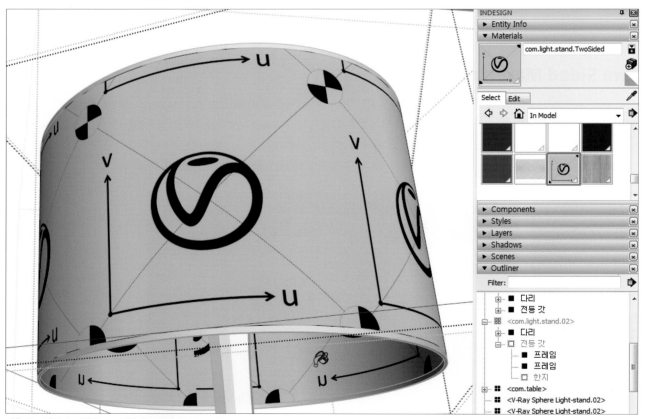

계층 구조 펼치기 – 편집 모드 만들기 – 매핑

19 | Outliner 창 닫기

[Outliner] 창의 여백을 클릭해 편집 모드를 해제한 다음 [Outliner] 창을 닫습니다.

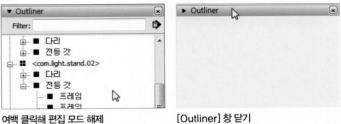

여백 클릭해 편집 모드 해제

[Outliner] 창 닫기

| 알아두기 | [Outliner] 창

[Outliner] 창을 펼친 상태로 스케치업을 종료하면 해당 파일을 재실행했을 때 펼친 상태로 실행되며, 파일의 용량이 많을 경우 실행되는 속도가 느립니다. 또한 [Outliner] 창을 펼친 상태로 렌더링을 하면 연산 시간이 더 오래 걸리기 때문에 [Outliner] 창은 필요한 경우에만 펼치고 항상 닫은 상태로 작업을 진행하기 바랍니다.

20 | 확인

[3 장면] 탭을 클릭합니다. 모델에 배치된 스탠드 모델(com. light.stand.02 컴포넌트)은 컴포넌트이기 때문에 매핑도 한 번에 모두 수정된 것을 알 수 있습니다.

확인

21 | 렌더링

렌더링㊺합니다.

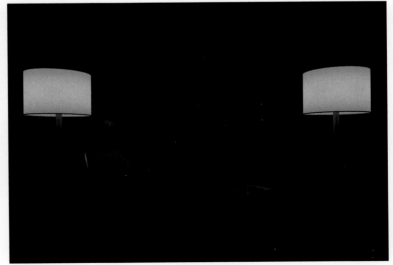

렌더링

22 | 세기 수정

'V-Ray Sphere Light-stand.02' 라이트의 세기를 '60000'으로 설정하고 렌더링❹⑥합니다.

23 | 확인

Two Sided 메트리얼을 추가해 매핑하면 브이레이 매핑 좌표 이미지가 매핑됩니다. 렌더링을 하면 문제 없이 표현되지만, 스케치업 화면상에서는 매핑 좌표 이미지가 표현되기 때문에 매핑을 수정해야 하는 경우가 생깁니다. 매핑을 수정하는 방법에 알아보겠습니다. 이 과정에서 학습하는 방법은 브이레이 전용 메트리얼인 vrmat 중 브이레이 매핑 좌표 이미지로 매핑되는 vrmat의 매핑을 수정할 때도 활용할 수 있습니다.

확인

24 | 메트리얼 저장하기

원래 매핑된 com.light.stand 메트리얼을 스케치업 [Materials] 창에서 선택하고 우클릭해 나타나는 확장 메뉴 중 외부로 저장하는 명령인 [Export Texture Image]를 클릭해 저장 경로를 설정하고 저장합니다. [Edit] 탭을 클릭해 매핑 크기를 확인합니다. 이미지가 있는 vrmat의 경우 매핑 크기가 254로 자동 설정되기 때문에 원본 메트리얼의 매핑 크기를 확인하는 것입니다.

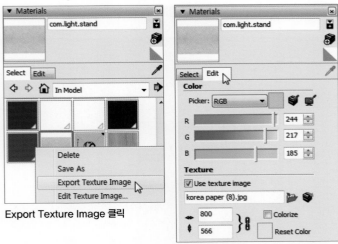

Export Texture Image 클릭

매핑 크기 확인

25 | 메트리얼 대체

com.light.stand.TwoSided 메트리얼을 선택한 후 [Edit] 탭을 클릭하고 매핑된 메트리얼을 대체하기 위해 Browse for Material Image File 아이콘(📂)을 클릭합니다.

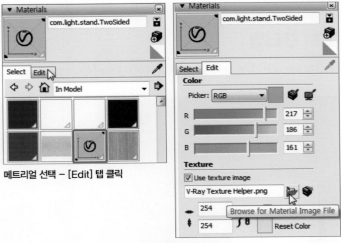

메트리얼 선택 – [Edit] 탭 클릭

아이콘 클릭

26 | 매핑 크기 설정

24번 과정에서 저장한 이미지를 선택합니다. 스케치업 모델의 매핑이 수정된 것을 확인할 수 있습니다. 매핑 가로 크기를 '800'으로 수정합니다.

27 | 렌더링

렌더링⑰합니다. 22번 내용에서 렌더링한 이미지(46번 이미지)와 동일하게 표현되는 것을 확인할 수 있습니다.

렌더링

[Two Sided Material] 레이어 탭의 Translucency(반투명) 색상에 따라 투과되는 빛의 세기가 달라집니다.

R: 50, G: 50, B: 50

스피어 라이트 세기 '30000'

기본 색상(R: 128, G: 128, B: 128)

스피어 라이트 세기 '30000'

R: 200, G: 200, B: 20

스피어 라이트 세기 '30000'

28 | 장면 업데이트

[4 장면] 탭을 클릭합니다. [Layers] 창에서 '11-2.스피어 라이트' 레이어의 체크 표시를 해제한 후 4 장면을 업데이트합니다.

[4 장면] 탭 클릭 - 레이어 체크 해제 - 4 장면 업데이트

29 | 피사계 심도 효과 설정[테스트 - 48번 이미지, Program 3-5강 상세 기능 2 참조]

참조 이미지를 보고 피사계 심도 효과를 설정한 다음 렌더링48합니다.

피사계 심도 효과 설정

[Settings] 옵션 창의 [Camera] 탭을 확장하고 피사계 심도 효과인 [Depth of Field] 옵션을 활성합니다. Defocus의 수치값을 '0.5'로 설정하고 [Pick Point] 아이콘(⬕)을 클릭한 다음 모델의 책 컴포넌트를 클릭해 초점을 지정하고 렌더링합니다.

[Depth of Field] 옵션 활성 – Defocus 0.5 설정 – 초점 지정

30 | 파일 저장

메뉴의 File–Save As Copy를 클릭합니다. [vray study] 폴더의 file 폴더로 저장 경로를 지정하고 파일 이름에 'p2-2-4.완성'을 입력한 다음 [저장] 버튼을 클릭해 저장합니다. p2-2-4.skp 파일은 저장하지 않고 닫습니다.

| 알아두기 | **컴포넌트 만들기**

스케치업 조명 컴포넌트에 인공조명을 배치했으면 인공조명이 포함된 상태에서 새로운 컴포넌트로 만들어놓는 것이 효율적입니다. 추후에 작업 중인 다른 파일에 해당 컴포넌트를 배치할 경우에 인공조명이 함께 있기 때문에 브이레이 렌더링 시에 조명 설정을 별도로 할 필요가 없기 때문입니다. 저자의 스케치업 조명 컴포넌트는 인공조명이 모두 포함된 상태로 저장돼 있습니다.

조명 컴포넌트와 인공조명 컴포넌트 선택 – 컴포넌트로 만듦

com.light.pendent.01(sphere.120000)

com.light.stand.01(sphere.100000,30000)

com.light.stand.04(sphere 60000)

com.light.stand.04-1(sphere 60000)

저자의 인공조명 컴포넌트

31 | 이미지 확인

포토샵을 이용해 다양한 효과로
리터칭하는 방법을 알아보겠습니
다. 부록 CD(Program2/2강/
포토샵)에 있는 이미지를 확인합
니다. 1번 이미지는 [Material
Override] 옵션을 활성한 다음
Override Color를 수정해 렌더
링한 이미지이며 2번 이미지는 스

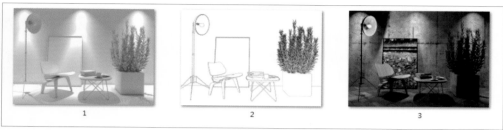

이미지 확인

케치업 Hidden Line 스타일로 내보내기한 이미지이고, 3번 이미지는 렌더링 이미지입니다.

32 | 포토샵 실행

포토샵을 실행하고 1,2번 이미지
를 불러온 다음 오른쪽 화면과 같
이 2번 이미지를 떨어뜨려 배치합
니다.

파일 불러오기

33 | 이미지 이동

단축키 V 를 눌러 이동 도구를 활성하고 Shift 를 누른 상태에서 2번 이미지를
1번 이미지 위로 이동시킵니다. 이동시킬 때 크기가 같은 이미지는 Shift 를 누
른 상태에서 이동하면 정확하게 겹쳐집니다. 2번 이미지는 닫습니다.

이동 도구 + Shift 로 두 장의 이미지 겹침

34 | 블랜딩 모드 설정

레이어 1번의 블랜딩 모드를 곱하기(포토
샵 영문판: Multiply)로 설정합니다.
Material Override 렌더링 이미지에 선
이 합성된 것을 확인할 수 있습니다.

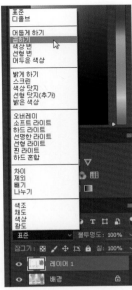

블랜딩 모드 – 곱하기 선택

선이 합성됨

35 | 레이어 병합

Ctrl + E 를 눌러 레이어를 병합합니다.

레이어 병합

36 | 이미지 불러오기

3번 이미지를 불러오고 아래 이미지를 참조해 2번 이미지를 떨어뜨립니다.

이미지 불러오기

37 | 이미지 겹치기

33번 내용을 참조해 2번 이미지를 3번 이미지 위로 이동시켜 두 장을 겹칩니다.

두 장의 이미지 겹침

38 | 지우개 도구 사용

단축키 E 를 눌러 지우개 도구를 활성하고 마우스 우클릭합니다. 크기는 300px, 경도는 0%로 설정하고 부드러운 원을 선택합니다. 지우개 도구로 이미지를 클릭합니다. 합성한 이미지의 일부를 지운다고 생각하기 바랍니다.

지우개 도구 선택 – 옵션 설정 –
이미지 클릭해 효과 지움

39 | 완성

아래 이미지를 참조해 완성합니다. 메뉴의 [파일-다른 이름으로 저장]을 클릭해 '5.합성.jpg' 파일로 저장합니다.

완성

실무예제 따라하기 - 종합

이번 과정은 지금까지 학습한 내용을 바탕으로 외부 투시도 주간 장면, 외부 투시도 야간 장면, 실내 투시도 주, 야간 장면을 렌더링하겠습니다. 이번 과정에서 제공되는 스케치업 파일은 품질 좋은 컴포넌트가 배치돼 있기 때문에 용량이 많은 편입니다. 스케치업은 실시간 모델링 도구기 때문에 용량에 민감하지만, 장면별로 레이어를 구분해 작업하기 때문에 큰 용량의 파일도 작업에 큰 문제가 되지는 않습니다. 용량이 작은 파일에 비해 용량 큰 파일은 렌더링을 시작했을 때 GI 연산 시간이 더 걸린다는 점을 참조합니다.

학습목표

이번 과정에서 학습하는 장면 설정 방법은 장면 설정의 기본이라고 할 수 있는 만큼 매우 중요합니다. 이번 과정을 통해 장면 설정 시에 기억해야 할 부분을 꼭 숙지하기 바랍니다.

외부 투시도 주간 장면 렌더링하기

이번에는 스케치업 브이레이의 여러 가지 효과와 재질감을 설정해 외부 투시도 주간 장면을 렌더링하겠습니다.

예|제|파|일| **Program2/3강/p2-3-1** 완|성|파|일| **Program2/3강/p2-3-1.완성**

1 | 파일 열고 장면 확인하기

p2-3-1.skp 파일을 실행합니다. [0 장면] 탭과 [1 장면] 탭을 번갈아 클릭하면서 장면 설정의 차이점을 비교합니다. 1 장면은 0 장면에 비해 화각(화면의 각도)이 넓고 세로 방향의 선들이 수직선으로 표현됐으며 화면 왼쪽 상단에 Two Point Perspective라는 문구가 표시돼 있는 것을 확인할 수 있습니다.

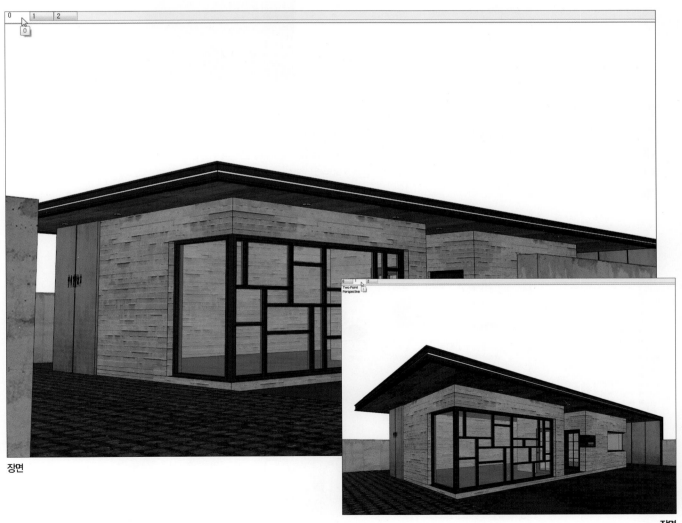

장면

장면

메트리얼 / 컴포넌트 이름 정리

저자의 메트리얼, 컴포넌트 정리 방법에 대해 알아보겠습니다.

1 | 메트리얼 이름 정리

브이레이 [Materials] 옵션 창과 스케치업 [Materials] 창을 확인합니다. 모델에 매핑한 메트리얼 이름은 번호가 적혀 있고 외부에서 불러온 컴포넌트에 매핑된 메트리얼의 이름은 모두 com으로 시작되는 것을 확인할 수 있습니다. 번호로 시작하는 모델에 매핑한 메트리얼 이름과 com으로 시작하는 컴포넌트에 매핑된 메트리얼의 이름을 금방 구분할 수 있기 때문에 메트리얼을 효율적으로 검색, 관리할 수 있습니다.

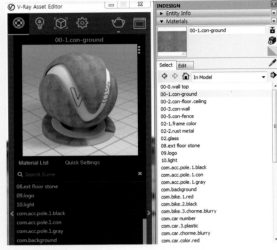

메트리얼 이름 확인

2 | 컴포넌트 이름 정리

스케치업 [Outliner] 창을 확장시켜 그룹과 컴포넌트를 확인합니다. 외부에서 불러온 컴포넌트의 이름은 모두 com으로 시작되는 것을 알 수 있습니다. 저자가 사용하는 모든 컴포넌트의 이름은 com으로 시작합니다. 예를 들어, 의자 컴포넌트의 이름은 com.chair로 시작하고 조명 컴포넌트의 이름은 com.light로 시작한다는 의미입니다. 이름이 com으로 시작되기 때문에 작업 중인 모델에 배치했을 경우 해당 모델에서 모델링한 객체의 이름과 바로 구분됩니다.

[Outliner] 창에서 컴포넌트와
그룹 이름 확인

저자가 사용하는 컴포넌트 이름

2 | 장면 확인

[2 장면] 탭을 클릭합니다. 컴포넌트가 모두 배치돼 있는 것을 확인할 수 있습니다.

[2 장면] 탭 클릭

3 | 모델 확인

아래 이미지를 참조해 화면을 회전, 축소해 배치합니다. 건물 주변으로 배경 컴포넌트가 배치돼 있는 것을 확인할 수 있습니다. 배경 컴포넌트는 반사값을 가진 재질에 자연스럽게 반사될 수 있게 여러 방향에 배치돼 있습니다.

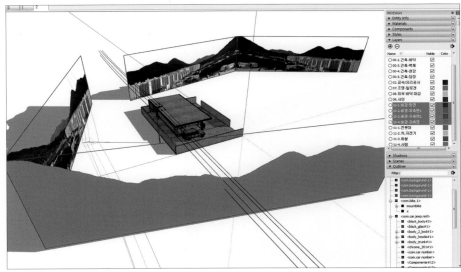

화면 회전, 축소 – 배경 컴포넌트 위치 확인

| 알아두기 | **배경 컴포넌트 레이어 지정**

배경 컴포넌트를 복사해 배치했으면 여러 개의 레이어에 각각 지정해야 합니다. 보는 장면에 따라 배경 컴포넌트의 위치가 달라야 하기 때문에 하나의 레이어로 지정하는 것이 아니라 각각의 레이어로 지정해 장면별로 레이어 설정(체크 또는 체크 표시를 해제)을 다르게 하는 것이 실무 작업에 효율적입니다.

4 | 장면 설정[테스트 - 1 장면 참조]

[0 장면] 탭을 클릭합니다. 1 장면을 참조해 장면을 설정한 다음 0-1번 장면을 추가합니다.

[0 장면] 탭 클릭

장면 설정 - 0-1 장면 추가

1 화면의 각도(화각)을 확인하기 위해 확인 Camera 도구 모음 ( )의 Zoom 도구( )를 클릭합니다. Zoom 도구는 화면을 확대, 축소하고 화각을 확인할 수 있는 도구입니다. 화면 우측 하단의 수치 입력 창인 VCB 창의 수치값을 확인합니다. 설정된 35.00도는 스케치업의 기본 화각입니다.

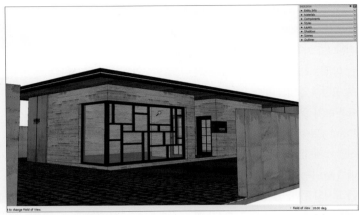

Zoom 도구 선택 – 화각 확인

2 키보드로 '55'를 입력하고 Enter 를 눌러 화면의 화각을 55도로 설정합니다. 모델이 35도로 설정됐을 때보다 광각으로 표현되는 것을 확인할 수 있습니다.

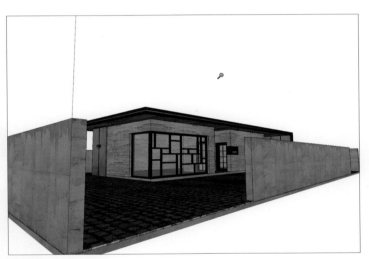

키보드로 '55' 입력 – Enter

3 화면을 확대해 배치합니다.

화면 확대

4 스케치업 메뉴의 [Camera – Two-Point Perspective]를
클릭해 사선으로 표현되는 세로 방향의 선을 수직선으로 표현합
니다. 위에서 바라보는 시점인 아이소 장면을 제외하고 실내 투시도,
외부 투시도 장면은 무조건 Two-Point Perspective로 장면을 설
정한다고 기억하기 바랍니다. Two-Point Perspective로 설정하
는 이유는 기울어져 사선으로 표현되는 세로 방향의 선들을 수직선으
로 표현해 장면을 보다 안정감 있게
표현하기 위해서입니다. Two-
Point Perspective로 장면을 설정
하면 스케치업 그리기 영역 좌측 상단
에 Two Point Perspective 문구
가 표시되며 화면을 상, 하, 좌, 우로
이동할 수 있는 Pan 도구( )가 활
성됩니다.

세로 방향의 선들이 수직선으로 표현됨

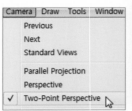
Camera – Two-Point
Perspective 클릭

5 눈높이가 낮게 설정돼 있기 때문에 Pan 도구( )를 클릭한 채
로 아래로 드래그해 눈높이를 조절합니다.

화면을 아래로 내림

6 스케치업 [Scenes] 창에서 Add Scenes 아이콘( )을 클릭해
장면을 추가하고 장면 이름에 '0-1'을 입력합니다.

이처럼 장면을 설정할 때는 화면의 화각 설정, Two-Point
Perspective 설정, 눈높이 설정 이 세 가지(장면 설정의 3원칙)를
꼭 기억해 적용하기 바랍니다.

장면 추가 아이콘 클릭

장면 이름 입력

5 | 렌더링 크기 설정

렌더링 크기를 '1200'으로 설정합니다.

6 | 재질값 설정 후 렌더링[테스트 - 1번 이미지 참조]

참조 이미지를 보고 스케치업 화면(그리기 영역)에서 바로 렌더링이 진행되는 Viewport Render 도구(🫖)를 활용해 부식 철판에 매핑돼 있는 02-2. rust metal, 금속 프레임에 매핑돼 있는 02-1.frame color, 유리에 매핑돼 있는 02.glass, 로고에 매핑돼 있는 09.logo 메트리얼의 재질값을 설정한 다음 렌더링❶합니다. 다음 과정부터는 본문 내용에 Viewport Render가 적혀 있지 않더라도 Viewport Render를 활용하면서 렌더링합니다.

재질값 설정 - 렌더링

1 Viewport Render 도구(🖼)를 클릭해 뷰포트 렌더링을 진행하면서 참조 이미지와 차이점을 확인합니다.

뷰포트 렌더링

2 [V-Ray Asset Editor] 창의 [Materials] 옵션 창에서 02-2.rust metal 메트리얼을 선택합니다. [VRayBRDF] 레이어 탭의 [Reflection] 옵션 탭을 확장시키고 반사를 표현하기 위해 [Reflection Color] 옵션을 활성합니다. 화이트 도트 현상을 제어하기 위해 [Highlight Glossiness] 옵션에 체크 표시를 하고 반사값을 설정하기 위해 [Reflection Glossiness] 옵션의 수치값을 '0.8'로 설정합니다.

반사 활성 – Highlight Glossiness 체크 – 반사값 '0.8' 입력

3 [Materials] 옵션 창에서 02-1.frame color 메트리얼을 선택한 후 [VRayBRDF] 레이어 탭의 Reflection 옵션 탭을 확장합니다. 반사를 표현하기 위해 [Reflection Color] 옵션을 활성하고 [Highlight Glossiness] 옵션에 체크 표시를 한 후 반사값을 설정하기 위해 [Reflection Glossiness] 옵션의 수치값을 '0.85'로 설정합니다.

반사 활성 – Highlight Glossiness 체크 – 반사값 0.85 입력

4 [Materials] 옵션 창에서 02.glass 메트리얼을 선택합니다.
[VRayBRDF] 레이어 탭의 [Reflection] 옵션 탭을 확장하고
반사를 표현하기 위해 [Reflection Color] 옵션을 활성하고 굴절을
표현하기 위해 [Refraction Color] 옵션을 활성합니다.

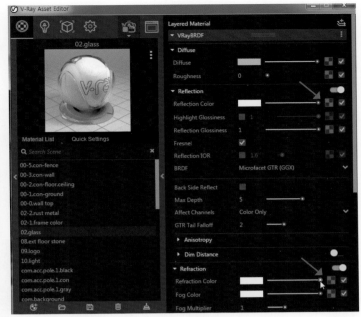

반사 활성 – 굴절 활성

5 [Materials] 옵션 창에서 09.logo 메트리얼을 선택합니
다. 배경을 투명하게 표현하기 위해 [VRayBRDF] 레이
어 탭의 [Opacity] 옵션 탭을 확장한 다음 [Custom
Source] 옵션을 활성합니다.

[Custom Source] 옵션 활성

6 뷰포트상에서 재질감을 확인한 후 활성돼 있는
Viewport Render 도구(🖳)를 클릭해 비활성합니다.
Render 도구(🔄)를 클릭해 렌더링합니다.

도구 클릭해 뷰포트 렌더링 종료

7 | vrmat 불러오기

[Materials] 옵션 창에서 왼쪽의 펼침/닫힘 아이콘(▶/◀)을 클릭해 [Categories] 창을 나타냅니다. Glass 폴더를 선택하고 Glass.vrmat를 선택한 다음 클릭한 채로 Material List로 드래그해 Material List에 추가합니다.

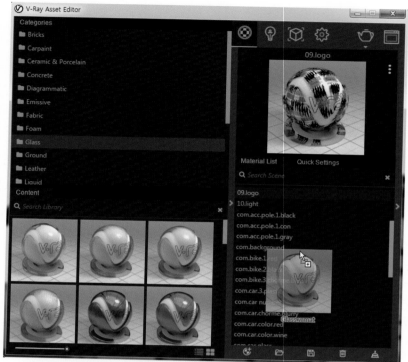

[Categories] 창 나타냄 – Glass 폴더 선택 – Glass.vrmat 선택 – 클릭한 채로 드래그

8 | 객체 매핑

[Outliner] 창의 Filter 항목에서 '유리'를 입력해 그룹 이름에 유리가 포함된 그룹을 필터링합니다. '02. 유리 – 10mm 강화 – 정면 – 좌측' 그룹을 선택하고 Ctrl 을 누른 상태에서 나머지 그룹들도 다중 선택합니다. [Materials] 옵션 창에서 Glass 메트리얼을 선택하고 우클릭해 나타나는 확장 메뉴 중 선택한 객체를 매핑하는 Apply To Selection을 클릭합니다.

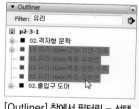

[Outliner] 창에서 필터링 – 선택

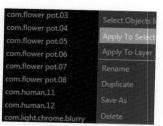

[Apply To Selection] 클릭

9 | 확인

스케치업 모델을 확인해보면 Glass. vrmat로 선택한 유리 그룹이 모두 매핑된 것을 알 수 있습니다. 이처럼 vrmat는 사용자가 일일이 재질값(반사, 굴절, 범프, 기타)을 설정하지 않아도 재질에 맞는 고유한 재질감을 표현하기 때문에 효율적으로 사용할 수 있습니다.

스케치업 모델 확인

10 | 렌더링

렌더링②합니다.

렌더링

vrmat 정리

저자의 경우에는 제공되는 vrmat를 모두 렌더링 테스트를 해 미리 보기 이미지를 만들어놓고 활용하고 있습니다. 이렇게 정리해놓으면 해당 vrmat의 재질감을 미리 알 수 있기 때문에 작업에 효율적입니다. 작업 중인 모델에서 렌더링을 하면서 확인하는 것이 아니라 미리 테스트한 미리 보기 이미지를 보고 가장 적합한 vrmat를 사용한다는 의미입니다.

Glass

Glass.vrmat

Glass_Bumpy_01_10cm

Glass_Bumpy_01_10cm.vrmat

Glass_Bumpy_03_10cm.[참조-1]cloth 맵 지정됨. 리피트 1

Glass_Bumpy_03_10cm.vrmat

Glass_Coated_Black

Glass_Coated_Black.vrmat

Glass_Coated_Blue

Glass_Coated_Blue.vrmat

Glass_Coated_Red

Glass_Coated_Red.vrmat

Glass_Crystal.[참조]헌더타일 김

Glass_Crystal.vrmat

Glass_Dirty_A01_40cm.[참조]매핑크기 400

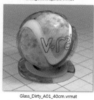
Glass_Dirty_A01_40cm.vrmat

Glass_Frosted

Glass_Frosted.vrmat

Glass

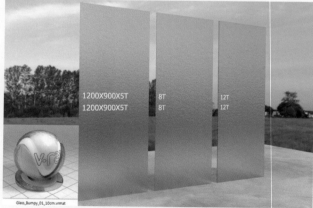
상세 이미지: Glass_Bumpy_01_10cm.vrmat

상세 이미지: Glass_Pattern_A03_10cm.vrmat

각 이미지 캡션:

Flooring_Laminate_A_Narrow_250cm.[참조]매핑 크기 2500 | Flooring_Laminate_A_Narrow_250cm.vrmat | Flooring_Laminate_B_Narrow_250cm.[참조]매핑 크기 2500 | Flooring_Laminate_B_Narrow_250cm.vrmat | Flooring_Laminate_D_Narrow_250cm.[참조]매핑 크기 2500 | Flooring_Laminate_D_Narrow_250cm.vrmat

Flooring_Parquet_Geometric_B01_120cm.[참조]매핑크기 1200 | Flooring_Parquet_Geometric_B01_120cm.vrmat | Flooring_Parquet_Herringbone_C01_120cm.[참조]매핑크기 1200 | Flooring_Parquet_Herringbone_C01_120cm.vrmat | Laminate_D02_120cm.[참조]매핑크기 1200 | Laminate_D02_120cm.vrmat

Wood_Planks_A02_100cm.[참조]매핑크기 1000 | Wood_Planks_A02_100cm.vrmat | Wood_Planks_A03_100cm.[참조]매핑크기 1000 | Wood_Planks_A03_100cm.[참조]스업화면 | Wood_Planks_A03_100cm.vrmat | Wood_Planks_B01_100cm.vrmat

Wood & Laminate

상세이미지: Flooring_Laminate_D_Narrow_250㎝.vrmat

상세이미지: Laminate_D02_120㎝.vrmat

vrmat은 스케치업 브이레이를 설치하면 아래의 경로에 자동으로 저장됩니다.

C:\Program Files\Chaos Group\V-Ray\V-Ray for SketchUp\extension\materials

11 | Outliner 창 닫기

[Outliner] 창의 Filter 항목에 입력한 글자를 지워 계층 구조가 모두 나타나게 한 다음 [Outliner] 창 탭을 클릭해 [Outliner] 창을 닫습니다.

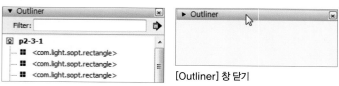

Filter 항목의 글자 삭제   [Outliner] 창 닫기

12 | 환경 맵 적용하기 [테스트 - 3번 이미지 참조]

참조 이미지를 보고 부록 CD(Program2/3강.Default Dome Light Texture.exr)에 있는 파일로 환경을 표현해서 렌더링❸합니다.

환경 맵 사용하기

해 설

1 환경 맵을 불러오기 위해 [Environment] 탭의 [Background] 옵션의 [활성 맵] 버튼(■)을 클릭합니다. Bitmap 타입을 선택하고 Default Dome Light Texture.exr 파일을 선택한 후 [열기] 버튼을 클릭합니다.

[Background] 옵션의 [활성 맵] 버튼(■) 클릭

Bitmap 타입 선택 - 파일 선택 - [열기] 버튼 클릭

2 환경으로 표현하기 위해 [Type] 옵션의 내림 버튼
(⌄)을 클릭해 Environment를 선택하고 [Back]
버튼을 클릭합니다. 환경 맵의 세기를 설정하기 위해
[Background] 옵션의 수치값에 '3'을 입력합니다.

입력

Type: Environment 선택

3 Viewport Render 도구(⬛)를 클릭한 후 뷰포트 렌더링해 참조 이미지의 하늘과 비교합니다.

뷰포트 렌더링 – 참조 이미지와 비교

4 환경 맵을 회전하기 위해 [Background] 옵션의 [활성 맵] 버튼(⬛)을 클릭합니다.

[Background] 옵션의 [활성 맵] 버튼(⬛) 클릭

5 [Rotate H] 옵션의 수치값을 '90'으로 입력하고 [Back] 버튼을 클릭합니다. 환경 맵의 방향을 확인하고 Viewport Render 도구(　)를 클릭해 뷰포트 렌더링을 중지한 다음 Render 도구(　)를 클릭해 렌더링합니다.

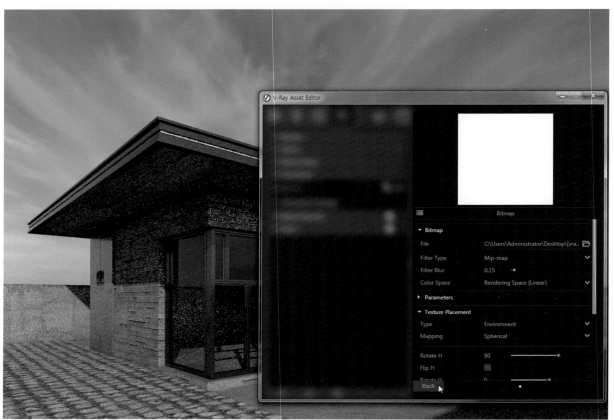

Rotate H: 90 입력 – [Back] 버튼 클릭 – 뷰포트 렌더링 중지 – 렌더링

| 알아두기 | **Material Override**

환경 맵의 느낌을 확인하려면 [Material Override] 옵션을 활성해 빠르게 렌더링하는 것도 효율적인 방법입니다.

13 | 반사 맵 적용하기

바닥에 물 고인 표현을 하기 위해 00-1.con-ground를 선택하고 [Reflection Glossiness] 옵션의 [비활성 맵] 버튼(■)을 클릭합니다.

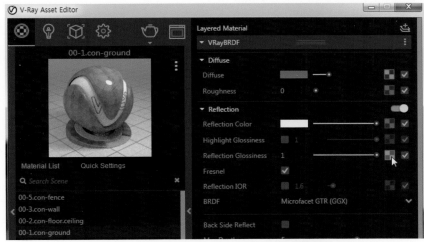

con-ground 선택 – [Reflection Glossiness] 옵션의 [비활성 맵] 버튼(■) 클릭

14 | 옵션 설정

Bitmap 타입을 선택하고 부록 CD(Program2/3강.water effect.jpg)에 있는 파일을 선택한 다음 [열기] 버튼을 클릭합니다. [Bitmap] 옵션 창에서 색 공간을 설정하는 [Color Space] 옵션의 내림 버튼(▼)을 클릭해 Rendering Space(Linear)로 선택하고 맵의 반복 횟수를 설정하기 위해 [Repeat U/V] 옵션의 수치값에 각각 '0.8'을 입력한 다음 [Back] 버튼을 클릭합니다.

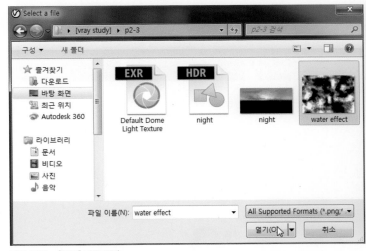

파일 선택 – [열기] 버튼 클릭

Color Space: Rendering Space(Linear) –
[Repeat U/V] 옵션 '0.8', '0.8' 입력 – [Back] 버튼 클릭

15 | 재질감 확인

재질감 미리 보기 타입을 Floor로 바꾸고 재질감을 확인합니다. 바닥의 물고임이 약하게 표현되는 것을 알 수 있습니다.

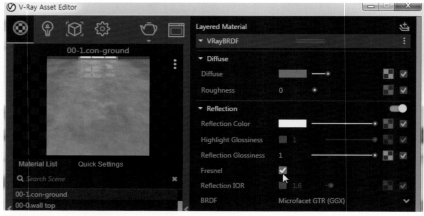

재질감 확인

16 | 옵션 설정

[Reflection] 옵션 탭의 기본적으로 체크 표시돼 있는 [Fresnel] 옵션을 클릭해 체크 표시를 해제합니다. 재질감을 확인해보면 물고임이 강하게 표현되는 것을 알 수 있습니다.

[Fresnel] 옵션 체크 표시를 해제

| 알아두기 | 미리 보기 방식

재질의 특성에 따라 미리 보기 방식을 다르게 해 확인하는 것이 효율적입니다.

Generic   Floor   Ground   Wall

17 | 렌더링

렌더링❹합니다. 렌더링 완료 이미지를 보면 반사의 세기가 강하게 표현된 것을 확인할 수 있습니다.

렌더링

18 | 반사 세기 조절

반사의 세기를 조절하기 위해 Reflection Color 색상 박스를 클릭합니다. [Color Picker] 창이 나타나면 R: 140, G: 140, B: 140을 입력하고 창을 닫습니다.

Reflection Color 색상 박스 클릭

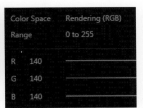

R: 140, G: 140, B: 140 입력

19 | 렌더링

렌더링❺합니다.

렌더링

20 | 옵션 수정

물고임의 범위를 더 넓게 표현하는 방법을
학습하겠습니다. [Reflection
Glossiness] 옵션의 [활성 맵] 버튼(■)
을 클릭하고 [Bitmap] 옵션 창의
[Parameters] 옵션 탭을 확장합니다.

[Reflection Glossiness] 옵션의 [활성 맵] 버튼(■) 클릭

[Color Manipulation] 옵션 탭을 확장하고 맵을 반전하는 [Invert Texture] 옵션을 활성한 후
[Back] 버튼을 클릭합니다.

[Invert Texture] 옵션 활성 – [Back] 버튼 클릭

21 | 렌더링

렌더링❻합니다.

렌더링

22 | 연산 데이터 파일 활용[테스트 - 7번 이미지 참조]

[2 장면] 탭을 클릭합니다. 참조 이미지를 보고 21번 과정에서 렌더링한 연산 데이터 파일을 활용해 2 장면을 렌더링❼합니다.

1 [Global Illumination] 탭을 확장한 후 [Irradiance Map] 모드를 Incremental Add to Map으로 설정하고 Light Cache의 연산 데이터 파일을 저장합니다. [Light Cache] 모드를 [From file]로 선택한 다음 저장한 연산 데이터 파일을 불러와 렌더링합니다.

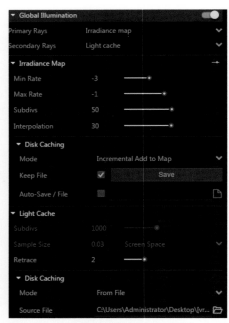

모드 설정 – 연산 데이터 파일 불러오기 – 렌더링

23 | 렌더링

이미지 품질을 올리기 위해 [Raytrace] 탭의 [Noise Limit] 옵션의 수치값을 '0.02'로 설정하고 렌더링❽한 다음 7번 이미지와 렌더타임 및 품질을 비교합니다. 렌더타임은 길어졌지만 이미지 품질은 더 좋아진 것을 확인할 수 있습니다.

렌더링

[From File] 모드와 [Incremental Add to Map] 모드의 차이점

연산 데이터 파일을 활용하면 이전 장면에서 저장한 연산 데이터 파일을 불러와 렌더링을 빠르게 진행할 수 있는 장점이 있습니다. 하지만 장면의 변화와 객체의 변화가 생겼을 경우 GI가 어색하게 표현되기 때문에 장면과 객체의 변화가 생겼을 경우에는 [Irradiance Map] 모드를 연산 데이터 파일을 불러오는 [From File] 모드가 아닌 [Incremental Add to Map] 모드를 설정해 렌더링해야 합니다. [Incremental Add to Map] 모드는 구석진 곳의 GI를 정밀하게 계산하지 못하는 약간의 단점이 있지만, 크게 문제되는 부분은 아닙니다.

[From File] 모드 – 추가된 객체의 GI가 올바르게 계산되지 않아 그림자(자동차, 사람)가 어색함

[Incremental Add to Map] 모드 – 올바르게 표현됨

24 | [VFB] 창 보정

[VFB] 창 왼쪽 하단에 있는 Show corrections control 아이콘(▣)을 클릭해 [VFB] 창 오른쪽에 [Color Corrections] 창을 나타냅니다. [White Balance] 옵션에 체크 표시한 후 '6000'을 입력하고 Enter 를 눌러 화이트밸런스를 보정합니다. [Level] 옵션에 체크 표시하고 오른쪽 화살표를 클릭한 채로 왼쪽으로 조금씩 드래그하면서 수치값이 +0.70 이 나올 때까지 이동시켜 밝기를 보정합니다. Save current channel 아이콘(▣)을 클릭해 이름을 '8-1.[VFB] 창 보정'으로 입력하고 bmp 파일 형식으로 저장한 다음 보정 전의 렌더링 이미지와 비교합니다. [White Balance] 옵션과 [Level] 옵션의 체크 표시를 해제하면 보정 전의 이미지가 [VFB] 창에 나타납니다.

아이콘 클릭 – 화이트 밸런스 보정 – 밝기 보정 – 저장

25 | 파일 저장

메뉴의 [File-Save As Copy]를 클릭합니다. [vray study] 폴더의 file 폴더로 저장 경로를 지정하고 파일 이름에 'p2-3-1.완성'을 입력한 다음 [저장] 버튼을 클릭해 저장합니다. p2-3-1.skp 파일은 저장하지 않고 닫습니다.

2 외부 투시도 야간 장면 렌더링하기

이번에는 인공조명을 배치하고 야간용 HDR 파일을 적용해 외부 투시도 야간 장면을 렌더링하겠습니다.

예|제|파|일| Program2/3강/p2-3-2 완|성|파|일| Program2/3강/p2-3-2.완성

1 | 렌더링

p2-3-2.skp 파일을 실행합니다. 스케치업 [Shadows] 창에서 그림자 시간을 확인하고 렌더링⑩합니다.

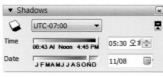
그림자 시간 확인

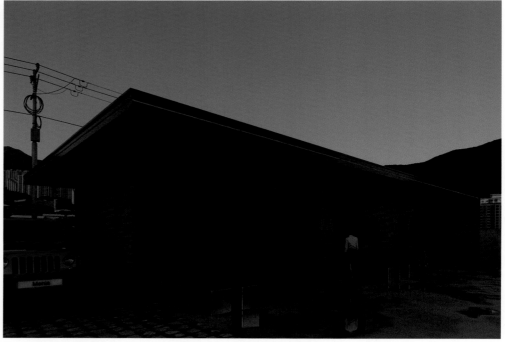
렌더링

2 | 조명 배치 후 렌더링[테스트 - 11번 이미지 참조]

참조 이미지를 보고 특정 메트리얼에 자체 발광 레이어를 추가하고 모델에 배치돼 있는 매입 할로겐 컴포넌트(com.light.spot)에 IES 라이트를 배치한 다음 렌더링⑪합니다.

렌더링

1 '10.light', 'com.light.emi' 메트리얼에 자체 발광(Emissive) 레이어를 추가합니다.

자체 발광 레이어 추가

2 IES 라이트를 배치할 com.light.spot 컴포넌트가 배치된 지점으로 화면을 확대하고 V-Ray Lights 도구 모음( )에 있는 IES Light 도구( )를 클릭합니다. [IES File] 창이 나타나면 부록 CD(Program2/3강.1.ies)에 있는 파일을 선택하고 [열기] 버튼을 클릭합니다.

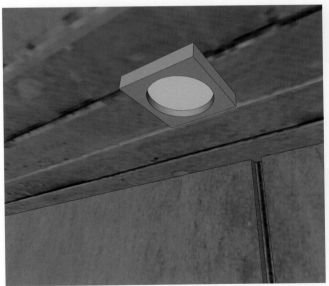

화면 확대

파일 선택 – [열기] 버튼 클릭

3 컴포넌트 중심점에 IES 라이트를 배치합니다. '15-1.IES 라이트' 레이어를 추가하고 IES 라이트 컴포넌트를 포함시킵니다.

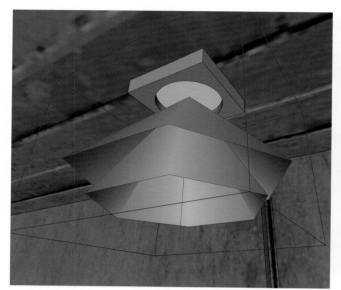

중심점에 배치

레이어 추가 / 지정

4 IES 라이트의 세기를 '900000'으로 설정합니다.

IES 라이트 세기 설정

5 모델에 배치된 com.light.spot 컴포넌트에 IES 라이트를 복사해 배치합니다. 바닥에 배치된 com.light.spot 컴포넌트에는 대칭 이동(Flip Along) 명령으로 회전시켜 배치합니다.

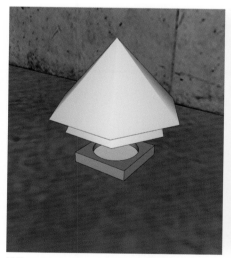

복사

Flip Along – Component's Blue 클릭

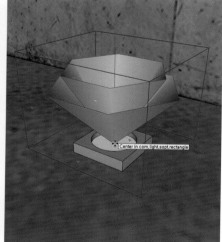

중심점에 배치

6 IES 라이트를 모델에 모두 배치한 다음 렌더링합니다.

Two Point
Perspective

IES 라이트를 모델에 모두 배치하기

3 | 환경 맵 적용

환경 맵을 불러오기 위해 [Environment] 탭의 [Background] 옵션의 [활성 맵] 버튼(■)을 클릭합니다. Bitmap 타입을 선택하고 부록 CD(Program2/3강.night.hdr)에 있는 파일을 선택한 다음, [열기] 버튼을 클릭합니다.

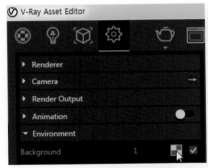

[Background] 옵션의 [활성 맵] 버튼(■) 클릭

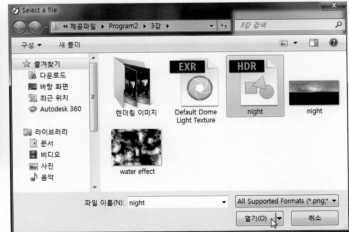

파일 선택 – [열기] 버튼 클릭

4 | 옵션 설정

환경으로 표현하기 위해 [Type] 옵션의 내림 버튼(▼)을 클릭해 Environment를 선택하고
환경 맵을 회전하기 위해 [Rotate H] 옵션에 '300'을 입력하고 [Back] 버튼을 클릭합니다.

Type: Environment 선택 – Rotate H: 300 입력

5 | 렌더링

렌더링⑫합니다.

6 | 옵션 설정

Irradiance map과 Light cache의 연산 데이터 파일을
저장해 불러오고 [Noise Limit] 옵션의 수치값을 '0.02'로
설정합니다.

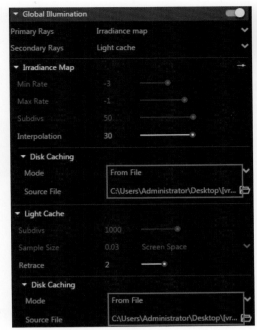

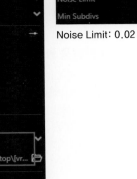

Noise Limit: 0.02

연산 데이터 파일 저장하고 불러오기

7 | 렌더링

렌더링⑬합니다.

8 | 파일 저장

메뉴의 [File – Save As Copy]를 클릭합니다. [vray study] 폴더의 file 폴더로 저장 경로를 지정하고 파일 이름은 'p2-3-2.완성'으로 입력한 다음 [저장] 버튼을 클릭해 저장합니다. p2-3-2.skp 파일은 저장하지 않고 닫습니다.

| 알아두기 | 야간 장면용 HDR 파일 사용

이 책에서는 그림자 시간을 야간으로 설정하고 야간 장면용 HDR 파일을 불러와 적용했지만, 그림자 시간 상관없이 SunLight를 비활성 하고 [Environment Overrides] 옵션 탭의 [GI(Skylight)] 옵션에 체크 표시하고 Background와 동일한 설정으로 HDR 파일을 적용해도 됩니다.

SunLight 비활성

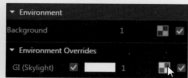

[GI(Skylight)] 옵션의 [Background] 옵션에 적용한 HDR 파일 적용

9 | 포토샵 실행

포토샵에서 렌더링 이미지를 보정하겠습니다. 포토샵을 실행시키고 부록 CD(Program2/3강.13.bmp)에 있는 파일을 불러온 다음 Ctrl + J 를 눌러 레이어를 복제합니다.

포토샵 실행 – 파일 불러오기 – 레이어 복제

10 | 흑백 만들기

흑백을 만드는 단축키인 Ctrl + Shift + Alt + B 를 눌러 이미지를 흑백으로 만듭니다. [흑백] 창의 [확인] 버튼을 클릭해 [흑백] 창을 닫습니다.

흑백 만들기

11 | 이미지 반전

Ctrl + I 를 눌러 이미지를 반전시킵니다.

이미지 반전

12 | 오버레이 모드

레이어 블랜딩 모드를 오버레이로 설정합니다.

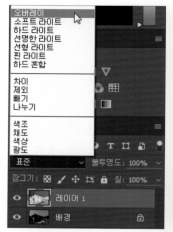

오버레이 선택

13 | 가우시안 흐림 효과

메뉴의 [필터-흐림 효과-가우시안 흐림 효과]를 선택합니다. [가우시안 흐림 효과] 창이 나타나면 반경을 '100'으로 입력하고 [확인] 버튼을 클릭합니다.

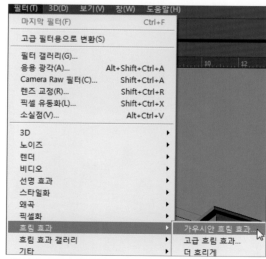

가우시안 흐림 효과 클릭

반경 '100' 입력 - [확인] 버튼 클릭

14 | 불투명도 설정

불투명도를 80%로 설정합니다.

불투명도 80% 설정

15 | 효과 지우기

단축키 E 를 눌러 지우개 도구를 활성하고 마우스 우클릭해 나타나는 옵션 창에서 크기는 100px 경도는 0% 부드러운 원을 선택한 다음 많이 밝아진 부식철판 부분을 클릭해 적용한 효과를 지웁니다.

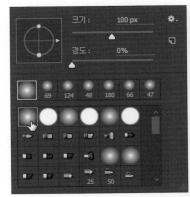

설정

클릭해 적용한 효과 지움

16 | 저장

Ctrl + E 를 눌러 레이어를 병합합니다. 메뉴의 파일-다른 이름으로 저장을 클릭해 경로를 지정하고 파일 이름은 '13-1.보정'이라고 입력한 다음 저장합니다. 저장한 폴더에서 보정 전과 후(13-1.보정)의 이미지를 비교합니다.

레이어 병합 - 다른 이름으로 저장

13

13-1.보정

이미지 비교

17 | 소프트 라이트 모드

Ctrl + J 를 눌러 레이어를 복제하고 레이어 블랜딩 모드를 소프트 라이트로 설정한 다음 불투명도를 20% 설정합니다.

레이어 복제 - 소프트 라이트 블랜딩 모드 선택 - 불투명도 20% 설정

18 | 저장

Ctrl + E 를 눌러 레이어를 병합합니다. 메뉴의 [파일-다른 이름으로 저장]을 클릭해 경로를 지정하고 파일 이름은 '13-2.보정'이라고 입력한 다음 저장합니다. 저장한 폴더에서 보정 전과 후(13-2.보정)의 이미지를 비교합니다. 포토샵의 파일은 닫습니다.

이미지 비교

| 알아두기 | **합성**

2강-4 마지막 과정처럼 Material Override 렌더링 이미지, 스케치업 히든 라인 스타일 출력 이미지를 포토샵에서 합성하면 재밌는 느낌으로 표현할 수 있습니다. 부록 CD(Program2/3강/포토샵)에 있는 이미지를 갖고 2강-4 마지막 과정을 참조해 합성해보기 바랍니다.

3 실내 투시도 주/야간 장면 렌더링하기

이번에는 인공조명이 없는 실내의 주간 장면과 인공조명이 배치된 실내의 야간 장면을 렌더링하겠습니다.

예|제|파|일| Program2/3강/p2-3-3 완|성|파|일| Program2/3강/p2-3-3.완성

1 | 파일 열고 장면 확인하기

p2-3-3.skp 파일을 실행합니다. [0 장면] 탭과 [2 장면] 탭을 클릭해 장면을 확인합니다. 0 장면은 인공조명 배치를 위해 '00-4.건축-천장' 레이어가 체크 표시를 해제된 장면이고 2 장면은 컴포넌트가 모두 배치된 장면입니다.

0 장

1 장면

2 | 렌더링

[1 장면] 탭을 클릭하고 렌더링 20 합니다.

렌더링

3 | 노출값 설정[21번 이미지 참조]

참조 이미지를 보고 노출값(Exposure Value)을 설정해 렌더링㉑합니다.

노출값 설정 - 렌더링

해 설

노출값을 설정하기 위해 [Settings] 옵션 창의 [Camera] 탭에 있는 Exposure Value 수치값을 '13'으로 설정하고 렌더링합니다.

| 알아두기 | 노출값

21번 렌더링 이미지를 확인해보면 실내 장면의 밝기는 적당한데 외부 장면은 너무 밝아 하늘이 거의 흰색으로 대부분 표현된 것을 알 수 있습니다. 실내 장면을 밝게 표현하기 위해 노출값을 내렸기 때문에 지극히 실제 같은 현상입니다. 현실에서 사용하는 Dslr 카메라 역시 노출값을 내리면 밝은 부분이 아주 밝게 사진이 찍힙니다.

Exposure Value: 13

4 | 이미지 확인

표시한 부분을 확인해보면 이미지에 각이 지는 계단 현상이 도드라져 보이는 것을 알 수 있습니다.

계단 현상 확인

5 | 안티앨리어싱 필터 수정[테스트 - 22번 이미지 참조]

참조 이미지를 보고 Antialiasing Filter 타입을 부드럽게 표현하는 타입으로 설정한 다음 렌더링㉒합니다.

렌더링

[Raytrace] 탭의 Switch To Advanced Settings 아이콘(■)을 클릭해 고급 옵션을 나타내고 Filter Size / Type을 부드럽게 표현하는 타입인 Area를 선택하고 렌더링합니다.

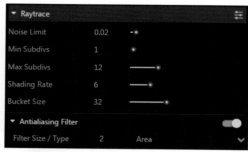

Area 타입 선택

6 | 이미지 비교

[VFB] 창에서 3번 과정에서 렌더링한 이미지와 품질을 비교합니다. 계단 현상은 완화됐고 이미지가 부드럽게 표현됐으며 렌더타임도 줄어든 것을 확인할 수 있습니다. 이처럼 Area 타입은 이미지를 부드럽게 표현해 계단 현상을 완화시키고 렌더타임을 줄입니다.

[VFB] 창에서 이미지 비교

계단 현상

기본 노출값(Exposure Value:14.24)으로 렌더링한 20번 이미지는 계단 현상이 조금 확인되고, 실내를 밝게 표현하기 위해 노출값을 수정 (Exposure Value:13)한 21번 이미지는 많이 확인됩니다. 화면을 축소해 멀리서 렌더링하면 잘 확인되지 않지만, 예제 파일처럼 확대해 가까이서 렌더링하면 사선 부분의 계단 현상이 쉽게 확인됩니다.

20번 이미지: 계단 현상 없음

21번 이미지: 계단 현상 발생

계단 현상이 발생했을 경우 이미지의 품질을 올리는 [Raytrace] 탭의 [Noise Limit] 옵션 수치값을 내린다고 해서 완화되지 않습니다. [Noise Limit] 옵션은 노이즈를 제어하는 옵션이기 때문입니다. 계단 현상은 [Raytrace] 탭의 Antialiasing Filter 타입을 Area로 선택하면 완화시킬 수 있습니다.

제공된 파일은 Two-Point Perspective로 설정돼 있어 세로 방향의 선들이 수직선이기 때문에 계단 현상이 발생하지 않지만, 장면을 Perspective로 설정하면 세로 방향의 선들도 계단 현상이 발생하게 됩니다.

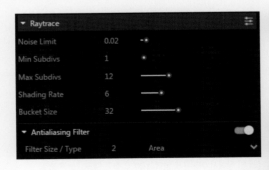

Perspective: 계단 현상 발생

7 | 메트리얼 색상 수정[테스트 - 23번 이미지, Program 3-2강 상세 기능 3 참조]

참조 이미지를 보고 바닥에 매핑된 '01.flooring' 메트리얼의 색상을 진하게 보정해 렌더링㉓합니다.

flooring' 메트리얼 색감 보정 – 렌더링

해 설

1 색상으로 매핑한 메트리얼의 색상은 스케치업 [Materials] 창이나 브이레이 [Materials] 옵션 창에서 색상을 수정할 수 있지만, 이미지(텍스처) 매핑한 메트리얼은 포토샵에서 수정해야 합니다. 스케치업 [Materials] 창에서 '01. flooring' 메트리얼에 마우스 포인터를 위치하고 우클릭해 나타나는 확장 메뉴 중 Edit Texture Image 명령을 클릭합니다. 포토샵에서 해당 메트리얼이 열리면 Ctrl + L 을 클릭해 [Level] 창을 나타내고 어두운색 영역의 수치값을 '100'으로 입력하고 [확인] 버튼을 클릭합니다.

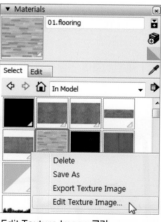

Edit Texture Image 클릭

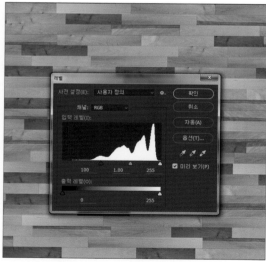

[레벨] 창에서 어두운색 영역 '100' 입력 – [확인] 버튼 클릭

2 포토샵에서 이미지를 저장한 다음 스케치업 화면에서 메트리얼 색상이 진하게 수정되는 것을 확인하고 렌더링합니다.

메트리얼 색상 확인 – 렌더링

8 | 최종 렌더링

주간 장면 최종 렌더링을 하기 위해 Noise Limit 수치값을 '0.02'로 설정하고 [2 장면] 탭을 클릭한 다음 렌더링㉔합니다.

Noise Limit '0.02'

[2 장면] 탭 클릭 – 렌더링

9 | 파일 저장

메뉴의 [File-Save As Copy]를 클릭합니다. [vray study] 폴더의 file 폴더로 저장 경로를 지정하고 파일 이름은 'p2-3-3.주간 장면 완성'으로 입력한 다음 [저장] 버튼을 클릭해 저장합니다.

10 | 옵션 설정

야간 장면을 렌더링하기 위한 옵션을 설정하겠습니다. Noise Limit 수치값을 0.05로 수정하고 Exposure Value 수치값도 기본값인 '14.24'로 수정합니다.

Noise Limit: 0.05

Exposure Value: 14.24

11 | 그림자 시간 설정

그림자 시간을 오후 여섯 시로 수정하고 2 장면을 업데이트합니다.

그림자 시간: 오후 여섯 시

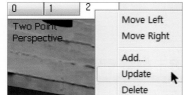

2 장면 업데이트

12 | 렌더링

렌더링㉕합니다.

렌더링

13 | IES 라이트 배치[테스트- 26번 이미지 참조]

참조 이미지를 보고 [0 장면] 탭을 클릭해 모델 천장에 배치돼 있는 'com.rail spot' 컴포넌트에 IES 라이트를 각각 배치하고 2 장면을 렌더링㉖합니다.

해 설

1 [0 장면] 탭을 클릭하고 com.light.rail spot(2400x2400) 컴포넌트를 더블클릭해 편집 모드로 만듭니다. '원통조명' 컴포넌트를 더블클릭해 편집 모드로 만듭니다. 이때 주의할 점은 아래 이미지와 같은 위치의 '원통조명' 컴포넌트를 더블클릭해야 한다는 것입니다.

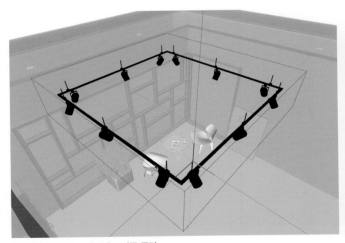

[0 장면] 탭 클릭 – 컴포넌트 더클 클릭

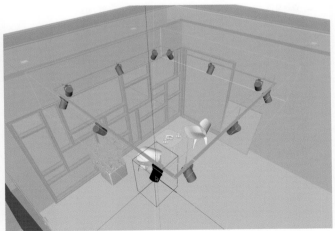

'원통조명' 컴포넌트 더블클릭해 편집 모드 만듦

2 선택한 '원통조명' 컴포넌트가 잘 보이게 화면을 확대, 이동하고 작업의 효율성을 위해 장면을 추가한 다음 장면 이름을 '0-1'로 입력합니다.

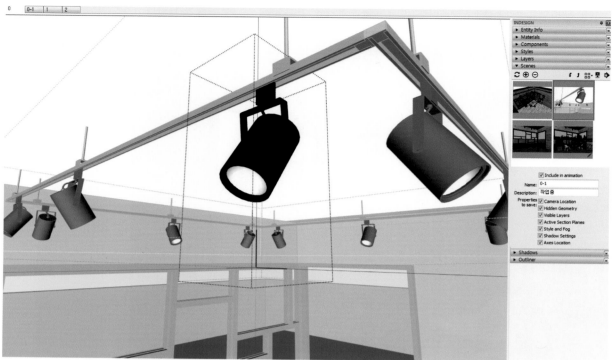

화면 확대, 이동 – 장면 추가 – 장면 이름 입력

3 V-Ray Lights 도구 모음(   )에 있는 IES Light 도구(↑)를 클릭합니다. [IES File] 창이 나타나면 부록 CD(Program2/3강.1.ies)에 있는 파일을 선택하고 [열기] 버튼을 클릭합니다.

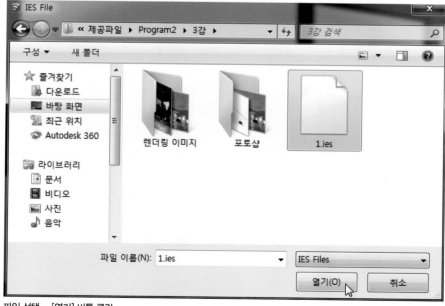

파일 선택 – [열기] 버튼 클릭

4 아래 이미지를 참조해 IES 라이트를 배치합니다. 나머지 '원통조명' 컴포넌트에도 자동으로 배치되는 것을 확인할 수 있습니다. '원통조명'모델이 그룹이였으면 일일이 하나씩 배치해야 하지만, 컴포넌트이기 때문에 한 번에 효율적으로 배치할 수 있습니다. 지난과정에서 일일이 하나씩 복사한 이유는 본 과정에서 학습하는 컴포넌트의 특성과 중요성을 인식시키기 위함입니다. 처음부터 이 방식을 설명하면 컴포넌트의 효율성을 잘 기억하지 못하기 때문이기도 합니다.

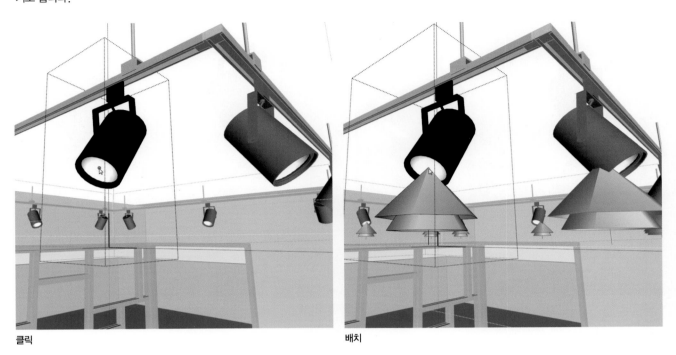

클릭   배치

5 Select 도구( )로 IES 라이트를 클릭해 선택합니다. 보통 객체를 회전시킬 때 Rotate 도구( )를 사용하지만, IES 라이트는 평면으로 모델링된 객체가 아니기 때문에 축의 방향으로 기준점을 잡기가 번거로워 Move 도구( )로 회전시키는 방법이 효율적입니다. Move 도구( )를 선택하고 IES 라이트의 측면에 위치시키면 십자 모양의 그립이 나타납니다. 그립을 클릭하고 시계 반대 방향으로 회전시킵니다.

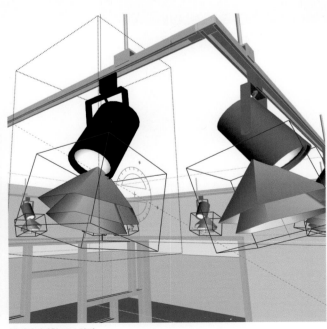

IES 라이트 선택 – Move 도구로 측면에 위치 – 빨간색 그립 클릭   시계반대방향으로 회전

6 키보드로 150을 입력하고 [Enter] 를 눌러 150도 회전시킵니다. Move 도구(✛)를 이용해 '원통조명' 중간에 IES 라이트를 배치합니다. 정확한 지점 에 배치할 수 없기 때문에 아래 이미지를 참조해 적당한 위치에 배치합니다.

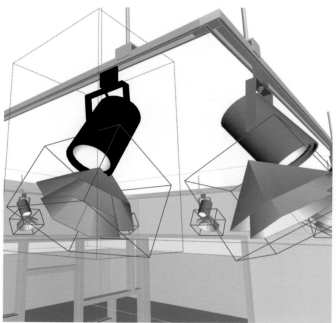

150도 회전

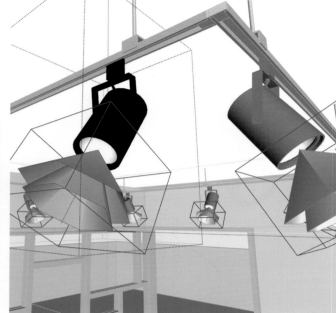

이동해서 배치

7 [Lights] 옵션 창에서 IES 라이트의 세기를 '300000'으로 설정합니다.

Intensity: 300000

8 'com.light.emi' 메트리얼에 자체 발광 레이어를 추
가하고 [2 장면] 탭을 클릭해 렌더링합니다.

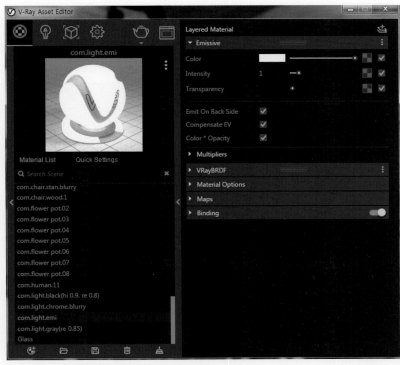

com.light.emi 메트리얼에 자체 발광 레이어 추가

14 | 세로 렌더링

지금까지는 가로 길이가 길게 렌더링을 했습니다. 기본적으로 가로 방향으로 렌더링을 많이 하지만, 세로 방향으로 하는 경우도 있습니다. [Render
Output] 탭의 [Aspect Ratio] 옵션을 4:5-Portrait로 설정합니다. 스케치업 화면에 렌더링 되는 영역을 표시하기 위해 [Safe Frame] 옵션을 활성하
고 가로 크기를 '1000'으로 설정합니다.

Aspect Ratio: 4:5-Portrait 선택

Safe Frame 활성 – 가로 크기 '1000' 입력

15 | 화각 확인

스케치업 화면에 렌더링되는 영역이 표시되는 것을 확인할 수 있습니다. 화면의 화각을 확인하기 위해 Zoom 도구(🔍)를 클릭해 화각을 확인합니다.

렌더링 영역 확인 – 화각 확인

16 | 화각 설정

'50'을 입력하고 Enter 를 눌러 화각을 '50도'로 설정합니다.

50입력 – Enter

17 | 장면 설정

메뉴의 [Camera-Two Point Perspective]를 클릭해 Two Point로 장면을 설정하고 '3' 장면을 추가합니다.

Two Point Perspective 장면 추가

18 | 품질 설정

Noise Limit 수치값을 '0.02'로 설정하고 렌더링 ㉗합니다.

Noise Limit: 0.02

| 알아두기 | 가로, 세로 비율 임의로 설정하기

가로, 세로 비율을 임의로 설정하려면 [Aspect Ratio] 옵션을 Custom으로 선택하고 Aspect Width/Height의 수치값을 입력해 가로, 세로 비율을 설정하면 됩니다.

렌더링

19 | 색 번짐 제어

조명의 빛으로 인해 색 번짐이 발생했기 때문에 [Color Correction] 창의 [White Balance] 옵션을 체크하고 '5500'을 입력한 후 Enter 를 눌러 색 번짐을 제어합니다.

White Balance: 5500

20 | 이미지 저장

[VFB] 창의 Save current channel 아이콘(□)을 클릭해 이름은 '27-1.화이트 밸런스 보정'으로 입력하고 저장한 다음 이전의 이미지와 비교합니다.

이미지 저장 - 비교

> | 알아두기 | **색상 보정**
>
> 본문 내용은 [White Balance] 옵션만 수정해 색감을 보정했지만, [Color Correction] 창의 다른 옵션으로 이미지를 보정해 옵션의 특성을 이해하는 것도 효율적인 학습방법입니다.

21 | 렌즈 이펙트 효과

이미지를 부드럽게 보정하기 위해 [VFB] 창 하단의 Open lens effects settings 아이콘(▦)을 클릭합니다. Bloom Effect를 표현하기 위해 On 옵션에 체크 표시하고 Glare Effect를 표현하기 위해 On 항목에 체크 표시합니다.

Bloom Effect 체크 – Glare Effect 체크

22 | 옵션 설정

아래의 이미지를 참조해 수치값을 입력한 다음 이미지를 '27-2'이름으로 저장해 이전의 이미지와 비교합니다. 개인적인 시각에 따라 다양하게 보정할 수 있기 때문에 제시된 수치값은 참조만 하고 여러 옵션의 수치값을 수정하면서 이미지의 변화를 확인하고 비교해봅니다. [Bloom Effect] 옵션과 [Glare Effect] 옵션의 체크 표시를 해제합니다.

23 | 파일 저장

메뉴의 [File-Save As Copy]를 클릭합니다. [vray study] 폴더의 file 폴더로 저장 경로를 지정하고 파일 이름은 'p2-3-3.야간 장면 완성'으로 입력한 다음 [저장] 버튼을 클릭해 저장합니다. p2-3-3.skp 파일은 저장하지 않고 닫습니다.

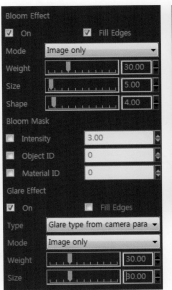

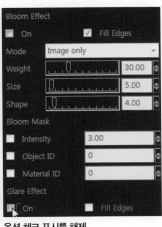

옵션 체크 표시를 해제

수치값 입력 – 이미지 저장 – 비교

브이레이 도구 모음 및

[V-Ray Asset Editor]

창 알아보기

이번에는 V-Ray for SketchUp 도구 모음에 있는
각종 도구의 사용법과 브이레이의 전반적인 옵션을 설정하는
[V-Ray Asset Editor] 창의 구성 요소에 대해 알아보겠습니다.
이 과정은 지루할 수 있기 때문에 Program 1,
Program 2 과정을 먼저 학습하기 바랍니다.

V-Ray for SketchUp
도구 모음 및
V-Ray 확장 메뉴 알아보기

1강

이번에는 V-Ray for SketchUp 도구 모음에 있는 각종 도구의 사용법에 대해 알아보겠습니다.

학습목표

스케치업 브이레이의 가장 기본적인 도구들이므로 각 도구의 특성과 사용 방법을 이해하기 바랍니다. 특히 Frame Buffer 도구 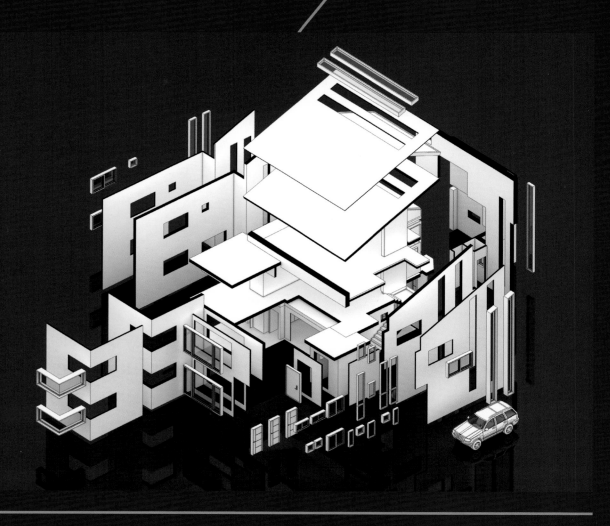 를 클릭해 나타나는 [V-Ray Frame Buffer] 창은 가장 많이 접하는 창이므로 창의 특성과 활용 방법을 숙지하기 바랍니다.

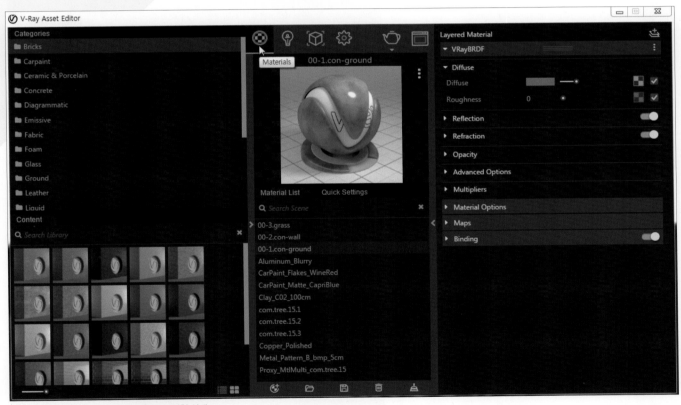

상세기능 1

Asset Editor 도구 알아보기

V-Ray for SketchUp 도구 모음(⟨아이콘⟩)에서 Asset Editor 도구(⟨아이콘⟩)를 클릭하면 브이레이 재질 설정, 조명 설정, 지오메트리 설정, 환경 설정 등을 하는 [V-Ray Asset Editor] 창이 나타납니다. 스케치업 브이레이의 가장 핵심적이고 중요한 창인 만큼 내용이 매우 많기 때문에 이 과정에서는 간략하게 알아보고 2~5강에서 자세하게 알아보겠습니다.

01 | Materials 아이콘 ◉

[V-Ray Asset Editor] 창에서 Materials 아이콘(◉)을 클릭하면 [Materials] 옵션 창이 나타나며, 스케치업에서 매핑한 메트리얼의 각종 재질감(반사, 굴절, 범프, 디스플레이스먼트, 기타)을 설정하거나 스케치업 브이레이 전용 메트리얼인 vrmat를 불러와 적용할 수 있습니다.

[Materials] 옵션 창: 좌, 우의 창을 모두 펼친 상태

| 알아두기 | **옵션 창 / 옵션 탭 열고 닫기**

[V-Ray Asset Editor] 창에서 좌, 우의 창을 펼치거나 닫으려면 펼침 / 닫힘 아이콘(▶/◀)을 클릭하고, 각종 탭이나 옵션 탭의 하부 옵션을 펼치거나 닫으려면 펼침 / 닫힘 화살표(▶/▼)를 클릭하면 됩니다.

02 | Lights 아이콘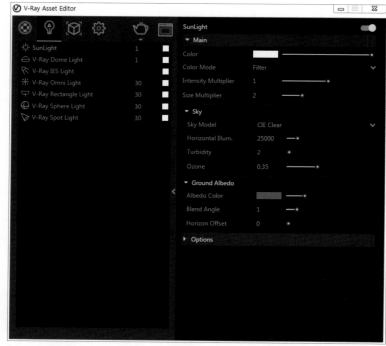

Lights 아이콘(🔆)을 클릭하면 [Lights] 옵션 창이 나타나며, 현재 모델에 있는 조명(SunLight, V-Ray Dome Light, V-Ray IES Light, V-Ray Omni Light, V-Ray Rectangle Light, V-Ray Sphere Light, V-Ray Spot Light)의 세부 옵션을 설정할 수 있습니다.

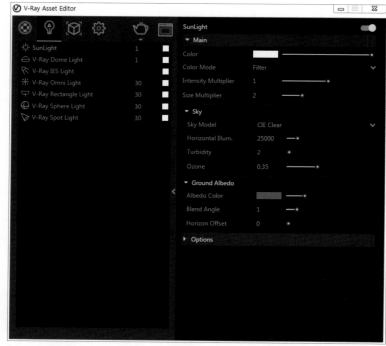

[Lights] 옵션 창

03 | Geometry 아이콘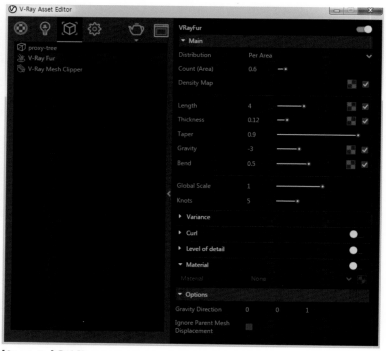

Geometry 아이콘(📦)을 클릭하면 [Geometry] 옵션 창이 나타나며, 특별한 목적(V-Ray Fur, proxy, V-Ray Mesh Clipper)으로 활용할 오브젝트들의 세부 옵션을 설정할 수 있습니다.

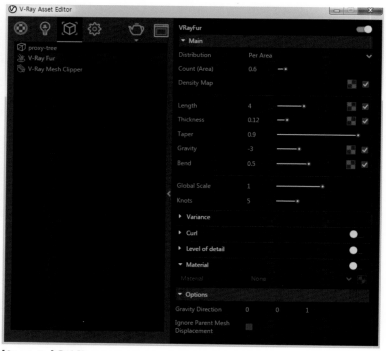

[Geometry] 옵션 창

04 | Settings 아이콘 ⚙️

Settings 아이콘(⚙️)을 클릭하면 [Settings] 옵션 창이 나타
나며, 브이레이의 각종 환경 설정을 할 수 있습니다.

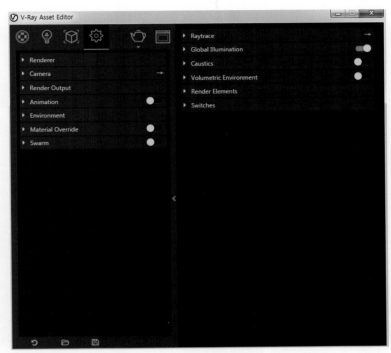

[Settings]

05 | Render with V-Ray 아이콘 🫖

Render with V-Ray 아이콘(🫖)을 클릭하면 아이콘에 빨간 박스(🫖)가 나타나면서 렌더링이 시작됩니다. 아이콘 아래의 버튼(▼)을 클릭하면 다양
한 방식으로 렌더링을 진행할 수 있습니다.

렌더링 방식 확인

❶ Render with V-Ray 아이콘(🫖)
일반적인 렌더링 방식입니다.

❷ Render with V-Ray Interactive 아이콘(🫖)
실시간으로 렌더링하는 방식입니다.

❸ Render with V-Ray Cloud 아이콘(☁️)
클라우드 렌더링 방식으로 사용자 컴퓨터로 렌더링을 진행하는 것이 아니라 카오스 그룹의 클라우드 렌
더링 서버에 접속해서 렌더링을 진행하는 방식입니다. 2018년 10월 현재 베타 서비스 기간이며 추후
에 정식 지원될 예정입니다.

❹ Export V-Ray Scene File 아이콘(⬛)
재질값 조명 설정 등의 데이터를 V-Ray Scene Files(.vrscene)로 저장합니다. V-Ray Scene
Files(.vrscene)을 사용하면 스케치업 브이레이뿐 아니라 3ds Max, Maya, Rhino 등의 브이레이
를 사용할 수 있는 다른 프로그램에서도 렌더링할 수 있습니다.

06 | Open V-Ray Frame Buffer 아이콘

Open V-Ray Frame Buffer(▦) 아이콘을 클릭하면 [VFB] 창이 나타납니다. [VFB] 창은 실시간으로 렌더링 진행 상황을 확인하고 렌더링 이미지를 보정할 수 있으며, 이전에 렌더링한 이미지를 확인하고 비교하는 등의 다양한 기능을 수행하는 창으로 [VFB] 창이라고 줄여서 부르기도 합니다.

[VFB] 창: [VFB] 창의 왼쪽은 렌더링 히스토리를 볼 수 있는 [VFB History] 창이며, 오른쪽 창은 렌더링 이미지를 보정할 수 있는 [Color Corrections] 창임

Render 도구 알아보기

렌더링을 진행하는 Render 도구(🫖)에 대해 알아보겠습니다.

01 | 렌더링하기

V-Ray for SketchUp 도구 모음()에서 Render 도구(🫖)를 클릭하면 렌더링 과정을 실시간으로 볼 수 있는 [VFB] 창이 나타나며 렌더링이 진행됩니다.

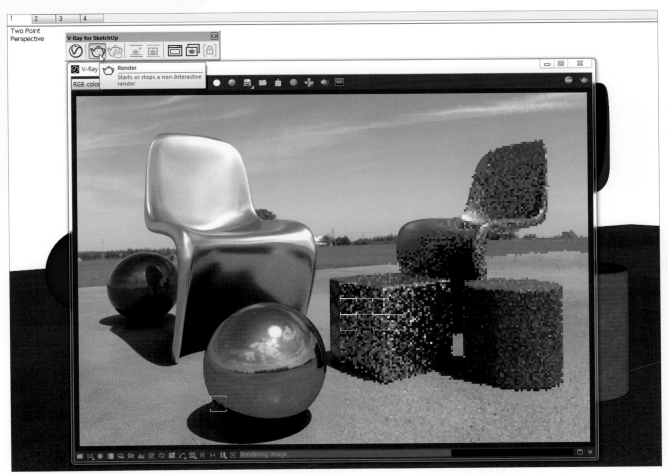

아이콘 클릭 - 렌더링이 진행됨

02 | 창 확인 [V-Ray Asset Editor]

렌더링이 시작되면 [V-Ray Asset Editor] 창에서는 Render with V-Ray 아이콘(⬛)에 빨간 박스가 표시되면서 렌더링 중임을 나타냅니다.

빨간 박스가 표시됨

03 | 다양한 렌더링 아이콘

렌더링을 시작하려면 아래의 세 가지 아이콘 중 하나를 클릭하면 됩니다.

1. V-Ray for SketchUp 도구 모음(⬛⬛⬛⬛⬛⬛)의 Render 도구(🫖)
2. [VFB] 창의 Render last 아이콘(⬛)
3. [V-Ray Asset Editor] 창의 Render with V-Ray 아이콘(⬛)

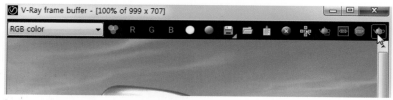

[V-Ray frame buffer] 창에서 아이콘 클릭

[V-Ray Asset Editor] 창에서 아이콘 클릭

04 | 렌더링 종료

렌더링을 종료하려면 아래 세 가지 방법 중 하나를 실행하면 됩니다.

1. V-Ray for SketchUp 도구 모음(⬛⬛⬛⬛⬛⬛)에서 활성돼 있는 Render 도구(🫖)를 클릭해 비활성
2. [V-Ray frame buffer] 창에서 Stop rendering 아이콘(⬛) 클릭
3. [V-Ray Asset Editor] 창의 Stop render 아이콘(⬛) 클릭

Stop rendering 아이콘 클릭

Stop render 아이콘 클릭

Render Interactive 도구 알아보기

상세기능 3

실시간 렌더링을 진행하는 Render Interactive 도구(📷)에 대해 알아보겠습니다.

01 | 실시간 렌더링하기

V-Ray for SketchUp 도구 모음(⚙️◎◉◎◎◎)에서 Render Interactive 도구(📷)를 클릭한 후 장면이나 환경을 수정하면 렌더링에 실시간으로 반영됩니다. 장면 전환과 환경의 변화를 빠르게 확인할 때 활용하는 기능입니다.

도구 클릭 - 렌더링   화면 회전 - 실시간으로 렌더링에 반영됨

02 | 렌더링 종료

렌더링을 종료하려면 아래 세 가지 방법 중 하나를 실행하면 됩니다.

1. V-Ray for SketchUp 도구 모음(⚙️◎◉◎◎◎)에서 활성돼 있는 Render Interactive 도구(📷)를 클릭해 비활성
2. [VFB] 창에서 렌더링 중에만 활성되는 Stop rendering 아이콘(🔲) 클릭
3. [V-Ray Asset Editor] 창의 Stop render 아이콘(🔲) 클릭

Viewport Render 도구 알아보기

스케치업 화면상에서 렌더링을 진행하는 Viewport Render 도구(🎬)에 대해 알아보겠습니다.

01 | 뷰포트 렌더링

V-Ray for SketchUp 도구 모음(🛠️)에서 Viewport Render 도구(🎬)를 클릭하면 스케치업 화면에서 바로 렌더링이 진행되며, 장면의 변화가 생기면 스케치업 화면상에서 바로 확인할 수 있습니다. 뷰포트 렌더링이 시작되면 실시간으로 렌더링이 진행되는 Render Interactive 도구(🔄)는 자동으로 활성됩니다.

아이콘 클릭 – 스케치업 화면에서 렌더링이 진행됨

화면 회전 – 스케치업 화면에서 실시간으로 반영됨

02 | 렌더링 종료

렌더링을 종료하려면 아래 세 가지 방법 중 하나를 실행하면 됩니다.

1. V-Ray for SketchUp 도구 모음( )에서 활성돼 있는 Viewport Render 도구( )를 클릭해 비활성
2. [VFB] 창에서 Stop rendering 아이콘( ) 클릭
3. [V-Ray Asset Editor] 창의 Stop render 아이콘( ) 클릭

뷰포트 렌더링 중에 V-Ray for SketchUp 도구 모음
( )의 Frame Buffer 도구( )를 클릭하면
[VFB] 창이 나타나는데, 이 창에서 뷰포트 렌더링 이미지를
확인하고 저장할 수 있습니다.

Viewport Render Region 도구 알아보기

상세기능 5

스케치업 화면에서 영역을 지정해 렌더링을 진행하는 Viewport Render Region 도구(▣)에 대해 알아보겠습니다.

01 | 뷰포트 영역 지정

뷰포트 렌더링 중에 V-Ray for SketchUp 도구 모음( )의 Viewport Render Region 도구(▣)를 클릭하고 렌더링 영역을 지정하면 지정한 영역만 뷰포트 렌더링이 됩니다.

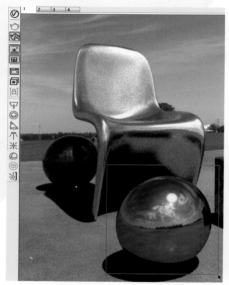
아이콘 클릭 – 영역 지정

지정한 영역만 뷰포트 렌더링이 진행됨

다른 영역 지정 – 지정한 영역만 렌더링이 진행됨

02 | 렌더링 종료

렌더링을 종료하려면 활성돼 있는 Viewport Render 도구(▣)를 다시 한 번 클릭해 비활성하면 됩니다.

상세기능 6

Frame Buffer 도구
알아보기

Frame Buffer 도구(⬚)를 클릭하면 나타나는 [VFB] 창의 구성 요소에 대해 알아보겠습니다.

V-Ray for SketchUp 도구 모음(⬚⬚⬚⬚⬚⬚⬚⬚⬚)의 Frame Buffer 도구(⬚)를 클릭하면 렌더링 진행 과정을 실시간 확인할 수 있는 [VFB] 창이 나타납니다. [VFB] 창은 [V-Ray Asset Editor] 창의 Open V-Ray Frame Buffer 아이콘(⬛)을 클릭해도 나타납니다.

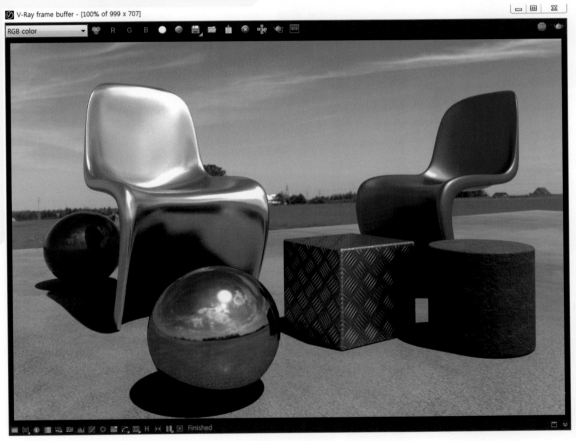

[VFB] 창

01 | 상단 아이콘 모음

[VFB] 창 상단에 있는 아이콘의 기능에 대해 알아보겠습니다.

1 | 내림 버튼 ▾

내림 버튼을 클릭하면 출력 형식을 확인할 수 있습니다. 기본 출력 형식은 RGB color와 Alpha 채널이며, [V-Ray Asset Editor] 창의 [Render Elements] 탭에서 채널을 추가하면 추가한 채널이 나타납니다.

[Render Elements] 탭에서 Lighting, Raw GI, Reflection, Shadows 채널 추가

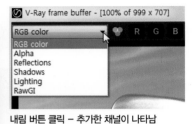

내림 버튼 클릭 – 추가한 채널이 나타남

| 알아두기 | **렌더링 중에 채널 확인하기**

렌더링 중에도 내림 버튼(▾)을 클릭해 특정 채널을 선택하면 특정 채널의 렌더링 이미지를 확인할 수 있습니다.

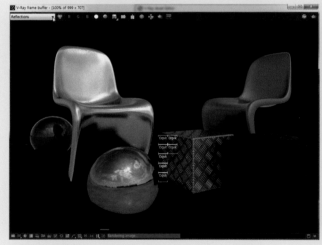

Reflection 채널

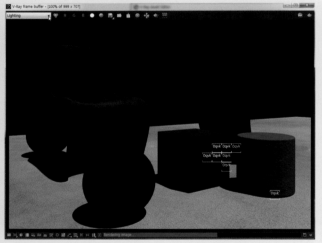

Lighting 채널

---

2 | Switch to RGB channel 아이콘 ⬤

RGB 채널로 렌더링 이미지를 나타냅니다.

3 | View red, green, blue channel 아이콘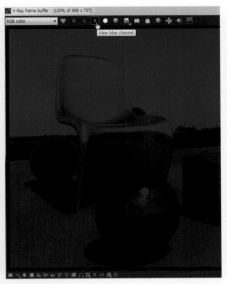

Red, Green, Blue 채널로 나타냅니다.

red channel

green channel

blue channel

4 | Switch to alpha channel 아이콘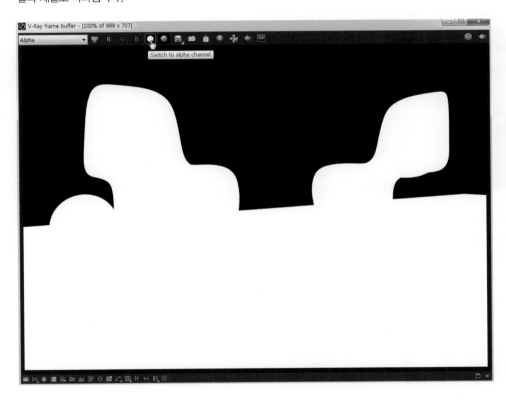

알파 채널로 나타냅니다.

5 | Monochromatic mode 아이콘

흑백으로 나타냅니다.

6 | Save current channel 아이콘 📟

현재의 채널 이미지를 한 장 저장합니다. 아이콘을 꾹 누르면 다양한 저장 방식을 선택할 수 있습니다.

- Save all image channel to separate file 아이콘(📟): 모든 채널 이미지를 저장합니다. 기본적으로는 RGB와 Alpha 채널이 저장되며 [Render Elements] 탭에서 추가로 출력 채널을 선택하면 선택한 모든 채널이 저장됩니다.
- Save all image channel to single file 아이콘(📟): 모든 채널 이미지를 한 개의 파일(exr or vrimg)로 저장합니다.

| 알아두기 | **vrimg, exr 파일 형식**

vrimg 파일 형식은 [Render Elements] 탭에서 추가한 모든 채널 이미지를 저장하고, [VFB] 창에서 Load image 아이콘()을 클릭해 불러올 수 있으며, 포토샵에서는 열리지 않습니다.

아이콘 클릭해 vrimg 파일 불러옴

모든 채널 이미지를 저장하고 있음

exr 파일 형식은 [VFB] 창과 포토샵에서 불러올 수 있습니다. 포토샵으로 불러올 경우 [OpenEXR 읽기 옵션] 창에서 '알파 채널로' 옵션에 체크한 후 [확인] 버튼을 눌러야 알파 채널이 생성됩니다.

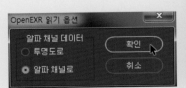

옵션 체크

알파 채널 생성

7 | Load image 아이콘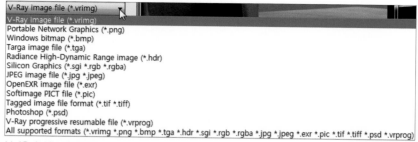

이미지 파일을 불러옵니다. 매우 다양한 파일 형식을 불러올 수 있으며, [Color Corrections] 창에서 색감, 밝기, 화이트밸런스 등의 다양한 보정을 할 수 있습니다.

V-Ray image file (*.vrimg)
V-Ray image file (*.vrimg)
Portable Network Graphics (*.png)
Windows bitmap (*.bmp)
Targa image file (*.tga)
Radiance High-Dynamic Range image (*.hdr)
Silicon Graphics (*.sgi *.rgb *.rgba)
JPEG image file (*.jpg *.jpeg)
OpenEXR image file (*.exr)
Softimage PICT file (*.pic)
Tagged image file format (*.tif *.tiff)
Photoshop (*.psd)
V-Ray progressive resumable file (*.vrprog)
All supported formats (*.vrimg *.png *.bmp *.tga *.hdr *.sgi *.rgb *.rgba *.jpg *.jpeg *.exr *.pic *.tif *.tiff *.psd *.vrprog)

불러올 수 있는 파일 형식

환경 맵으로 사용하는 HDR 파일을 불러온 경우

8 | Copy current channel to clipboard 아이콘

이미지 파일을 클립보드에 저장합니다.

9 | Clear image 아이콘

[VFB] 창에서 보이는 이미지를 삭제합니다.

10 | Follow mouse 아이콘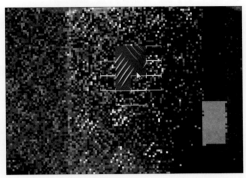

마우스 포인터가 위치하는 곳부터 렌더링을 진행합니다. 특정 부분을 먼저 확인하고자 할 경우에 유용하게 사용할 수 있습니다.

아이콘 클릭 - 마우스 위치시킴 - 마우스 포인터가 있는 곳부터 렌더링이 진행됨

11 | Region render 아이콘

아이콘을 클릭하고 마우스로 드래그해 영역을 지정하면 다음 렌더링 시에 지정한 영역만 렌더링됩니다. 특정 객체의 재질감을 수정했을 경우에 특정 객체만 렌더링할 수 있기 때문에 효율적입니다. 3.60.03 버전은 Link VFB to PDPlayer로 말풍선이 잘못 표기돼 있습니다.

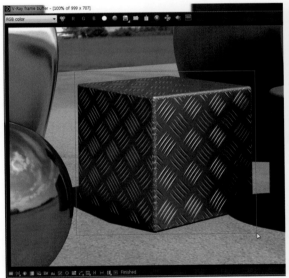

아이콘 클릭 - 영역 지정

지정한 영역만 렌더링이 진행됨

12 | Link VFB to PDPlayer 아이콘

렌더링 이미지를 PDPlayer에 링크시킵니다. 해당 기능을 사용하기 위해서는 PDPlayer가 설치돼 있어야 합니다. 3.60.03 버전은 Toggle test resolution으로 말풍선이 잘못 표기돼 있습니다.

13 | Stop rendering 아이콘

렌더링을 중지합니다.

14 | Render last 아이콘

렌더링을 시작합니다.

02 | 하단 아이콘 모음 ─────────────

[VFB] 창 하단에 있는 아이콘의 기능에 대해 알아보겠습니다.

1 | Show corrections control 아이콘 ▣

이미지를 보정할 수 있는 [Color Corrections] 창을 [VFB] 창 오른쪽에 나타냅니다.

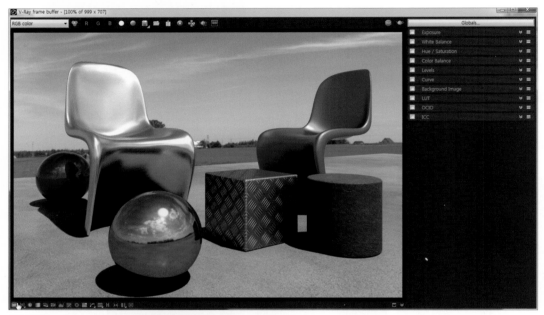

아이콘 클릭 − [Color Corrections] 창이 오른쪽에 나타남.

2 | Force color clamping 아이콘 ▣

8비트의 색 공간을 넘어가는 아주 밝은 부분의 색 영역을 나타냅니다. 아이콘을 꾹 누르면 View clamped colors 아이콘(▣)이 나타나며, 해당 아이콘을 클릭하면 흑백으로 확인할 수 있습니다.

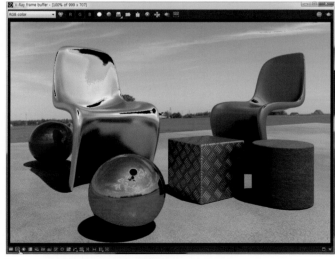

Force color clamping 아이콘 클릭

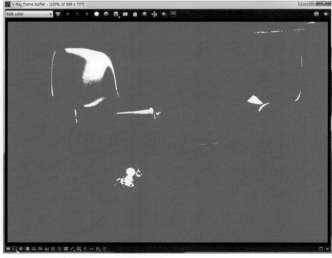

View clamped colors 아이콘 클릭

3 | Show Pixel information 아이콘 ⓘ

마우스 포인터가 위치하고 있는 위치의 픽셀 정보를 나타내는 [Pixel information] 창을 나타냅니다. 렌더링 이미지 위에 마우스 포인터를 올려놓고 우클릭해도 [Pixel information] 창이 나타납니다.

4 | Use White Balance correction 아이콘 ▨

화이트 밸런스 보정 기능을 사용합니다. 아이콘을 클릭하면 [Color Corrections] 창의 [White Balance] 옵션이 체크 표시가 되며 화이트 밸런스를 보정할 수 있습니다. 화이트 밸런스의 기본 수치값은 '6500'으로, 수치값을 내리면 차가운 느낌, 수치값을 올리면 따뜻한 느낌으로 보정됩니다.

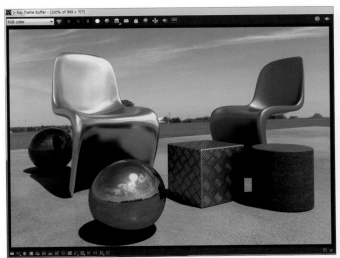

White Balance: 4500   White Balance: 9000

> | 알아두기 | **이미지 보정 탭의 하위 메뉴 열고 닫기**
>
> 이미지를 보정하는 [Color Correction] 창의 각 탭들은 타이틀을 클릭하면 열리고, 다시 클릭하면 닫힙니다.

5 | Use HSL color correction 아이콘 ▦

색조(Hue), 채도(Saturation), 명도(Lightness) 보정 기능을 사용합니다. 아이콘을 클릭하면 [Color Corrections] 창의 [Hue/Saturation] 옵션이 체크 표시되며 색조, 채도, 명도를 보정할 수 있습니다.

6 | Use Color Balance correction 아이콘 ▤

컬라 밸런스 보정 기능을 사용합니다. 아이콘을 클릭하면 [Color Corrections] 창의 [Color Balance] 옵션이 체크 표시되며 컬라 밸런스를 보정할 수 있습니다.

> | 알아두기 | **보정 전으로 되돌리기**
>
> 이미지를 보정하기 전으로 되돌리려면 [Color correction] 창에 있는 옵션 탭의 체크 표시를 해제하면 됩니다.

7 | Use colors level correction 아이콘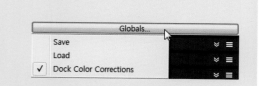

컬라 레벨 보정 기능을 사용합니다. 아이콘을 클릭하면 [Color Corrections] 창의 [levels] 옵션이 체크 표시되며, 포토샵의 [레벨] 창과 유사한 기능으로 밝기를 보정할 수 있습니다.

8 | Use colors curve correction 아이콘

컬라 커브 보정 기능을 사용합니다. 아이콘을 클릭하면 [Color Corrections] 창의 [Curve] 옵션이 체크 표시되며, 포토샵의 [커브] 창과 유사한 기능으로 보정할 수 있습니다.

| 알아두기 | **[Globals] 탭의 확장 메뉴**

[Color Corrections] 창의 상단에 있는 [Globals] 탭의 확장 메뉴에 대해 알아보겠습니다.

- Save: [Color Corrections] 창의 보정 정보를 Global Color Correction File(vccglb)로 저장합니다.
- Load: Global Color Correction File(vccglb)을 불러옵니다.
- Dock Color Corrections: [Color Corrections] 창의 위치를 고정(체크)하거나 고정하지 않습니다.

---

9 | Use exposure correction 아이콘

노출 보정 기능을 사용합니다. 아이콘을 클릭하면 [Color Corrections] 창의 [Exposure] 옵션이 체크 표시되며, 노출 보정을 할 수 있습니다.

10 | Use Background Image 아이콘

배경 이미지를 사용합니다. 아이콘을 클릭하면 [Color Corrections] 창의 [Background Image] 옵션이 체크 표시되며, [Load] 버튼을 클릭해 배경으로 사용할 이미지를 불러오면 배경 부분에 적용됩니다. [As Foreground] 옵션에 체크 표시를 하면 배경 이미지가 전경에 표시되며, [Keep image aspect] 옵션에 체크 표시를 하면 불러온 이미지의 원본 비율로 표시됩니다. 배경 이미지를 삭제하려면 [Clear] 버튼을 클릭하면 됩니다.

배경 이미지를 불러온 상태

11 | Display color in sRGB space 아이콘

sRGB 색 공간으로 이미지를 나타냅니다. 아이콘을 꾹 누르면 Use ICC correction 아이콘(▦)을 선택할 수 있고, [VFB] 창 우측의 [ICC] 옵션이 체크 표시되며, ICC 데이터 파일을 불러와 이미지를 보정할 수 있습니다.

12 | Use LUT correction 아이콘

LUT 보정을 사용합니다. 아이콘을 클릭하면 [VFB] 창 우측의 [LUT] 옵션이 체크 표시되며, LUT 데이터 파일을 불러와 이미지를 보정할 수 있습니다. 아이콘을 꾹 누르면 [Use OCIO correction] 아이콘(▦)을 선택할 수 있고, [VFB] 창 우측의 [OCIO] 옵션이 체크 표시되며, OCIO 데이터 파일을 불러와 이미지를 보정할 수 있습니다.

13 | Show VFB history window 아이콘

렌더링 히스토리를 볼 수 있는 [VFB history] 창을 [VFB] 창 왼쪽에 나타냅니다.

아이콘 클릭 – [VFB] 창 왼쪽에 [VFB history] 창 나타남

14 | Use pixel aspect 아이콘

pixel aspect 기능을 사용합니다.

15 | Stereo red/cyan 아이콘

색 공간을 red, cyan 색상으로 입체적으로 나타냅니다. 아이콘을 꾹 누르면 green, magenta 색상으로 나타내는 Stereo green/magenta 아이콘 (▦)을 선택할 수도 있습니다.

16 | Open lens effects settings 아이콘 ▦

렌즈 이펙트 효과를 사용합니다. 아이콘을 클릭하면 [VFB] 창 왼쪽에 보정 창이 나타나며, 이미지를 부드럽게 보정하는 [Bloom Effect], [Glare Effect] 옵션을 사용할 수 있습니다.

Bloom Effect, Glare Effect로 보정한 이미지

17 | Show the V-Ray messages window 아이콘 ▣

렌더링 진행 과정이 나타나는 [V-Ray Progress Window] 창을 나타냅니다. [V-Ray Progress Window] 창을 추후에 나타내지 않으려면 [V-Ray Progress Window] 창을 닫으면 됩니다.

아이콘 클릭 – [V-Ray Progress Window] 창이 나타남.

18 | Show stamp controls 아이콘 ☒

렌더링 정보를 표시하기 위한 하위 메뉴를 활성합니다.

19 | Apply stamp 아이콘 ☒

렌더링 정보를 입력하기 위한 탭을 활성합니다.

20 | Insert variables 아이콘 ☒

렌더링 정보가 나타나는 [Stamp variables window] 창을 나타냅니다.

21 | Align left 아이콘 ☒

렌더링 이미지에 표시되는 문자의 좌, 우 정렬 위치를 설정합니다. 아이콘을 꾹 누르면 정렬 위치 아이콘이 나타납니다.

22 | Align bottom 아이콘 ☒

렌더링 이미지에 표시되는 문자의 상, 하 정렬 위치를 설정합니다. 아이콘을 꾹 누르면 정렬 위치 아이콘이 나타납니다.

23 | Choose font 아이콘 ☒

글꼴을 선택합니다.

03 | [VFB history] 창의 아이콘 ———————

[VFB] 창의 Show VFB history window 아이콘(☒)을 클릭하면 [VFB] 창 왼쪽에 나타나는 [VFB history] 창에 있는 아이콘의 기능에 대해 알아보겠습니다.

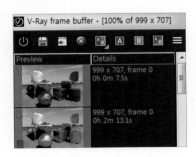

1 | Enable VFB history 아이콘 ☒

[VFB history] 창을 활성, 비활성합니다.

2 | Save 아이콘 ☒

렌더링 이미지를 [Render history] 창에 저장합니다.

3 | Load 아이콘 ☒

[Render history] 창에서 선택한 이미지를 [VFB] 창에 나타냅니다.

4 | Remove 아이콘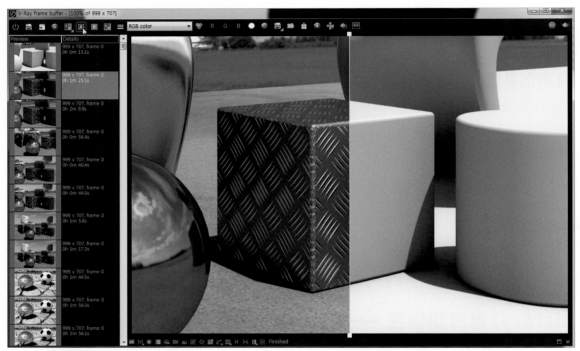

선택한 이미지를 삭제합니다.

5 | Compare horizontal 아이콘

[VFB history] 창에서 선택한 두 장의 렌더링 이미지를 슬라이드 바를 이용해 좌, 우로 비교합니다. 아이콘을 꾹 누르면 상, 하로 비교할 수 있는
Compare vertical 아이콘(　)을 선택할 수 있습니다.

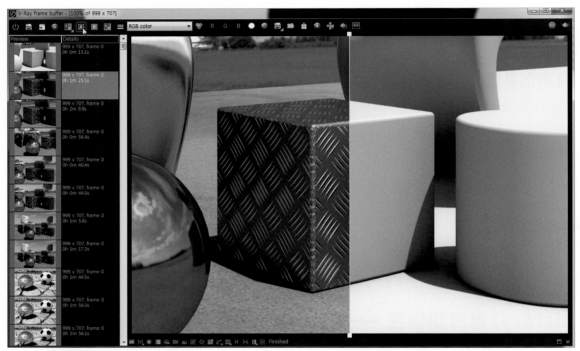

두 장의 렌더링 이미지 비교

6 | Set A 아이콘

[VFB] 창에서 두 장의 이미지를 비교할 때 선택한 이미지를 왼쪽에 배치합니다.

7 | Set B 아이콘

[VFB] 창에서 두 장의 이미지를 비교할 때 선택한 이미지를 오른쪽에 배치합니다.

8 | Swap A/B 아이콘

선택한 두 장의 위치를 바꿉니다.

9 | Settings 아이콘

확장 메뉴를 나타냅니다.

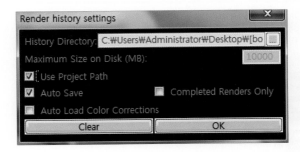

① History Settings

[Render history settings] 창을 나타냅니다.

- History Directory: 경로 지정 아이콘(▦)을 클릭해 렌더 히스토리 창에 저장되는 VRIMG 파일이 저장되는 경로(폴더)를 지정합니다.
- Maximum Size on Disk(MB): VRIMG 파일이 저장되는 폴더의 최대 용량을 설정합니다. 저장한 파일의 용량이 설정한 용량보다 커질 경우에는 가장 오래된 이미지부터 [VFB History] 창에서 자동 삭제됩니다.
- Use Project Path: 파일이 저장되는 경로를 고정합니다.
- Auto Save: 렌더링 이미지를 자동으로 저장합니다.
- Auto Load Color Corrections: 자동으로 색 보정을 합니다.
- Completed Renders Only: 렌더링이 완료된 이미지만 저장합니다.
- Clear: 렌더 히스토리에 저장된 모든 이미지를 삭제합니다. 유의할 점은 [VFB History] 창에 있는 모든 이미지가 한 번에 삭제되기 때문에 저장된 이미지가 많은 경우 삭제하는 시간이 오래 소요됩니다.
- OK: 설정한 옵션을 적용합니다.

② Dock History

[VFB history] 창의 위치를 고정(체크)하거나 고정하지 않습니다.

상세기능 7

Batch Render 도구 알아보기

장면을 순차적으로 렌더링하는 Batch Render 도구(⊡)에 대해 알아보겠습니다.

01 | 배치 렌더하기

V-Ray for SketchUp 도구 모음(⊙⊙⊙⊠⊡ ⊡⊞⊡⊡)의 Batch Render 도구(⊡)를 클릭하면 스케치업에서 설정돼 있는 모든 장면이 순차적으로 렌더링됩니다.

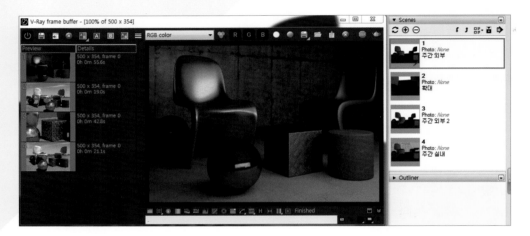

02 | 자동 저장

[V-Ray Asset Editor] 창 [Render Output] 탭의 [Save Image] 옵션 탭에서 설정한 경로와 파일 형식으로 자동 저장됩니다.

파일 경로 / 파일 형식 설정

자동 저장됨

| 알아두기 | 장면 제외

렌더링에 제외할 장면이 있으면 스케치업의 [Scenes] 창에서 제외할 장면을 선택한 후 스케치업 동영상 장면을 추가하는 [Include in animation] 옵션의 체크 표시를 해제하면 됩니다.

Lock Camera Orientation 도구 알아보기

카메라 위치를 고정하는 Lock Camera Orientation 도구(🔒)에 대해 알아보겠습니다. Lock Camera Orientation 도구(🔒)는 Interactive 렌더링(🎬) 시에 활성되는 도구로 카메라 위치를 고정합니다. 렌더링이 진행되는 동안 아이콘을 클릭하고 스케치업에서 카메라 방향을 수정하면 렌더링에 반영되지 않습니다.

Interactive 렌더링 – 도구 클릭

화면 회전 – 렌더링에 반영되지 않음

V-Ray 메뉴 알아보기

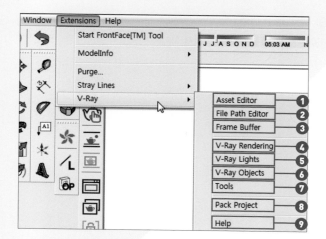

스케치업 Extensions 메뉴에 있는 V-Ray 메뉴에 대해 알아보겠습니다.

01 | Asset Editor

[Asset Editor] 창을 나타냅니다.

02 | File Path Editor

매핑한 메트리얼, 적용한 맵, IES 데이터 파일, HDR 파일 등의 각종 파일의 경로를 나타내고 경로를 수정할 수 있는 [File Path Editor] 창을 실행합니다.

03 | Frame Buffer

[VFB] 창을 나타냅니다.

04 | V-Ray Rendering

렌더링을 진행하거나 VRScene 파일 및 이미지 파일을 내보내기 합니다.

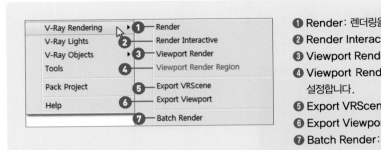

❶ Render: 렌더링을 시작합니다.

❷ Render Interactive: 실시간 렌더링을 시작합니다.

❸ Viewport Render: 뷰포트 렌더링을 시작합니다.

❹ Viewport Render Region: 뷰포트 렌더링 시에 활성되며, 뷰포트 렌더링 영역을 설정합니다.

❺ Export VRScene: VRScene 파일을 내보내기(저장)합니다.

❻ Export Viewport: 현재 그리기 영역의 이미지를 내보내기(저장) 합니다.

❼ Batch Render: 배치 렌더링합니다.

05 | V-Ray Lights

브이레이 라이트를 만듭니다. V-Ray Lights 도구 모음(⬚⬤△↑※◨◉◪)에 있는 도구 중 Light Intensity Tool 도구(◪)를 제외한 다른 도구의 기능과 동일합니다.

06 | V-Ray Objects

브이레이 오브젝트를 만듭니다. V-Ray Objects 도구 모음(⬚⬤⬤✳◈)에 있는 도구들의 기능과 동일합니다.

07 | Tools

1 | Light Intensity Tool

Light Intensity Tool 도구(◪)를 활성합니다.

2 | Camera Focus Tool

초점을 지정합니다. 초점을 지정하면 [V-Ray Asset Editor] 창의 [Camera] 탭에 있는 Focus Distance 수치값이 자동으로 설정됩니다.

3 | Wipe V-Ray data from project

브이레이의 모든 데이터(재질값, V-Ray 조명, 브이레이 옵션 등)를 제거합니다.

4 | Randomize Project Material IDs

Material ID 색상을 랜덤하게 지정합니다.

5 | GPU Device Selection

GPU 장치를 선택합니다.

08 | Pack Project ───────────────────────

Packed Scene 파일을 압축 파일(zip)로 저장합니다. 스케치업 원본 파일, 브이레이 옵션 파일, 데이터 파일, HDR 파일, 맵 파일 등 해당 작업 모델에 적용한 모든 파일을 하나의 압축 파일로 저장합니다. 프로젝트별로 파일을 정리할 때 유용하게 사용할 수 있는 기능입니다.

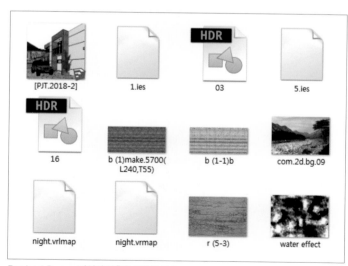

Packed Scene 파일의 압축을 해제한 모습

09 | Help

1 | Online Help

카오스 그룹의 도움말 페이지에 접속합니다.

2 | License

① Release V-Ray License: 브이레이 라이선스를 릴리즈합니다.

② Activate V-Ray License: 브이레이 라이선스를 활성합니다.

③ License Server: 브이레이 라이선스 서버로 접속합니다.

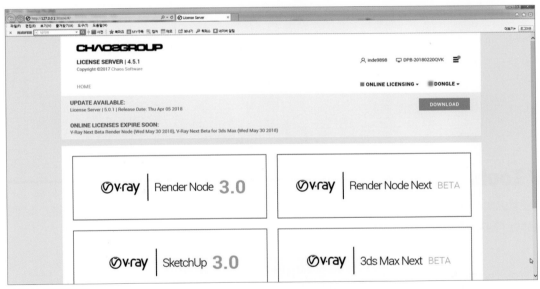

라이선스 서버 페이지

3 | About

[About V-Ray for SketchUp] 창이 열리면서 버전 정보와 라이선스 관련 사항 등을 확인할 수 있습니다.

확장 메뉴 알아보기

객체를 선택한 다음 우클릭해 나타나는 브이레이 관련 확장 메뉴에 대해 알아보겠습니다.

01 | V-Ray Object ID

오브젝트 ID를 설정, 선택, 삭제합니다.

1 | Selection

오브젝트 ID를 설정하거나 선택합니다.

2 | Project

오브젝트 ID를 삭제하거나 선택합니다.

02 | V-Ray UV Tools

매핑 타입을 설정합니다. 그룹(또는 컴포넌트) 전체를 한 번에 설정할 수 있고 그룹(또는 컴포넌트) 편집 모드에서 특정 면만 설정할 수도 있습니다. 스케치업의 곡면 매핑에서 유용하게 활용하는 이미지 투영(Texture-Projected) 기능과 유사한 기능입니다.

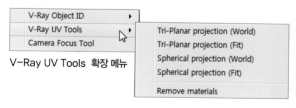

V-Ray UV Tools 확장 메뉴

기본 매핑 상태: 부자연스러움

1 | Tri-Planar projection(World)

Tri-Planar projection(World) 타입으로 매핑합니다.

2 | Tri-Planar projection(Fit)

Tri-Planar projection(Fit) 타입으로 매핑합니다.

3 | Spherical projection(World)

Spherical projection(World) 타입으로 매핑합니다.

4 | Spherical projection(Fit)

Spherical projection(Fit) 타입으로 매핑합니다.

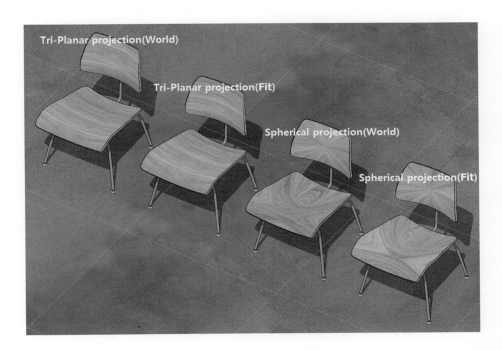

03 | Camera Focus Tool

초점을 지정합니다. 초점을 지정하면 [V-Ray Asset Editor]창의 [Camera]탭에 있는 Focus Distance 수치값이 설정됩니다.

| 알아두기 | **V-Ray UV Tools 사용하기**

부자연스럽게 매핑된 곡면의 면 또는 그룹에 마우스 포인터를 위치하고 우클릭해서 나타나는 확장메뉴중 V-Ray UV Tools - Tri-Planar projection(World)을 클릭하면 됩니다.

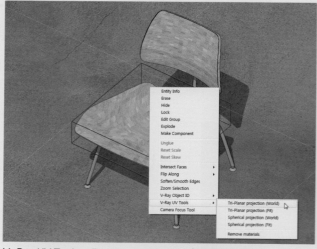

V-Ray UV Tools - Tri-Planar projection(World)클릭

곡면이 부드럽게 표현됨

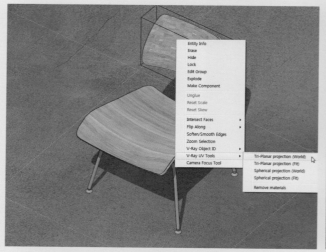

V-Ray UV Tools - Tri-Planar projection(World) 클릭

완성

[V-Ray Asset Editor] 창의 [Materials] 옵션 창 알아보기

2강

이번에는 매핑한 재질의 각종 재질감을 설정하는 메트리얼 옵션 창에 대해 알아보겠습니다.

학습목표

모델에 매핑하는 대부분의 메트리얼은 반사(Reflection)를 표현하고 물, 유리 같이 투명한 재질은 반사와 굴절(Refraction)을 동시에 표현합니다.
반사와 굴절은 통합 레이어인 [VRayBRDF] 레이어에서 설정하므로 이번 과정에서 학습하는 [VRayBRDF] 레이어의 옵션 구성과
각 옵션의 특성을 이해하기 바랍니다.

[Materials] 옵션 창의
구성 요소 알아보기

상세기능 1

[V-Ray Asset Editor] 창에서 Materials 아이콘(▣)을 클릭하면 나타나는 [Materials] 옵션 창의 구성 요소에 대해 알아보겠습니다. [V-Ray Asset Editor] 창에서 좌, 우의 창을 나타내거나 닫으려면 펼침 / 닫힘 아이콘(▶/◀)을 클릭하고, 각종 탭이나 옵션 탭을 확장시키거나 닫으려면 펼침 / 닫힘 화살표(▶/▼)를 클릭하면 됩니다.

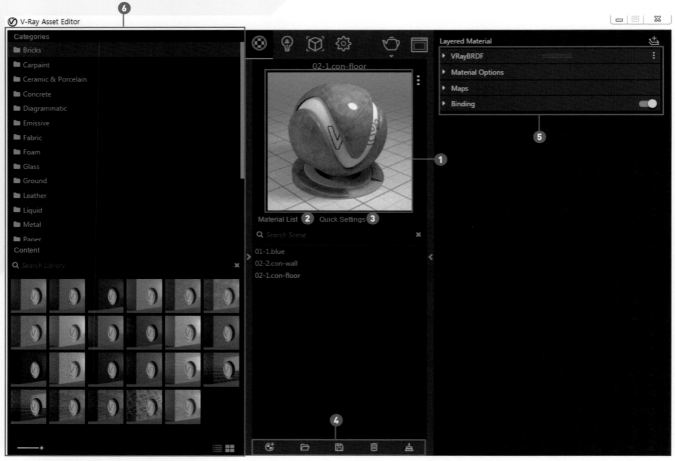

[Materials] 옵션 창: 좌, 우의 창을 모두 나타낸 상태

01 | Material Preview

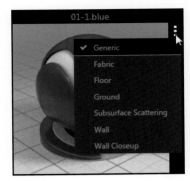

Generic

메트리얼의 재질감을 미리 보기합니다. 재질감 미리 보기 창 우측 상부에 있는 Selects the scene used to preview the material 아이콘(▐)을 클릭하면 다양한 방식으로 재질감을 미리 볼 수 있습니다. 재질감 미리 보기의 기본 방식은 구 모양의 Generic입니다.

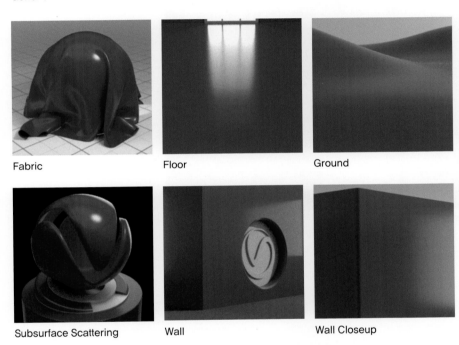

Fabric

Floor

Ground

Subsurface Scattering

Wall

Wall Closeup

02 | Material List

현재 모델의 메트리얼이 표시됩니다. Material List에서 특정 메트리얼을 선택한 후 우클릭하면 나타나는 확장 메뉴에 대해 알아보겠습니다.

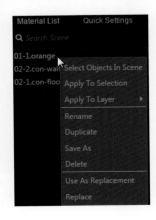

1 | Select Objects In Scene

해당 메트리얼로 매핑된 객체를 선택합니다. 그룹(또는 컴포넌트)은 파란색 영역(스케치업 기본 스타일인 경우)으로 표시되며, 그룹이 아닌 객체는 파란색 망점으로 표시됩니다.

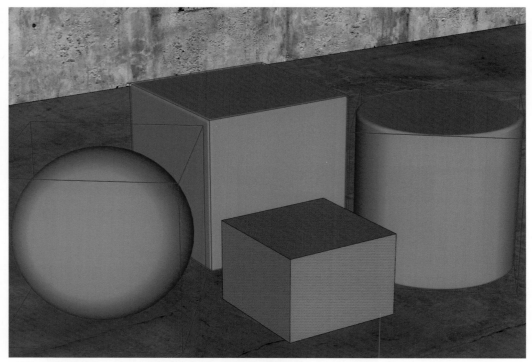

그룹은 파란색 영역으로 표시되고, 그룹이 아닌 객체는 파란색 망점으로 표시됨

2 | Apply To Selection

선택한 객체를 해당 메트리얼로 매핑합니다.

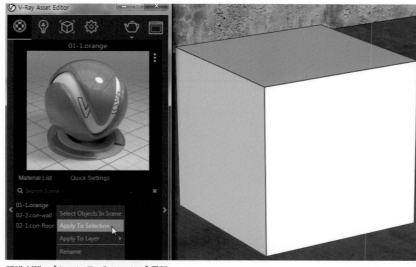

객체 선택 – [Apply To Selection] 클릭

선택한 객체가 매핑됨

3 | Apply To Layer

선택한 레이어의 모든 객체를 해당 메트리얼로 매핑합니다. 그룹(또는 컴포넌트) 편집 모드에서 매핑한 객체는 적용되지 않으며, 그룹 외부에 바로 매핑한 객체만 적용됩니다.

| 알아두기 | **그룹 매핑 / 그룹 편집 모드 매핑**

그룹에 바로 매핑하는 방법을 '그룹 매핑'이라 하고, 그룹을 더블클릭해 편집 모드로 만든 후에 매핑하는 방법을 '그룹 편집 모드 매핑'이라고 합니다. 그룹 편집 모드 매핑을 해야 실무에서 유용한 면적이 산출되고, 매핑 좌표를 수정할 수 있는 Texture-Position 명령을 사용할 수 있습니다.

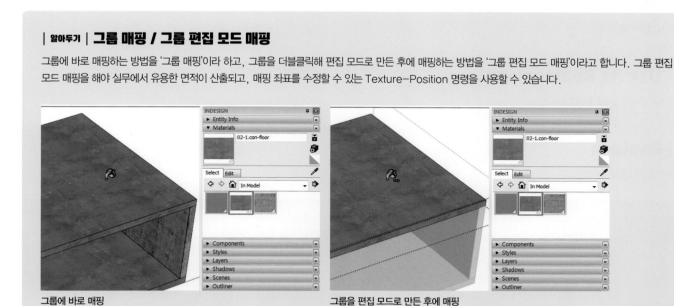

그룹에 바로 매핑   그룹을 편집 모드로 만든 후에 매핑

---

4 | Rename

이름을 수정합니다.

5 | Duplicate

동일한 메트리얼을 복제합니다. 복제한 메트리얼은 브이레이 Material List와 스케치업 [Materials] 창에 추가됩니다.

Duplicate 클릭

메트리얼이 복제됨

6 | Save As

브이레이 전용 메트리얼인 vrmat or vismat 파일 형식으로 저장합니다.

7 | Delete

메트리얼을 삭제합니다.

8 | Use As Replacement

메트리얼 대체 기능을 사용합니다.

9 | Replace

선택된 메트리얼로 대체합니다.

orange 메트리얼 선택 – con-floor 메트리얼에 마우스 포인터 위치 – 우클릭 –
Replace 클릭

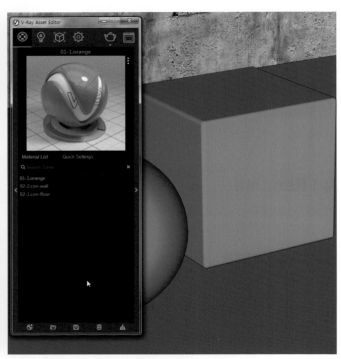

바닥에 매핑한 con-floor 메트리얼이 orange 메트리얼로 대체됨

03 | Quick Settings

옵션이 간소화 돼 빠른 설정을 할 수 있는 창이 나타납니다. 오른쪽 창의 설정값과 연동됩니다.

Quick Settings

04 | 하부 아이콘

[Material] 옵션 창의 하부에 있는 아이콘의 기능에 대해 알아보겠습니다.

1 | Add Material 아이콘

아이콘을 클릭하면 추가할 수 있는 메트리얼 종류가 나타나며, 특정 메트리얼을 선택하면 Material List에 추가됩니다.

2 | Import.vrmat file 아이콘

브이레이 전용 메트리얼인 vrmat, vismat 파일을 불러옵니다.

3 | Save Material To File 아이콘

브이레이 전용 메트리얼인 vrmat, vismat 파일로 저장합니다.

4 | Remove Material 아이콘

메트리얼을 삭제합니다.

5 | Purge Unused materials 아이콘

객체에 매핑돼 있지 않은 불필요한 메트리얼을 삭제합니다.

05 | 레이어 탭

각종 재질값을 설정할 수 있는 레이어들이 표시됩니다.

06 | Categories / Contnet

스케치업 브이레이에서 기본으로 제공하는 vrmat 파일이 표시됩니다. 특정 폴더를 선택하면 폴더 안의 vrmat 파일들이 미리 보기되며, 크기와 보기 방식을 설정할 수 있습니다.

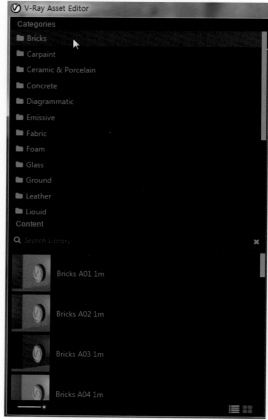

폴더 클릭 – 메트리얼 확인

보기 방식 수정

vrmat 사용하기

스케치업 브이레이는 브이레이 전용 메트리얼인 vrmat 파일을 기본적으로 제공합니다. vrmat는 해당 재질에 가장 적합한 재질값(반사, 굴절, 범프 등)이 설정돼 있기 때문에 사용자가 별도로 재질값을 수정할 필요 없이 바로 사용하면 되기 때문에 효율적입니다.

1 | 경로 확인

vrmat 파일이 저장된 경로는 다음과 같습니다(OS: 윈도우 7 기준).
C:\Program Files\Chaos Group\V-Ray\V-Ray for SketchUp\extension\materials
실무에 활용할 수 있는 다양한 메트리얼들이 있기 때문에 꼭 윈도우상에서 확인해보기 바랍니다.

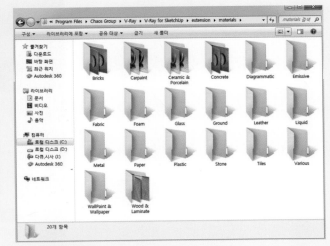

파일이 저장된 경로

vrmat 파일 형식만 있는 것이 아니라 각종 이미지 파일도 있기 때문에 스케치업 매핑 시에도 활용할 수 있습니다.

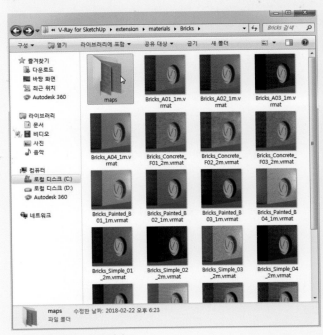

vrmat 파일 확인 – 폴더 열기

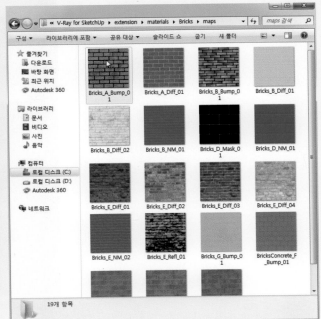

이미지 파일 확인

2 | vrmat 사용하기

vrmat를 사용하려면 폴더에서 원하는 메트리얼을 선택한 후 클릭한 채로 Material List 영역으로 드래그하면됩니다.

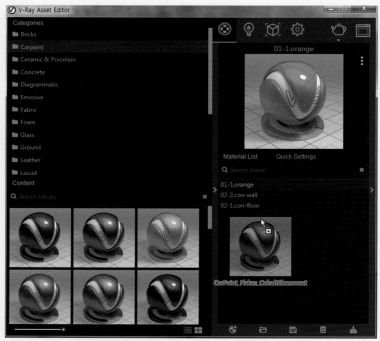

클릭한 채로 드래그

이렇게 불러온 vrmat는 가장 알맞은 각종 재질값이 미리 설정돼 있기 때문에 유저가 별도로 설정할 필요가 없습니다.

재질값이 설정돼 있음

객체를 선택한 후 불러온 메트리얼에 마우스 포인터를 올려놓고 우클릭하면 나타나는 확장 메뉴 중 [Apply To Selection]을 클릭하면 선택한 객체가 모두 매핑됩니다.

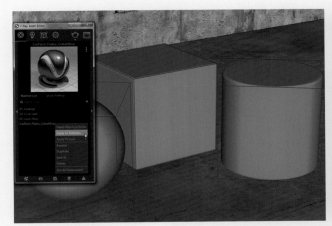

객체 선택 - 명령 클릭

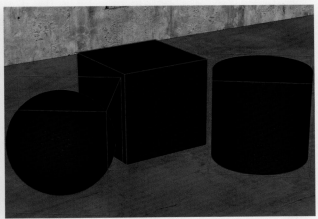

객체가 모두 매핑됨

렌더링하면 재질감이 표현됩니다.

vrmat를 불러오면 스케치업 [Materials] 창에서 추가되기 때문에 스케치업 [Materials] 창에서 선택하고 객체를 클릭해 매핑해도 됩니다.

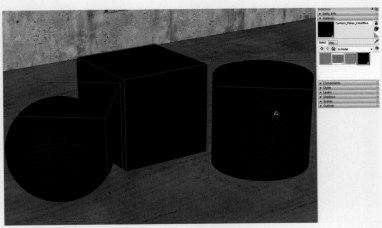

스케치업 [Materials] 창에서 vrmat 선택 - 객체 클릭해 매핑

3 | vrmat 파일 사용 시에 유의할 점

vrmat(또는 vismat)를 불러올 경우, 색상 매핑된 재질은 매핑 크기를 조절할 수 없습니다. 이미지 매핑된 재질은 가로, 세로 크기가 254로 자동 설정되기 때문에 매핑한 재질의 특성에 따라 적당한 크기로 매핑 크기를 다시 수정해야 합니다. 스케치업 브이레이에서 기본으로 제공되는 vrmat 파일 중 텍스처(이미지) 매핑을 한 파일은 vrmat 파일 이름에 해당 재질의 가장 적당한 크기가 입력돼 있기 때문에 이 크기를 참조해 스케치업 [Materials] 창에서 매핑 크기를 수정한 후에 렌더링하면 됩니다.

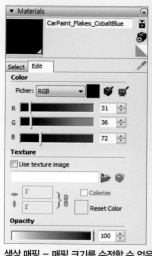

색상 매핑 – 매핑 크기를 수정할 수 없음

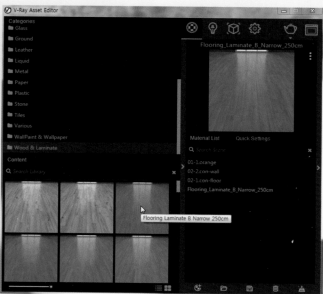

이미지 매핑 – vrmat 파일 이름에 크기가 적혀 있음

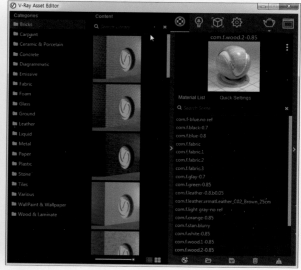

스케치업 [Materials] 창에서 크기 수정 후 렌더링

4 | 창 이동해 배치하기

[Categories] 창과 [Content] 창을 이동해 원하는 위치에 재배치할 수 있습니다.

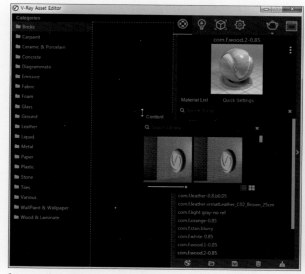

[Content] 창 이동

재배치

상세기능 2

Add Layer 아이콘의
확장 메뉴 알아보기

Add Layer 아이콘(📥)을 클릭하면 나타나는 확장 메뉴에 대해 알아보겠습니다.

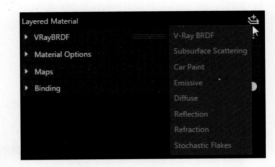

1 | V-Ray BRDF

브이레이 통합 레이어인 V-Ray BRDF 레이어를 추가합니다.

2 | Subsurface Scattering

빛이 객체의 내부로 침투하면서 반투명하게 산란되는 SSS(Sub-Surface-Scattering) 재질감(사람의 피부, 양초 등)을 표현하는 Subsurface Scattering 레이어를 추가합니다.

3 | Car Paint

자동차 색상을 표현하는 Car Paint 레이어를 추가합니다.

4 | Emissive

자체 발광을 표현하는 Emissive 레이어를 추가합니다.

5 | Diffuse

기본 레이어인 Diffuse 레이어를 추가합니다.

6 | Reflection

반사를 표현하는 Reflection 레이어를 추가합니다.

7 | Refraction

굴절을 표현하는 Refraction 레이어를 추가합니다.

8 | Stochastic Flakes

눈, 모래, 자동차 페인트와 같이 반짝임 효과를 표현하는 Stochastic Flakes 레이어를 추가합니다.

| 알아두기 | **vrmat의 재질 옵션 값 참조**

특정 재질의 재질감이 궁금한 경우에는 vrmat 파일을 불러와 각종 옵션의 수치값을 참조하면 됩니다.

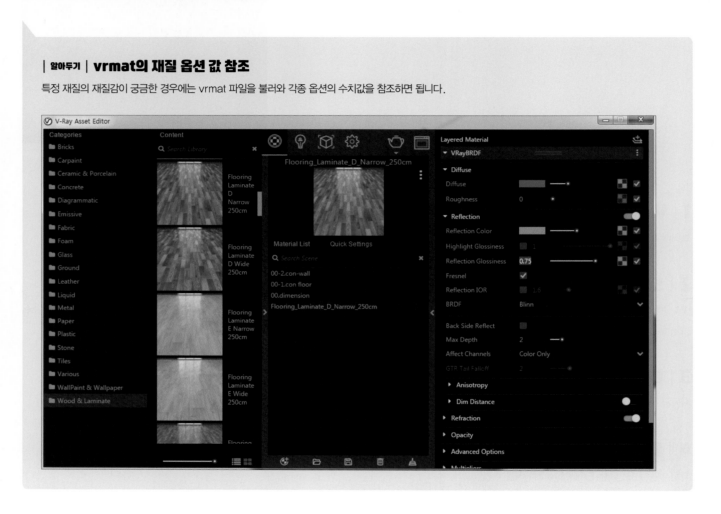

[VRayBRDF] 레이어의 구성 요소 알아보기

브이레이 통합 레이어인 [VRayBRDF] 레이어의 구성 요소에 대해 알아보겠습니다.

| 알아두기 | **확장 메뉴**

레이어 탭 우측의 Layer options 아이콘(⋮)을 클릭하면 확장 메뉴가 나타납니다.

- Rename: 레이어 이름을 수정합니다.
- Duplicate: 레이어를 복제합니다.
- Delete: 레이어를 삭제합니다.

01 | Diffuse

메트리얼의 색상과 맵을 설정하는 [Diffuse] 탭에 대해 알아보겠습니다.

| 알아두기 | **색상 매핑 / 이미지 매핑**

색상만으로 매핑하는 것을 '색상 매핑'이라 하고, 이미지(텍스처)로 매핑하는 것을 '이미지 매핑'이라고 합니다.

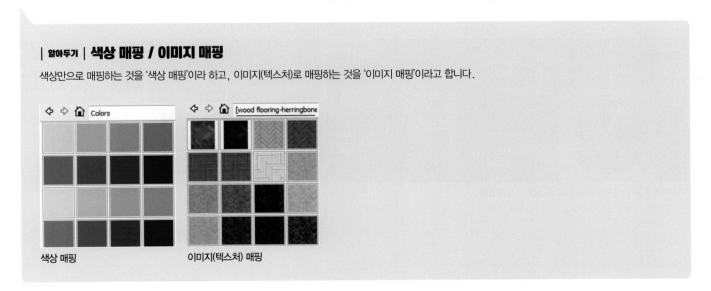

색상 매핑

이미지(텍스처) 매핑

1 | Diffuse

① Diffuse Color

메트리얼의 색상을 설정합니다. 색상으로만 매핑했을 경우에는 맵 버튼이 비활성(■)되며 이미지(텍스처)로 매핑했을 경우에는 맵 버튼이 활성(■)됩니다.

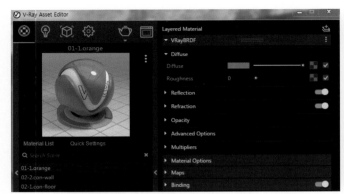

색상으로만 매핑했을 경우 – 맵 버튼 비활성

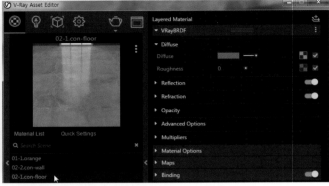

이미지로 매핑했을 경우 – 맵 버튼 활성

Diffuse 색상 박스의 슬라이드를 조절해 색상을 수정하면 바로 반영되며, 스케치업 [Materials] 창과 연동됩니다. [Materials] 창에서 매핑한 skm 파일만 적용되며, 색상 매핑이라고 해도 외부에서 불러오는 다른 파일 형식(jpg, png, 기타 파일 형식)은 색상을 수정해도 반영되지 않습니다.

색상 수정 전

색상 수정 후 – 스케치업 [Materials] 창도 바로 반영됨

이미지로 매핑한 재질의 색상 변경

이미지 파일(jpg, png, 기타 이미지 파일 형식)로 매핑한 메트리얼의 색상을 수정하는 방법에 대해 알아보겠습니다.

1 | Diffuse 색상 박스에서 색상 수정 – 렌더링에 반영되지 않음

색상으로 매핑하면 Diffuse 색상 박스에서 색상을 수정할 수 있지만, 이미지로 매핑한 재질은 색상 박스에서 수정해도 스케치업 모델과 렌더링에 반영되지 않습니다.

색상 수정 전

색상 수정 후 – 반영되지 않음

2 | 스케치업 [Materials] 창에서 색상 수정: 렌더링에 반영되지 않음

스케치업 [Materials] 창에서 색상을 수정하면 스케치업 화면상에서는 반영되지만, 렌더링에는 반영되지 않습니다.

스케치업 [Materials] 창에서 색상 수정 – 스케치업 화면상에서는 반영되지만, 렌더링에는 반영되지 않음

3 | 포토샵에서 색상 수정 – 렌더링에 반영됨

이미지 색상을 수정하려면 스케치업 [Materials] 창에서 수정할 메트리얼에 마우스 포인터를 올려놓고 우클릭하면 나타나는 확장 메뉴 중 [Edit Texture Image]를 클릭해 포토샵에서 이미지를 엽니다. 이미지의 밝기를 수정한 후 저장하면 스케치업 화면도 수정되며, 렌더링했을 경우 반영됩니다.

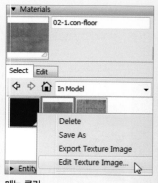

메뉴 클릭

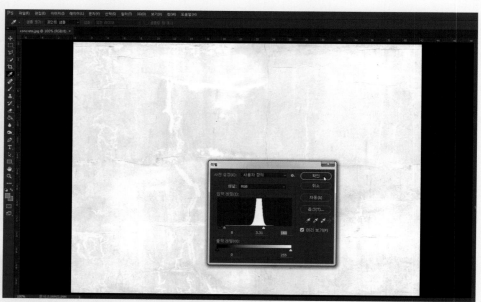

포토샵에서 수정

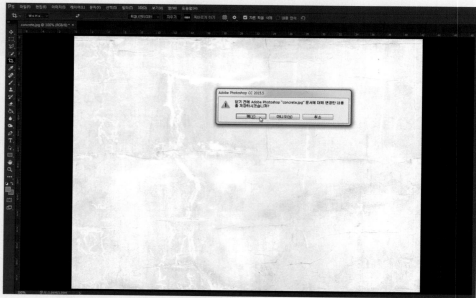

저장

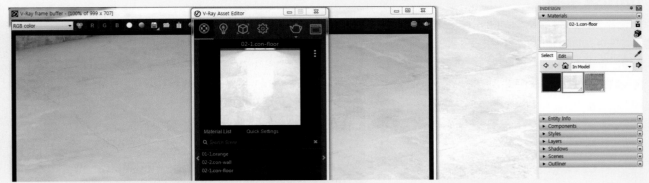

스케치업 모델에 반영됨 – 렌더링 – 렌더링에도 반영됨

이 기능을 사용하기 위해서는 이미지 편집 프로그램으로 포토샵을 설정해야 합니다. 설정 방법은 메뉴의 [Window – Preferences]를 클릭해 [SketchUp Preferences] 창을 나타낸 후 [Applications] 항목에서 [Choose] 버튼을 눌러 포토샵 실행 파일(photoshop.exe)을 선택하면 됩니다.

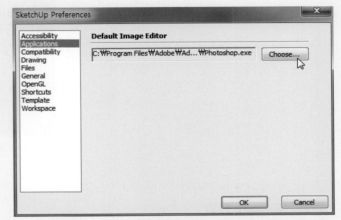

[SketchUp Preferences] 창의 Applications 항목에서 이미지 편집 프로그램 설정

4 | 메트리얼 저장

스케치업 [Materials]창에서 색상을 수정한 메트리얼은 Export Texture Image 명령으로 외부로 저장해도 수정 전의 원본 이미지가 저장되지만, 포토샵에서 수정한 메트리얼은 수정한 이미지가 저장됩니다.

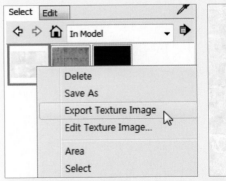

Export Texture Image 클릭

수정한 이미지가 저장됨

② Diffuse Map

디퓨즈 맵을 설정합니다. 색상으로 매핑했을 경우에는 비활성
(■)돼 있으며, 이미지 매핑을 했을 경우에는 활성(■)돼 있습
니다. 활성 맵 버튼(■)을 클릭하면 맵 경로와 세부 설정을 할
수 있는 맵 타입 옵션 창이 나타나며, 매핑한 이미지와 이미지가
저장된 경로 등을 확인할 수 있습니다.

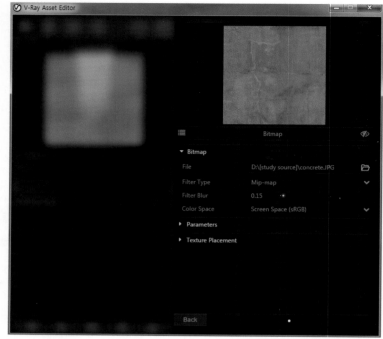

맵 타입 옵션 창

| 알아두기 | **Bitmap 타입**

이미지로 매핑하면 맵 타입은 Bitmap 타입으로 자동 설정
됩니다.

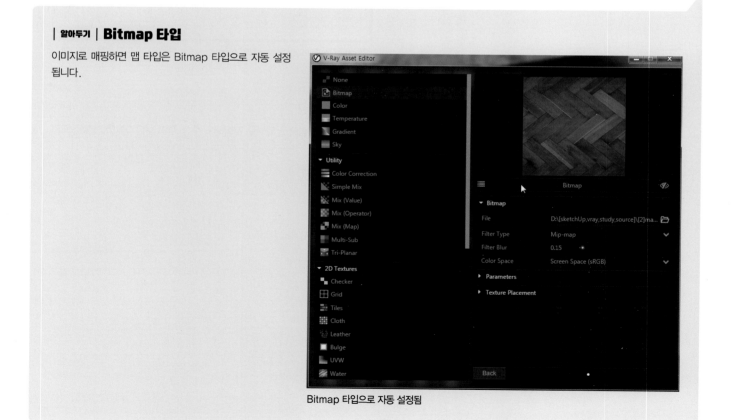

Bitmap 타입으로 자동 설정됨

③ 체크 박스

적용한 맵의 사용 여부를 설정(기본 설정: 체크 표시)합니다. 체크 표시 해제를 했을 경우 색상으로 매핑한 재질의 변화는 없으며, 이미지 매핑한 재질은 렌더링 시에 이미지가 표현되는 것이 아니라 디퓨즈 색상만 표현됩니다.

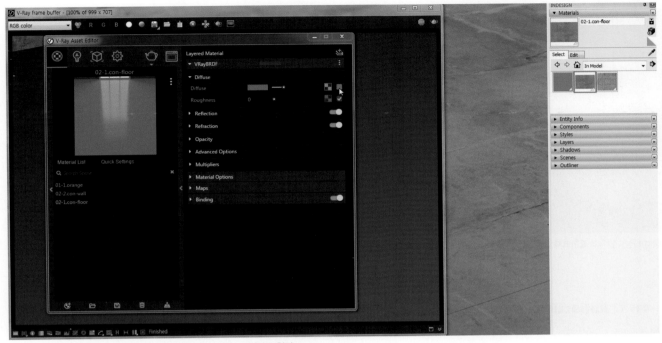

체크 표시 해제 – 렌더링 시에 이미지가 표현되지 않고 디퓨즈 색상만 표현됨

2 | Roughness

맵을 불러와 표면의 거친 재질감을 설정(기본 설정: 0, 맵 비활성, 체크 표시)합니다.

02 | Reflection

반사 효과(Reflection)의 표현 여부를 설정(기본 설정: 활성)합니다. 기본적으로 활성( )돼 있으며, [Reflection Color] 옵션을 활성해 반사를 표현해도 [Reflection] 옵션을 비활성( )하면 반사 효과는 표현되지 않습니다. 이후로는 [Diffuse] 탭에서 설명한 반복되는 옵션(맵 버튼, 체크 박스)의 설명은 생략합니다.

1 | Reflection Color

재질의 반사 및 하이라이트의 색상을 설정(기본 설정: 검은색)합니다. 흰색으로 갈수록 반사와 하이라이트가 많이 표현되고, 검은색으로 갈수록 반사와 하이라이트가 조금 표현되며, 검은색일 경우 반사가 표현되지 않습니다.

검은색(비활성): 반사가 표현되지 않음

흰색(활성): 반사가 표현됨

| 알아두기 | **Reflection Color**

Reflection Color의 슬라이드 바를 조절해 반사와 하이라이트의 세기를 설정할 수도 있지만, 반사값을 설정하는 [Reflection Glossiness] 옵션의 수치값으로 조절하는 것이 더 편리하기 때문에 Reflection Color는 검은색(반사 비활성), 흰색(반사 활성)으로만 설정한다고 기억하기 바랍니다.

2 | Highlight Glossiness

메트리얼의 하이라이트 부분의 광택을 설정(기본 설정: 체크 표시 해제, 1)합니다. 체크해서 수치값을 설정할 수 있으며, 1인 경우 진한 광택을 표현하고 수치값이 내려갈수록 연한 광택을 표현합니다.

하이라이트 1

하이라이트 0.3

3 | Reflection Glossiness

반사의 선명도, 즉 반사값을 설정(기본 설정: 1)합니다. 수치값이 1인 경우 가장 선명한 반사가 표현되고, 수치값이 내려갈수록 흐릿한 반사가 표현됩니다.

Reflection Glossiness: 1

Reflection Glossiness: 0.9

Reflection Glossiness: 0.8

4 | Fresnel

보는 시점에 따라 반사의 강도가 달라지는 프레넬 반사 사용 여부를 설정(기본 설정: 체크 표시)합니다. 체크 표시 해제하면 거울로 표현됩니다.

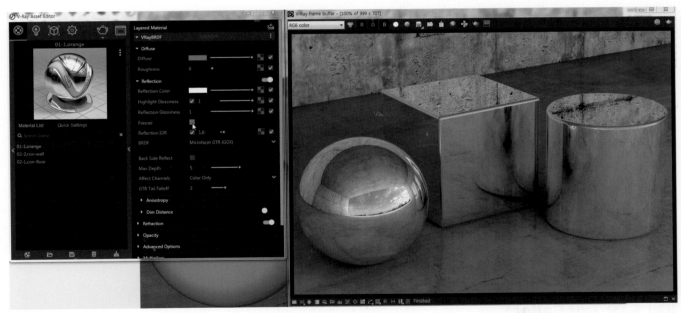

체크 표시 해제: 거울로 표현됨

5 | Reflection IOR

반사 굴절률(IOR. Index of Refraction)을 설정(기본 설정: 비활성, 1.6)합니다. 체크 표시하면 수치값을 설정할 수 있으며, 수치값이 높으면 주변의 사물이 더 많이 반사됩니다.

1.6　　　　　　　　　　3　　　　　　　　　　6

6 | BRDF

하이라이트 모양을 설정(기본 설정: Microfacet GTR-GGX)합니다.

7 | Back Side Reflect

뒷면 반사의 계산 여부를 설정(기본 설정: 체크 표시 해제)합니다. 기본적으로 반사는 물체의 전면만 계산하지만, 체크 표시하면 뒷면의 반사도 계산하기 때문에 렌더타임이 조금 더 길어집니다.

8 | Max Depth

광선이 반사되는 횟수를 설정(기본 설정: 5)합니다. 반사 표면과 굴절 표면이 많은 장면은 반사를 정확하게 표현하기 위해 기본 수치값보다 높게 설정해야 합니다.

9 | Affect Channels

반사에 영향을 받는 채널을 설정(기본 설정: Color Only)합니다.

10 | GTR Tail Falloff

BRDF 타입이 GGX로 설정돼 있을 경우에만 사용할 수 있는 옵션으로, 하이라이트 부분의 선명도를 설정(기본 설정: 2)합니다.

11 | Anisotropy

빛에 대한 결정의 성질이 물체 표면의 특성에 따라 다르게 나타나는 비등방성의 모양, 방향 등을 설정합니다.

① Anisotropy (-1 to 1)

하이라이트의 모양을 설정(기본 설정: 0)합니다. Reflection Glossiness 수치값이 1 이하로 설정됐을 때 확인할 수 있습니다.

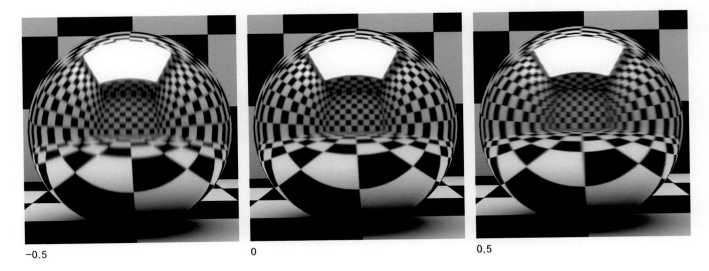

−0.5   0   0.5

② Rotation

Anisotropy 효과의 방향을 설정(기본 설정: 0)합니다. 수치값이 0인 경우에는 0도, 1인 경우에는 360도를 말합니다.

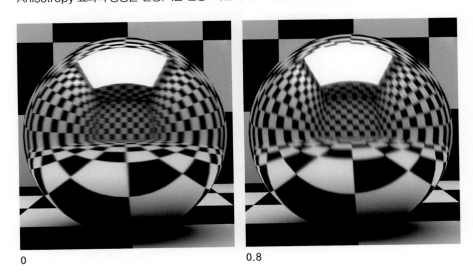

0   0.8

③ Derivation

방향 지정 방법을 설정(기본 설정: Local Axis)합니다. Local Axis 타입은 X, Y, Z축을 기준으로 하며, Map Channel 타입은 UVW 좌표를 기준으로 합니다.

④ Local Axis

비등방성 방향에 사용되는 축을 설정(기본 설정: Z축)합니다. X, Y, Z축으로 설정할 수 있습니다.

⑤ Map Channel/Set

Derivation 타입을 Map Channel로 선택했을 때 활성되는 옵션으로 비등방성의 반사 및 하이라이트의 방향을 설정합니다.

12 | Dim Distance

반사 광선의 거리를 설정(기본 설정: 비활성)합니다.

① Distance

반사 광선이 추적되지 않는 거리를 설정(기본 설정: 100)합니다.

② Dim Falloff

감소하는 거리의 반경을 설정(기본 설정 : 0)합니다.

03 | Refraction

굴절 효과(Refraction)를 설정(기본 설정: 활성)합니다. 기본적으로 활성(⬤)돼 있으며, [Refraction Color] 옵션을 활성해 굴절을 표현해도 [Refraction] 옵션을 비활성(⬤)하면 굴절 효과는 표현되지 않습니다.

1 | Refraction Color

메트리얼의 굴절 색상을 설정(기본 설정: 검은색 – 비활성)합니다. 흰색으로 갈수록 굴절이 많이 표현되고, 검은색으로 갈수록 굴절이 조금 표현되며, 완전 검은색일 경우 굴절이 표현되지 않습니다. Refraction Color를 활성(흰색)하면 스케치업 [Materials] 창과 자동으로 연동되며, Opacity(불투명도)가 자동으로 설정됩니다.

굴절 비활성: 스케치업 [Materials] 창의 Opacity 100

굴절 활성: 투명해지고 스케치업 [Materials] 창의 Opacity 수치값이 자동으로 설정됨

굴절 비활성

굴절 활성

스케치업에서 불투명도 조절

굴절이 활성(Refraction Color: 흰색)돼 있을 경우, 스케치업의 [Materials] 창에서 Opacity를 조절하면 스케치업 화면상의 모델에는 조절한 불투명도가 반영되지만, 렌더링에는 반영되지 않습니다.

[Materials] 창의 불투명도(Opacity): 10

불투명도 '50'으로 수정 – 스케치업 모델은 반영되지만, 렌더링에는 반영되지 않음

이 부분은 자칫 단점으로 보일수도 있지만, 스케치업 화면에서는 불투명하게 표현해 투명한 객체(예: 유리, 물)임을 나타내고 스케치업 브이레이 렌더링 시에는 완전 투명하게 표현할 수 있으므로 장점이라고도 할 수 있습니다.

스케치업: 물, 유리 재질을 불투명하게 표현

브이레이 렌더링: 물, 유리 재질이 완전 투명하게 표현됨

2 | Fog Color

투명한 객체를 통과하는 빛의 색상을 설정(기본 설정: 흰색)합니다. 빛은 투명한 객체를 통과하면서 일부 흡수되거나 산란되면서 빛의 세기가 감소합니다.

포그 색상: 녹색(R: 127, G: 255, B: 242)

포그색상: 파란색(R: 100, G: 190, B: 255)

| 알아두기 | 객체의 두께

포그 색상은 객체의 두께에 따라 진하게 표현되거나 연하게 표현됩니다.

객체의 두께에 따른 포그 색상 / 그림자 색상의 차이

3 | Fog Multiplier

포그 색상의 세기(강도)를 설정(기본 설정: 1)합니다.

Fog Multiplier 1

Fog Multiplier 0.5

Fog Multiplier 0.1

4 | Fog Bias

포그 색상의 적용 범위를 설정(기본 설정: 0)합니다.

Fog Bias −50

Fog Bias 0

Fog Bias 50

5 | IOR

굴절률을 설정(기본 설정 1.6)합니다. 수치값이 1일 경우에는 빛이 방향을 바꾸지 않습니다.

IOR 1

IOR 1.6

6 | Refraction Glossiness

굴절의 선명도를 설정(기본 설정: 1)합니다. 수치값을 내리면 흐릿하게 표현되고, 렌더타임은 증가합니다.

1: 선명하게 표현됨

0.8: 흐릿하게 표현됨

7 | Affect Shadows

투명한 그림자의 표현 여부를 설정(기본 설정: 체크 표시)합니다.

체크 표시: 투명한 그림자가 표현됨

체크 표시 해제: 투명하지 않은 그림자가 표현됨

8 | Max depth

빛의 굴절 횟수를 설정(기본 설정: 5)합니다. 반사와 굴절 표면이 많은 장면은 수치값을 올려야 정확하게 표현할 수 있습니다.

9 | Affect Channels

굴절에 영향을 받는 채널을 설정(기본 설정: Color Only)합니다.

10 | Dispersion - Abbe

분산 효과의 세기를 설정(기본 설정: 비활성, 50)합니다. 활성화면 더 많은 계산을 하기 때문에 렌더타임이 증가합니다.

11 | Translucency

빛이 객체의 내부로 침투하면서 반투명하게 산란되는 SSS(Sub-Surface-Scattering) 효과(사람의 피부, 양초 등)를 설정(기본 설정: 비활성)합니다.

비활성

활성

① Type

반투명도 계산 알고리즘 타입을 설정(기본 설정: Hybrid)합니다. 기본으로 설정된 Hybrid 타입은 가장 사실적인 SSS 모델로 피부, 우유, 과일 주스 및 기타 반투명한 재질을 표현할 때 적합하고, Hard(wax) model 타입은 대리석과 같은 단단한 재질을 표현할 때 적합합니다.

Hybrid

Hard(wax) model

② Back-side Color

Hard(wax) model 타입을 설정했을 경우에 SSS 효과의 색상을 설정(기본 설정: 흰색)합니다.

흰색 – 앞면

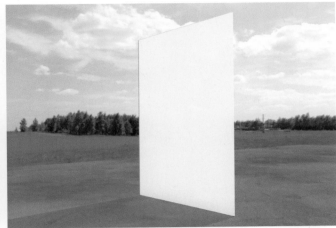

흰색 – 뒷면

파란색 – 앞면

파란색 – 뒷면

③ Scatter Coeff

객체 내부에 산란되는 광선의 양을 설정(기본 설정: 0)합니다. 0 은 모든 방향으로 산란되며, 1은 산란 방향을 변경할 수 없습니다.

④ Fwd/back Coeff

빛이 산란되는 방향을 설정(기본 설정: 1)합니다. 0 으로 설정하면 빛이 전면으로만 산란되며, 1로 설정하면 뒷면으로만 산란됩니다.

⑤ Thickness

표면 아래에 추적되는 광선을 제한(기본 설정: 1000)합니다.

⑥ Light Multiplier

translucent 효과의 세기를 설정(기본 설정: 1)합니다.

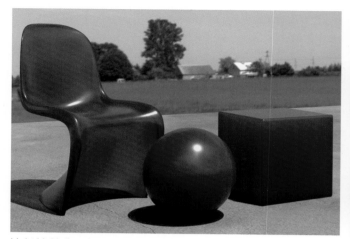
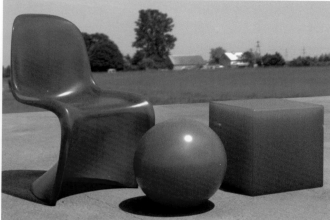

Light Multiplier: 1

3

04 | Opacity

재질의 불투명도를 설정합니다.

1 | Opacity

재질의 불투명도를 설정(기본 설정: 1)합니다. 1은 완전 불투명하고 0은 완전 투명합니다.

Opacity 1

Opacity 0.5

Opacity 0

스케치업 [Materials] 창에서의 불투명도 / 이미지 매핑

스케치업 [Materials] 창에서의 불투명도와 이미지로 매핑한 메트리얼의 불투명도를 설정하는 방법에 대해 알아보겠습니다.

1 | 스케치업 [Materials] 창에서의 불투명도

Opacity 수치값을 '0'으로 설정했을 때, 렌더링 시에는 완전 투명하게 표현되지만 스케치업 모델에는 변화가 없으며 스케치업 [Materials] 창에도 영향을 미치지 않습니다.

렌더링 시에는 완전 투명하게 표현되지만, 스케치업 화면상에서는 반영되지 않음

2 | 이미지 매핑

색상으로 매핑한 메트리얼은 [Opacity] 옵션에서 불투명도가 조절되지만, 이미지로 매핑한 메트리얼은 [Opacity] 옵션으로 조절하지 못합니다.

Opacity 1   Opacity 0: 변화 없음

이미지로 매핑한 메트리얼의 불투명도는 굴절(Refraction) 레이어의 Refraction Color로 조절합니다.

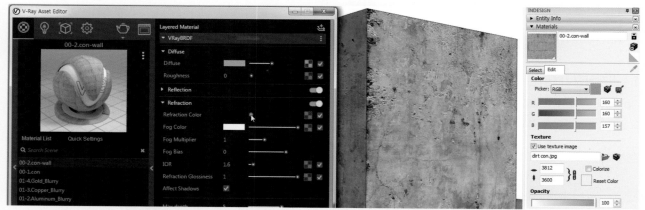

Refraction Color 검은색 – 완전 불투명

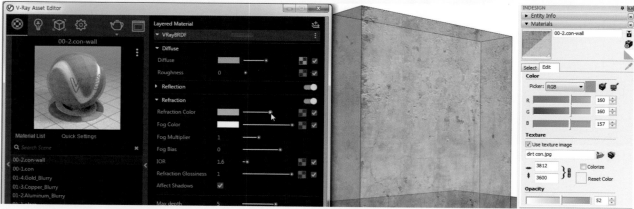

Refraction Color 회색: 투명해짐

검은색: 완전 불투명

회색: 불투명

흰색: 완전 투명

2 | Mode

불투명도의 모드를 설정(기본 설정: Stockastic)합니다.

3 | Custom Source

배경이 투명한 PNG 파일의 배경의 불투명도를 설정합니다. 색상으로 매핑한 메트리얼은 해당 옵션이 활성되지 않고 이미지 매핑한 메트리얼은 활성(기본 설정: Diffuse Texture Alpha)됩니다.

파일로 매핑한 스케치업 화면

렌더링: 비활성 - 배경 부분이 막혀 표현됨

활성- 배경 부분이 투명하게 표현됨

05 | Advanced Options

고급 옵션을 설정합니다.

1 | Double-sided

뒷면의 재질감 표현 여부를 설정(기본 설정: 체크 표시)합니다.

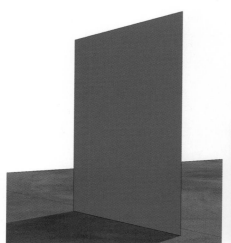

스케치업 화면 - 면의 뒷면

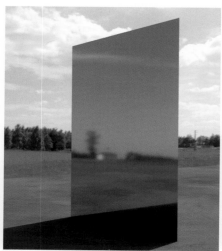

체크 표시 - 반사가 표현됨

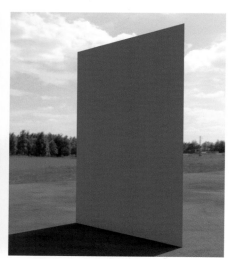

체크 표시 해제 - 반사가 표현 안 됨

2 | Glossy Fresnel

광택 프레넬 효과의 사용 여부를 설정(기본 설정: 체크 표시 해제)합니다. 프레넬 반사를 사용할 때 객체의 가장자리가 비정상적으로 밝고 빛나는 것처럼 보일 경우, 옵션에 체크하고 렌더링하면 자연스럽게 표현되지만 렌더타임은 증가합니다.

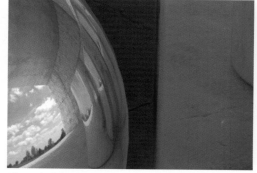

체크 표시 해제

체크

3 | Use Irradiance Map

Irradiance Map 사용 여부를 설정(기본 설정: 체크 표시)합니다. Irradiance Map을 사용하면 장면의 일부 지점에서만 간접광을 계산하고 나머지 지점은 계산한 지점의 데이터를 보간하는 방식이기 때문에 렌더타임이 감소합니다.

4 | Fog Units Scaling

포그 색상의 감쇠 여부를 설정(기본 설정: 체크 표시)합니다.

5 | Linear workflow

감마 색상 보정 여부를 설정(기본 설정: 체크 표시 해제)합니다. 스케치업 브이레이 3.0 에서 작업한 재질은 기본적으로 체크 표시가 해제돼 있고, 3.0 이하 버전에서 작업한 재질은 체크돼 있습니다. 체크돼 있을 경우에 매핑한 이미지가 진하게 표현되는 문제가 발생하기 때문에 체크 표시를 해제해야 합니다. 색상으로 매핑한 재질은 상관없으며, 이미지로 매핑한 재질만 해당합니다.

스케치업 화면

체크 표시 – 진하게 표현됨

체크 표시 해제 – 올바르게 표현됨

3D 웨어하우스에서 다운로드한 컴포넌트

스케치업 사용자들은 3D 웨어하우스(https://3dwarehouse.sketchup.com/)에서 다양한 파일을 검색하고 다운로드합니다. 3D 웨어하우스에서 다운로드한 대부분의 파일은 브이레이 3.0 기반(2018년 10월 현재)으로 작업한 파일이 아니기 때문에 스케치업 화면상에서는 문제가 없어 보이지만, 렌더링하면 Linear Workflow에 체크 표시가 돼 렌더링 시에 진하게 표현되는 문제가 발생합니다.

스케치업 이미지

렌더링 이미지: 스케치업 화면보다 진하게 표현됨

 Linear Workflow에 체크 표시를 해제하고 렌더링하면 이상 없이 표현됩니다. 스케치업 브이레이 3.0 이하 버전에서 작업하거나 다운로드한 파일은 [Linear Workflow] 옵션의 체크 표시를 해제하고 다른 이름으로 저장해 사용하기 바랍니다.

Linear Workflow 설정 확인: 체크돼 있음

체크 표시 해제: 올바르게 표현됨

Linear Workflow 체크 해제 후 렌더링 : 올바르게 표현됨

또한 3.0 이하 버전으로 작업한 파일을 3.6 버전이 설치된 컴퓨터로 불러오면 [Linear Workflow] 옵션 위치가 다르게 나타납니다. 3.0 이하 버전으로 작업한 재질의 [Linear Workflow] 옵션은 [Diffuse] 레이어 탭의 [Advanced Options] 옵션 탭에 있습니다.

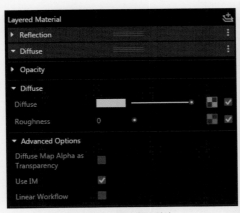

3.0 이하 버전대로 작업한 파일의 옵션 위치

3.0 버전대로 작업한 파일의 옵션 위치

6 | Cutoff Threshold

반사/굴절의 한계값을 설정(기본 설정: 0.001)합니다.

7 | Energy Preservation

반사/굴절 색상에 영향을 미치는 타입을 설정(기본 설정: RGB)합니다.

06 | Multipliers 탭

지정된 텍스처와 색상을 혼합합니다. 맵이 적용되지 않으면 수치값 수정으로 인한 차이는 없습니다.

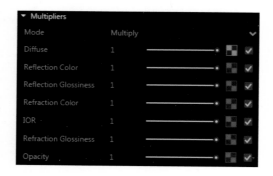

1 | Mode

텍스처와 색상을 혼합하는 모드를 설정(기본 설정: Multiply)합니다. [Multiply] 모드는 검은색, [Blend amount] 모드는 사용자 지정 색상을 혼합합니다.

2 | Diffuse

디퓨즈 텍스처와 색상을 혼합하는 세기를 설정(기본 설정: 1)합니다.

Diffuse 1

Diffuse 0.5

3 | Reflection Color

반사 텍스처와 색상을 혼합하는 세기를 설정(기본 설정: 1)합니다.

4 | Reflection Glossiness

반사 선명도 텍스처와 색상을 혼합하는 세기를 설정(기본 설정: 1)합니다.

5 | Refraction Color

굴절 텍스처와 색상을 혼합하는 세기를 설정(기본 설정: 1)합니다.

6 | IOR

굴절률 텍스처와 색상을 혼합하는 세기를 설정(기본 설정: 1)합니다.

7 | Refraction Glossiness

굴절 선명도 텍스처와 색상을 혼합하는 세기를 설정(기본 설정: 1)합니다.

8 | Opacity

불투명도 텍스처와 색상을 혼합하는 세기를 설정(기본 설정: 1)합니다.

[Material Options] 레이어의 구성 요소 알아보기

상세기능 4

재질감을 표현하지 않고 선택한 색상만으로 렌더링이 진행되는 Material Override 효과의 포함 여부와 그림자 및 객체의 표현 여부 등을 설정하는 [Material Options] 레이어의 구성 요소에 대해 알아보겠습니다.

01 | Can be Overridden

Material Override 효과의 포함 여부를 설정(기본 설정: 체크 표시)합니다. 체크 표시 해제하면 Material Override 렌더링 시에 해당 메트리얼에만 재질감이 표현됩니다.

기본 렌더링

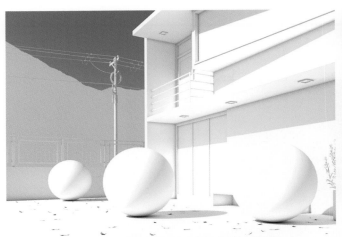

Material Override 렌더링: 모든 재질에 Can be Overridden 체크 표시 | Material Override 렌더링: 구와 유리 재질만 Can be Overridden 체크 표시 해제

02 | Alpha Contribution

알파 채널의 범위를 설정(기본 설정: Normal(1))합니다. Normal(1) 타입은 알파 채널을 만들지 않고 Ignore in Alpha(0) 타입과 Black Alpha(-1) 타입은 알파 채널을 만듭니다.

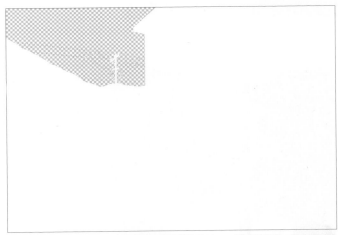

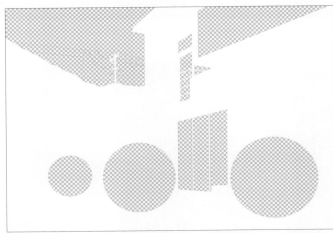

구와 유리 재질 Normal(1) 설정. png 파일 형식의 Alpha 채널 이미지 – 알파 채널이 표현되지 않음 | 구와 유리 재질에 Ignore in Alpha(0) 설정. png 파일 형식의 Alpha 채널 이미지 – 알파 채널이 표현됨

03 | ID Color

Material ID 채널로 출력할 때 재질의 색상을 설정합니다.

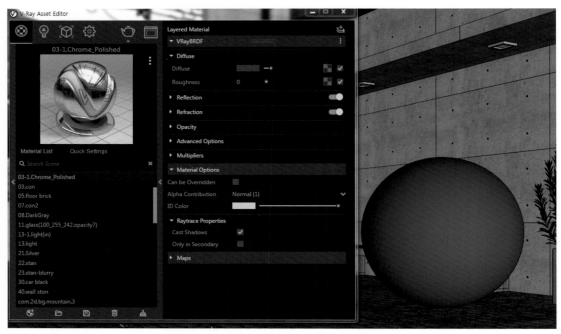

구의 ID 색상

RGB Color 채널

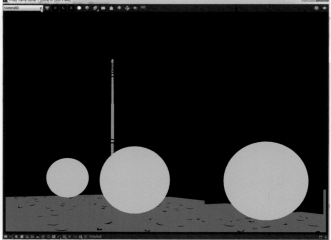

Material ID 채널: ID 컬라로 표현됨

| 알아두기 | **Material ID 채널**

해당 기능을 확인하기 위해서는 [Render Elements] 탭에서 Material ID 채널을 추가하고 렌더링해야
합니다.

04 | Raytrace Properties

그림자 및 매핑한 객체의 표현 여부를 설정합니다.

1 | Cast Shadows

그림자 표현 여부를 설정(기본 설정: 체크 표시)합니다.

구의 재질 Cast Shadows 체크 표시

구의 재질 Cast Shadows 체크 표시 해제

2 | Only in Secondary

매핑한 객체의 표현 여부를 설정(기본 설정: 체크 표시 해제)합니다.

체크 표시 해제

체크 표시

상세기능 5

[Maps]
레이어의 구성 요소 알아보기

각종 맵을 적용해 다양한 재질감을 표현하는 [Maps] 레이어의 구성 요소에 대해 알아보겠습니다.

01 | Bump/Normal Mapping

범프 효과의 활성 여부를 설정(기본 설정: 비활성)합니다.

비활성

범프 맵 적용 – 활성

1 | Mode / Map

범프 효과를 표현할 모드와 맵을 설정(기본 설정: Bump Map)합니다.

Bump Map

Local Space Bump

Normal Map

2 | Amount

범프 효과의 세기를 설정(기본 설정: 1)합니다.

Amount 0.3

Amount 1

범프 이미지

범프 효과를 표현하려면 매핑한 이미지의 흑백 이미지를 불러와 범프 효과로 적용해야 합니다.

1 | 불러오는 방법

이미지를 불러오는 방법은 [Bump/Normal Mapping] 옵션을 활성한 후 [Mode / Map] 옵션의 [비활성 맵] 버튼(■)을 클릭해 맵 타입을 Bitmap으로 선택합니다. [Bitmap] 옵션 창에서 Open File 아이콘(📁)을 클릭해 범프 효과를 표현할 흑백 이미지를 선택해 적용하면 됩니다.

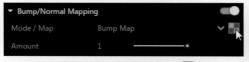

[Mode / Map] 옵션 활성 – [비활성 맵] 버튼(■) 클릭

Bitmap 타입 선택

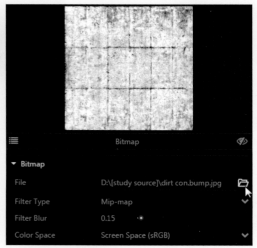

아이콘 클릭 – 이미지 선택

2 | 이미지

범프 효과를 표현할 이미지는 원본 이미지의 흑백 이미지를 사용합니다. 흑백 이미지 중 어두운 부분이 매입되는 표현을 하게 됩니다.

매핑한 이미지

범프 이미지

| 알아두기 | **반사값**

범프 효과는 재질에 반사값이 설정돼 있으면 더욱 사
실적으로 표현됩니다.

반사 비활성

반사 활성

3 | Advanced Options

① Normal Map Type

모드를 Normal Map으로 설정해야 활성되
는 옵션으로 노멀 맵 타입을 설정(기본 설
정: 비활성, Tangent Space)합니다.

Tangent Space

Object Space / World Space

Screen Space

② Delta Scale

범프 표현의 부드러움 정도를 설정(기본 설
정: 1)합니다. 수치를 올리면 흐릿하게 표
현됩니다.

모드: 범프 맵, Delta Scale: 1

5

10

02 | Displacement

디스플레이스먼트 효과의 활성 여부를 설정(기본 설정: 비활성)합니다.

비활성

맵 적용 - 활성

| 알아두기 | **범프와 디스플레이스먼트의 차이**

범프는 평면상의 표면 질감을 표현하고 디스플레이스먼트는 평면상의 오브젝트가 실제로 솟아오르기 때문에 범프보다 디스플레이스먼트 효과를 적용한 장면의 렌더타임이 증가합니다.

범프

디스플레이스먼트

스케치업 브이레이 2.0 버전까지 디스플레이스먼트 효과로 잔디, 카펫, 물, 돌(인조석, 자연석) 표현 등에 활용했지만, 스케치업 브이레이 3.0 버전대는 잔디나 카펫 표현은 V-Ray Objects 도구 모음(🔣🔣🔣🔣🔣)의 Add Fur to Selection 도구(🐾)를 사용해서 표현하는 것이 더 사실적으로 표현되고, 물 표현은 Noise A 타입으로 표현하는 것이 더 사실적으로 표현됩니다. 저자의 경우 디스플레이스먼트 효과는 이 책의 본문 내용과 같은 돌 표현에 한정해 사용하고 있습니다.

Add Fur to Selection 도구(🐾)를 사용해 만든 잔디

Noise A 타입과 커스틱 효과로 표현한 물

1 | Mode / Map

디스플레이스먼트 효과를 표현할 모드와 맵을 설정(기본 설정: Normal Displacement)합니다.

2 | Amount

디스플레이스먼트 효과의 세기를 설정(기본 설정: 1)합니다.

Amount: 1.5

3

3 | Shift

디스플레이스먼트 효과의 방향을 설정(기본 설정: 0)합니다. − 수치값은 아래, + 수치값은 위로 이동합니다.

4 | Keep continuity

디스플레이스먼트로 올라온 객체의 모서리 부분의 부드러움을 설정(기본 설정: 체크 표시)합니다.

5 | View dependent

사각형 가장자리의 최대 길이(픽셀)의 단위를 설정(기본 설정: 체크 표시)합니다.

6 | Edge length

디스플레이스먼트의 품질을 설정(기본 설정: 4)합니다.

7 | Max subdivs

오브젝트의 삼각형 구조인 삼각형 메시의 최대치를 설정(기본 설정: 256)합니다.

디스플레이스먼트 이미지

디스플레이스먼트 효과를 표현하려면 매핑한 이미지의 흑백 이미지를 불러와 디스플레이스먼트 효과로 적용해야 합니다.

1 | 불러오는 방법

이미지를 불러오는 방법은 [Displacement] 옵션을 활성화고 [Mode / Map] 옵션의 [비활성 맵] 버튼(■)을 클릭해 맵 타입을 Bitmap으로 선택합니다. [Bitmap] 옵션 창에서 Open File 아이콘(📁)을 클릭해 디스플레이스먼트 효과를 표현할 흑백 이미지를 선택해 적용하면 됩니다.

[Mode / Map] 옵션 – [비활성 맵] 버튼(■) 클릭

Bitmap 타입 선택

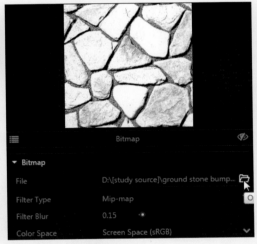

아이콘 클릭 – 이미지 선택

2 | 이미지

원본 이미지의 흑백 이미지를 사용합니다. 흑백 이미지 중 밝은 부분이 돌출되는 효과를 표현합니다.

매핑한 이미지

디스플레이스먼트 이미지

Bitmap 타입의 옵션 알아보기

[Bitmap] 옵션 창의 세부 옵션 설정에 따라 디스플레이스먼트 효과의 표현이 각각 다르게 나타납니다.

1 | Filter Type

필터 타입을 설정(기본 설정: Mip-map)합니다.

No Filter

Mip-map

Summed-area

2 | Filter Blur

필터 강도를 설정(기본 설정: 0.15)합니다. 불러온 이미지의 선명도를 흐리게 해 디스플레이스먼트 효과를 부드럽게 표현하는 옵션입니다.

0.15

10

20

3 | Color Space

색 공간 타입을 설정(기본 설정: Screen Space(sRGB))합니다. Custom Gamma Curve 타입은 수치값을 설정할 수 있습니다.

Screen Space(sRGB)

Rendering Space(Linear)

Custom Gamma Curve(기본값: 0.454545)

Custom Gamma Curve 1

8 | Water Level - Level Height

적용된 수치값(기본 설정: 0)만큼 디스플레이스먼트로 표현되는 지오메트리를 절삭해 렌더링합니다.

0(기본값)

1

03 | Environment Overrides ─────────

맵을 적용해 메트리얼의 배경, 반사, 굴절 환경을 재설정(기본 설정: 체크 표시 해제)합니다.

1 | Background

배경을 재설정합니다.

2 | Reflection

반사를 재설정합니다.

3 | Refraction

굴절을 재설정합니다.

[Binding]
레이어의 구성 요소 알아보기

스케치업의 화면과 브이레이 [Materials] 옵션 창의 연동성 여부를 설정(기본 설정: 활성)하는
[Binding] 레이어에 대해 알아보겠습니다.

01 | Color

색상의 연동성 여부를 설정(기본 설정: 활성)합니다.

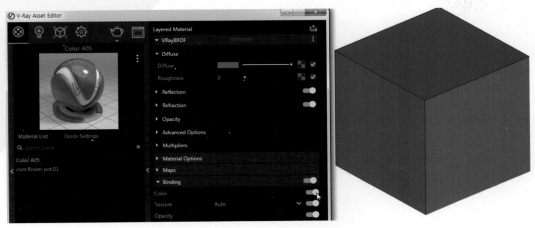

활성

비활성 – 색상 수정 – 스케치업 화면은 수정한 색상이 반영되지 않음

02 | Texture

텍스처의 연동성 여부를 설정(기본 설정: Auto, 활성)합니다. Texture Helper 타입을 선택하면 원본 메트리얼이 아닌 브이레이 매핑 좌표 메트리얼로 표현됩니다.

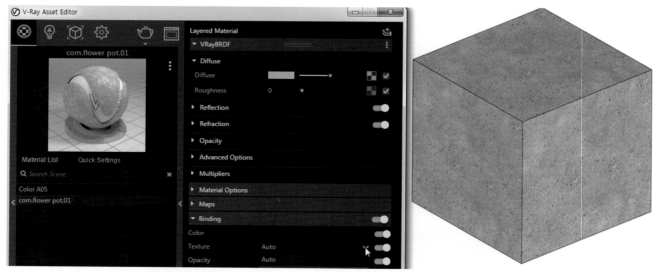

Auto

Texture Helper: 브이레이 매핑 좌표 메트리얼로 표현됨

03 | Opacity

불투명도의 연동성 여부를 설정(기본 설정: 활성)합니다.

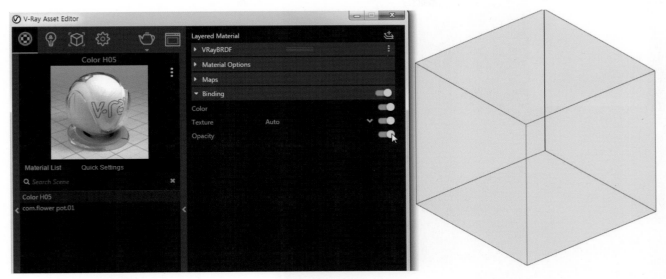

반사, 굴절 활성 – Opacity 활성

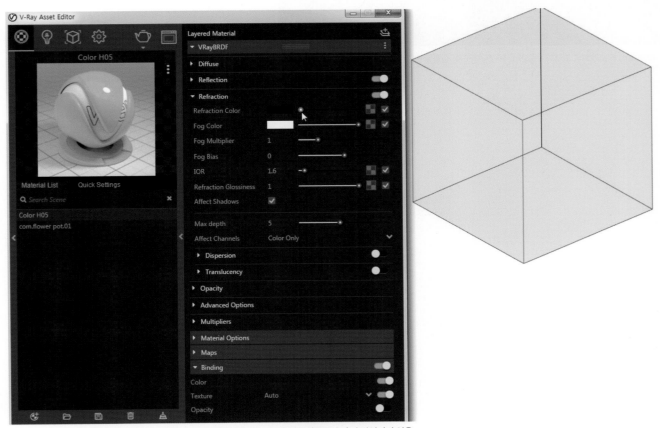

Opacity 비활성 – 굴절(Refraction) 비활성 – 스케치업 화면에는 수정한 설정(불투명도)이 반영되지 않음

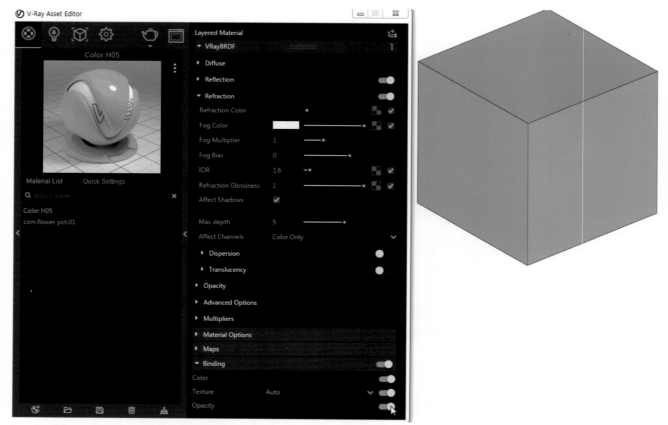

Opacity 활성 – 스케치업 화면도 수정한 설정(불투명도)이 반영됨

브이레이 작업 버전에 따른 [Materials] 옵션 창의 레이어 차이

다운로드한 컴포넌트나 이전에 작업한 파일을 실행했을 경우, 해당 파일의 스케치업 브이레이 버전에 따라 레이어의 차이가 나타납니다. 즉, 스케치업 브이레이 3.0 버전대에서 작업한 파일과 그렇지 않은 파일의 레이어가 다르다는 의미입니다. 독자들이 3D Warehouse나 온라인에서 다운로드한 컴포넌트(또는 스케치업 파일)나 갖고 있는 컴포넌트(또는 스케치업 파일)를 스케치업 브이레이 3.0 버전대에서 실행하면 3.0 버전대에서 작업한 파일의 레이어와 다르게 나타납니다. 독자들이 기지고 있는 파일 중 90% 이상이 해당(2018년 10월 현재)한다고 이해하면 됩니다.

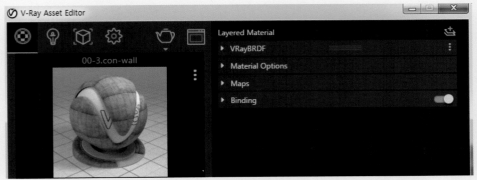

브이레이 3.0 버전대에서 작업한 파일의 메트리얼: 브이레이 통합 레이어인 VRayBRDF 레이어가 자동 생성됨

브이레이 3.0 이하 버전대에서 작업한 파일의 메트리얼: VRayBRDF 레이어가 생성되지 않고 Diffuse 레이어가 자동 생성됨,
반사(Reflection)나 굴절(Refraction)을 설정해놓았으면 해당 레이어가 자동 생성됨

브이레이 3.0 이하 버전대에서 작업한 파일의 메트리얼에 반사(또는 굴절) 레이어를 추가하려면 Add Layer 아이콘(⬆)을 클릭해 Reflection(또는 Refraction)을 클릭하면 됩니다. 레이어를 삭제하려면 레이어 탭의 Layer options 아이콘(⋮) 아이콘을 클릭한 후 Delete 를 클릭하면 됩니다. Layer options 아이콘(⋮)이 없는 레이어는 삭제하지 못하는 기본 레이어입니다.

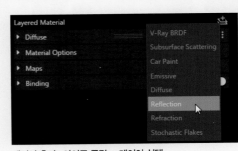

레이어 추가: 아이콘 클릭 - 레이어 선택

레이어 삭제: 아이콘 클릭 - Delete 클릭

[V-Ray Asset Editor] 창의 [Lights] 옵션 창 알아보기

3강

[V-Ray Asset Editor] 창의 Lights 아이콘(💡)을 클릭하면 [Lights] 옵션 창이 나타나며, 현재 모델에 있는 조명이 모두 표시됩니다. 이번에는 SunLight 및 인공조명의 [Lights] 옵션 창의 구성 요소에 대해 알아보겠습니다.

학습목표

스케치업 브이레이에서 인공조명의 역할은 매우 크며 제각각 특성이 있습니다. 예를 들어, 사각형 조명인 렉탱글 라이트(Rectangle Light)는 실내 장면에 거의 필수로 사용되며, 주조명 및 간접 조명 용도로 사용됩니다. 이와 같이 장면과 상황에 맞는 인공조명을 배치하는 것이 중요한 만큼 이번 과정에서 학습하는 인공조명의 특성과 사용 방법을 꼭 이해하기 바랍니다.

[SunLight] 옵션 창의 구성 요소 알아보기

상세기능 1

[V-Ray Asset Editor] 창의 Lights 아이콘(💡)을 클릭한 후 SunLight를 클릭하고 펼침 아이콘(▶)을 클릭하면 나타나는 [SunLight] 옵션 창에 대해 알아보겠습니다. V-Ray Asset Editor] 창에서 좌, 우의 창을 확장하려면 펼침 / 닫힘 아이콘(▶/◀)을 클릭하고, 각종 탭이나 옵션 탭을 펼치거나 닫으려면 펼침 / 닫힘 화살표(▶ / ▼)를 클릭하면 됩니다.

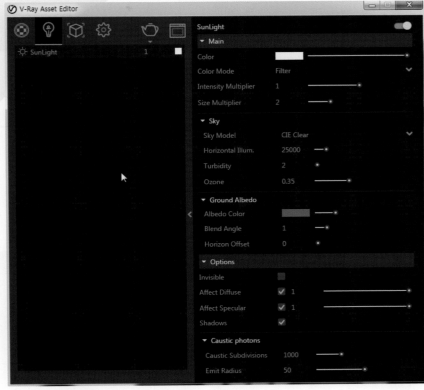

[SunLight] 옵션 창

| 알아두기 | **조명 옵션 창의 왼쪽 옵션**

왼쪽의 옵션은 조명의 활성 여부 및 종류, 세기, 색상을 설정할 수 있으며, 오른쪽의 옵션 창과 연동됩니다. 인공조명의 왼쪽 옵션은 동일하기 때문에 이후로는 왼쪽 옵션의 설명은 생략합니다.

1. SunLight: 조명의 활성 여부를 설정하며, 아이콘을 클릭해 활성(☀), 비활성(■)합니다.
2. Intensity: 세기를 설정합니다.
3. Color: 색상을 설정합니다.

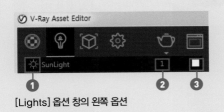

[Lights] 옵션 창의 왼쪽 옵션

01 | SunLight

선 라이트의 활성(◑██), 비활성(██◑) 여부를 설정(기본 설정: 활성)합니다. 해당 옵션의 활성, 비활성 여부는 좌측에 있는 조명 아이콘과도 연동되며 활성(☀), 비활성(██) 상태로 표시됩니다. 선 라이트는 태양(sun)으로 이해하기 바랍니다.

선 라이트 비활성 – 우측 창의 아이콘도 비활성으로 바뀜

02 | Main

[Main] 탭의 하부 옵션에 대해 알아보겠습니다.

1 | Color

선 라이트의 색상을 설정(기본 설정: 흰색)합니다.

기본 설정: 흰색

회색

주황색

2 | Color Mode

컬러 모드를 설정(기본 설정: Filter)합니다. 내림 버튼(▼)을 클릭해 여러 가지 타입을 선택할 수 있으며 Filter, Direct 타입은 색감을 따뜻하게, Override 타입은 차갑게 표현합니다.

Filter, Direct

Override

3 | Intensity Multiplier

선 라이트의 세기를 설정(기본 설정: 1)합니다.

Intensity Multiplier 1

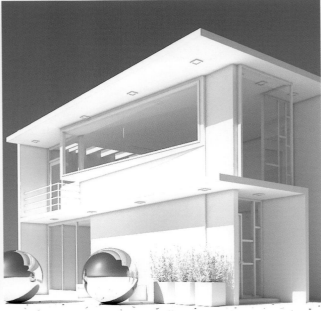
Intensity Multiplier 2

| 알아두기 | **옵션의 수치값**

수치 입력란에 마우스 포인터를 올려놓으면 최솟값(Min), 최댓값(Max), 기본값(Default)이 말풍선으로 표시됩니다.

수치값을 설정할 때 수치 입력란을 클릭한 후 키보드로 입력하는 것이 슬라이드로 조절하는 것보다 편리합니다.

4 | Size Multiplier

태양의 크기로 인한 그림자의 부드러움을 설정(기본 설정: 2)합니다. 수치값을 올리면 그림자의 경계면이 부드러워집니다.

Size Multiplier 2

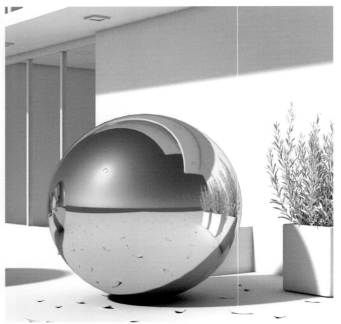

Size Multiplier 6: 그림자의 경계면이 부드러워짐

5 | Sky

스카이 모델, 환경 색상의 밝기, 대기의 흐림 정도, 햇빛의 색상을 설정합니다.

① Sky Model

Sky 타입을 설정(기본 설정: Hosek et al)합니다. 내림 버튼(⌄)을 클릭해 다양한 환경 색상을 표현할 수 있습니다. 저자는 CIE Clear 타입을 주로 사용합니다.

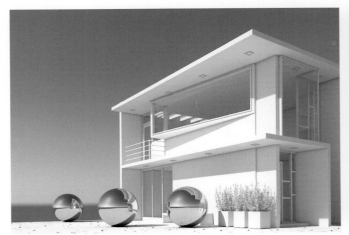

Preetham et al

CIE Clear

CIE Overcast

Hosek et al

② Horizontal Illum.

환경광의 세기를 설정(기본 설정: 25000)합니다.

Horizontal Illum 10000

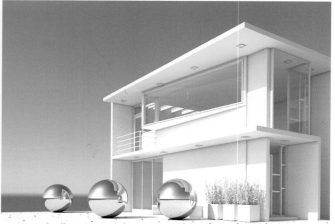

Horizontal Illum 50000

③ Turbidity

대기의 흐림 정도를 설정(기본 설정: 2.5)합니다. 수치값이 낮으면 맑은 하늘, 높으면 흐린 하늘로 표현됩니다. 저자는 가장 맑게 표현하는 수치값인 2를 주로 사용합니다.

Turbidity 2

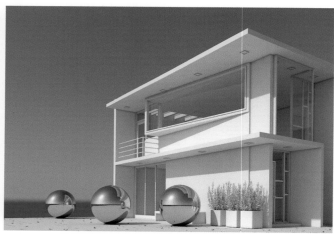

Turbidity 6

그림자 시간

스케치업 [Shadows] 창에서 설정한 그림자 시간이 브이레이 렌더링에 그대로 반영되기 때문에 그림자 시간에 따라 다양한 느낌을 표현할 수 있습니다.

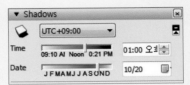

스케치업 [Shadows] 창의 그림자 시간 설정

10월 20일 오후 한 시

오후 세 시

오후 다섯 시

④ Ozone

햇빛의 색상을 설정(기본 설정: 0.35)합니다. 0 에 가까운 수치값은 햇빛을 노란색, 1 과 가까운 수치값은 파란색으로 표현합니다.

Ozone 0

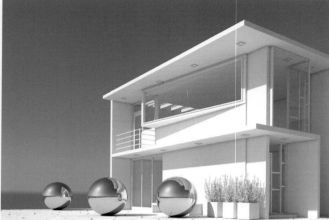

Ozone 1

6 | Ground Albedo

지평선의 색상, 위치 등을 설정합니다.

① Albedo Color

브이레이 Sun & Sky의 지면(지평선) 색상을 설정(기본 설정: 회색, R:51, G:51, B:51)합니다.

회색(기본 설정)

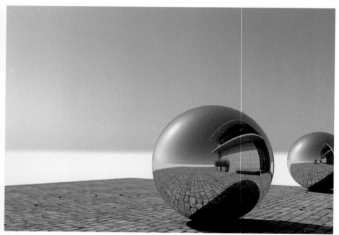

흰색

② Blend Angle

지평선과 하늘 사이의 색이 혼합되는 각도 및 범위를 설정(기본 설정: 5.739)합니다. 값이 클수록 부드러운 지평선을 생성하며, 0에 가까울수록 선명한 지평선을 생성합니다.

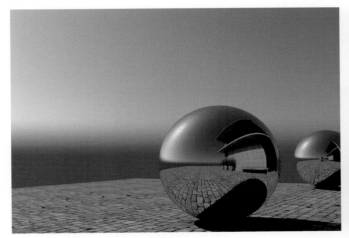

5.739(기본 설정)

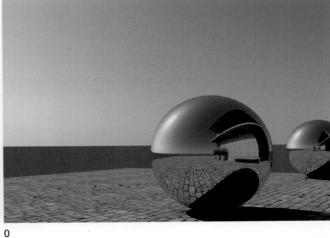

0

③ Horizon Offset

지평선의 위치를 설정(기본 설정: 0)합니다.

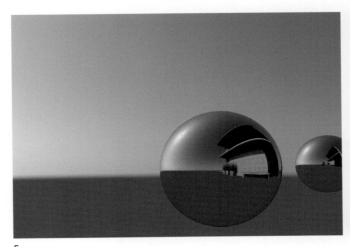

5

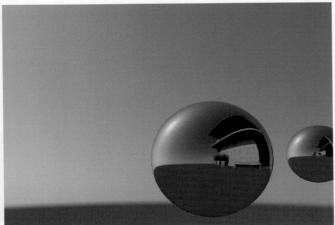

15

03 | Options

선 라이트의 세부 옵션에 대해 알아보겠습니다.

1 | Invisible

선 라이트의 숨김 여부를 설정합니다(기본 설정: 체크 표시 해제). [Invisible] 옵션에 체크 표시를 하면 선 라이트는 보이지 않으며, 선 라이트가 발산하는 빛만 표현됩니다.

체크 표시 해제(기본 설정): 선 라이트가 보임

체크: 선 라이트가 보이지 않음

2 | Affect Diffuse

빛의 난반사를 설정(기본 설정: 체크 표시)합니다. 체크 표시를 해제하고 렌더링하면 빛의 난반사가 이뤄지지 않습니다.

체크(기본 설정)

체크 표시 해제

| 알아두기 | **Affect Diffuse**

[Affect Diffuse] 옵션의 수치
값(기본 설정: 1)을 올리면 빛
의 난반사가 더욱 많이 이뤄져
장면이 밝아집니다.

1   3

3 | Affect Specular

재질의 하이라이트 부분에 광원이 비춰 보이는 광원의 반사 여부를 설정(기본 설정: 체크 표시)하지만 [invisible] 옵션에 체크 표시 해제를 하면 선 라이트
가 보이지 않기 때문에 해당 옵션의 체크 유무에 따른 이미지의 차이는 없습니다.

4 | Shadows

그림자의 표현 여부를 설정(기본 설정: 체크 표시)합니다.

체크(기본 설정)   체크 표시 해제

5 | Caustic photons

빛이 투명한 객체를 통과할 때 주변으로 산란되는 현상인 커스틱(Caustics) 효과의 품질 및 반경을 설정합니다.

① Caustic Subdivisions

커스틱 효과의 품질을 설정(기본 설정: 1000)합니다. 광원에서 방출되는 광자(Photons, 빛의 입자, 빛의 알갱이)의 수를 설정하는 옵션으로 수치값이 높으면 이미지의 품질은 좋아지고 렌더타임이 길어집니다.

② Emit Radius

광자가 방출될 태양 주위의 반경을 설정(기본 설정: 50)합니다.

| 알아두기 | **[Sky] 옵션 창과 연동**

[SunLight] 옵션 창에서 설정한 옵션은 [Settings] 옵션 창에 있는 [Environment] 탭의 [Background] 옵션에 설정된 타입인 [Sky] 옵션 창과 자동으로 연동됩니다. 즉, [SunLight] 옵션 창이나 [Sky] 옵션 창 중 한 부분을 수정하면 나머지 옵션 창은 자동으로 수정된다는 의미입니다.

[SunLight] 옵션 창에서 수치값을 수정한 후 [Environment] 탭에 있는 [Background] 옵션의 [활성 맵] 버튼(■)을 클릭해 [Sky] 옵션 창의 수치값을 확인하면 수정한 수치값이 그대로 반영된 것을 알 수 있습니다.

[Background] 옵션의 [활성 맵] 버튼(■) 클릭

[Sky] 옵션 창 확인

[V-Ray Rectangle Light] 옵션 창의 구성 요소 알아보기

상세기능 2

[V-Ray Rectangle Light] 옵션 창의 구성 요소에 대해 알아보겠습니다. [Lights] 옵션 창의 오른쪽에 있는 아이콘 및 옵션 설명은 선 라이트와 동일하므로 생략합니다.

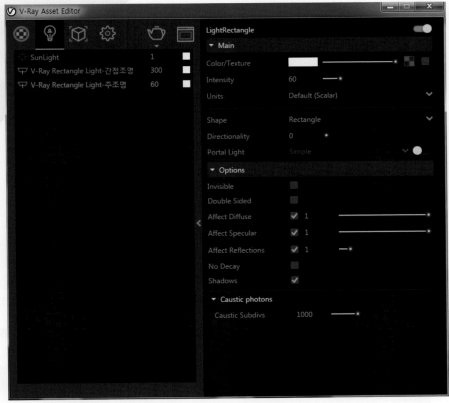

[V-Ray Rectangle Light] 옵션 창

01 | LightRectangle

렉탱글 라이트의 활성(￼), 비활성(￼) 여부를 설정(기본 설정: 활성)합니다. 해당 옵션의 활성, 비활성 여부는 [V-Ray Asset Editor] 창의 [Lights] 옵션 창 좌측에 있는 조명 아이콘과도 연동되며, 활성(￼), 비활성(￼) 상태로 표시됩니다.

비활성 – 아이콘 모양도 비활성 아이콘으로 바뀜

렉탱글 라이트 만들기

V-Ray Lights 도구 모음(　　　　　　)에 있는 Rectangle Light 도구(　)를 선택한 후 렉탱글 라이트를 배치할 시작점을 클릭하고 드래그해 끝점을 클릭하면 렉탱글 라이트가 만들어집니다. 이때 주의해야 할 점은 렉탱글 라이트는 면을 기준으로 만들어지기 때문에 면에 딱 붙어서 생성된다는 것입니다. 면에 붙어 있을 경우 렉탱글 라이트의 빛이 올바르게 표현되지 않는 경우가 있으므로 렉탱글 라이트를 면에서 몇 미리라도 띄워 배치하기 바랍니다. 또한 렉탱글 라이트는 기본적으로 빛이 앞면으로만 발산되기 때문에 뒷면으로 생성되면 렉탱글 라이트에 마우스 포인터를 위치시키고 우클릭해 나타나는 확장 메뉴 중 대칭 이동 명령인 [Flip Along-Group's Blue]로 앞면이 보이도록 뒤집어야 합니다.

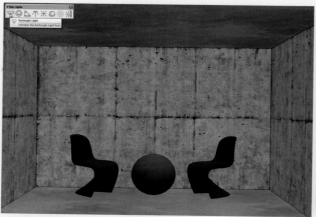

도구 클릭

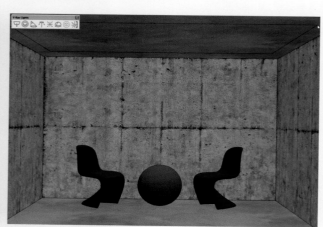

시작점 클릭 - 드래그 - 끝점 클릭

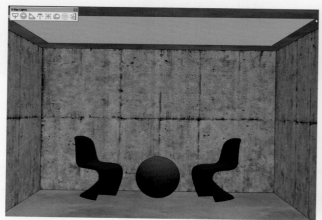

만들어진 상태

렌더링: 빛이 표현됨

02 | Main

[Main] 탭의 옵션에 대해 알아보겠습니다.

1 | Color / Texture

색상과 이미지를 설정합니다.

① Color

빛의 색상을 설정(기본 설정: 흰색)합니다.

흰색

노란색

② Texture

조명으로 표현할 맵 타입을 설정(기본 설정: 비활성)합니다. [비활성 맵] 버튼(■)
을 클릭해 타입을 Bitmap으로 선택하고 이미지를 불러오면 [활성 맵] 버튼(■)으
로 수정되며, 옵션에 체크 표시를 하고 렌더링하면 이미지가 조명으로 표현됩니다.

[비활성 맵] 버튼(■) 클릭 – 이미지 불러옴   옵션 체크

불러온 이미지

렌더링 – 불러온 이미지가 조명으로 표현됨

2 | Intensity

렉탱글 라이트의 세기를 설정(기본 설정:30)합니다.

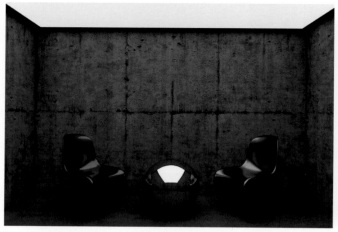

Intensity : 30

90

3 | Units

빛의 단위를 설정(기본 설정:Default(Scalar))합니다. 내림 버튼(▼)을 클릭하면 여러 가지 단위를 설정할 수 있지만, 가장 많이 사용하는 단위는 기본으로 설정된 Default(Scalar)입니다.

4 | Shape

렉탱글 라이트의 모양을 설정(기본 설정:Rectangle)합니다. 내림 버튼(▼)을 클릭한 후 [Ellipse]를 선택하면 타원형으로 표현됩니다.

Rectangle

Ellipse

렉탱글 라이트의 크기

렉탱글 라이트는 크기와 밝기가 비례합니다. 동일한 세기라도 렉탱글 라이트의 크기가 크면 더 밝아집니다.

Intensity 90

Intensity 90

일반적으로 크기가 큰 주조명 용도로 사용하는 렉탱글 라이트에 비해 간접 조명 용도로 사용하는 렉탱글 라이트는 폭이 좁습니다. 폭이 좁기 때문에 주조명으로 사용하는 렉탱글 라이트에 비해 세기를 높게 설정해야 합니다.

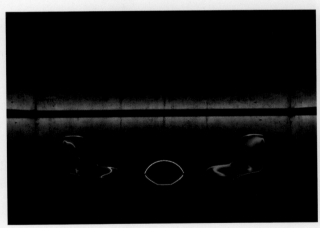

세기 90

세기 600

5 | Directionality

렉탱글 라이트의 직전성을 설정(기본 설정: 0)합니다. 수치값이 0이면 빛이 모든 방향으로 균등하게 분산되며, 수치값이 올라가면 빛이 한 방향으로 집중됩니다.

기본 설정: 0

0.5

1

6 | Portal Light

Portal Light 활용 여부를 설정(기본 설정: 비활성)합니다. 활성하면 렉탱글 라이트의 세기는 무시되며, [Environment] 탭에서 제어됩니다. 실내로 유입되는 빛을 조금 더 강조할 경우에 활용하는 옵션입니다.

비활성(기본 설정)

활성

| 알아두기 | **확장 메뉴**

[Lights] 옵션 창에서 설치한 인공조명에 마우스 포인터를 위치시킨 후 우클릭하면 나타나는 확장 메뉴에 대해 알아보겠습니다.

❶ Select In Viewport: 스케치업 화면에서 해당 조명을 선택합니다.
❷ Rename: 이름을 수정합니다.
❸ Delete: 조명을 삭제합니다.

03 | Options

렉탱글 라이트의 세부 옵션에 대해 알아보겠습니다.

1 | Invisible

렉탱글 라이트의 숨김 여부를 설정(기본 설정: 체크 표시 해제)합니다. [Invisible] 옵션에 체크 표시를 하면 렉탱글 라이트는 보이지 않고 렉탱글 라이트가 발산하는 빛만 표현되며, 반사값을 가진 재질에는 렉탱글 라이트가 반사됩니다.

체크 표시 해제(기본 설정)   체크: 반사값을 가진 재질에 렉탱글 라이트가 반사됨

2 | Double Sided

렉탱글 라이트의 빛의 발산 방향을 설정(기본 설정: 체크 표시 해제)합니다. 렉탱글 라이트는 기본적으로 앞면으로만 빛이 발산되지만, [Double Sided] 옵션에 체크 표시를 하면 빛이 양면으로 발산됩니다. 렉탱글 라이트는 두께가 없는 면으로 생성되지만, [Double Sided] 옵션에 체크 표시를 하면 빛의 경계면에 그림자가 나타나기 때문에 사용 시 주의해야 합니다.

렉탱글 라이트가 모델의 중간에 배치된 상태: 체크 표시 해제(기본 설정) – 빛이 아래로 만 발산됨   체크 – 빛이 아래위로 발산되며 렉탱글 라이트의 경계면에 그림자 나타남

3 | Affect Diffuse

빛의 난반사로 인해 보이는 재질의 색상 표현 여부를 설정(기본 설정: 체크 표시)합니다. 체크 표시를 해제하고 렌더링하면 반사값을 가진 재질에는 반사로 인해 색상이 일부 표현되지만, 반사값이 없는 재질은 아무것도 표현되지 않습니다.

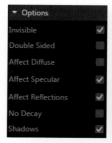

Affect Diffuse 체크 표시
해제

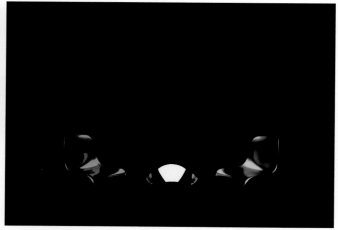

반사값을 가진 재질만 표현됨

4 | Affect Specular

재질의 하이라이트 부분에 광원이 비춰 보이는 광원의 반사 여부를 설정(기본 설정: 체크 표시)합니다.

[Affect Reflection] 옵션이 체크돼 있으면 체크 표시 및 해제된 상태의 차이점이 크게 나타나지 않으며, [Affect Reflection] 옵션이 체크 표시 해제돼 있으면 차이점을 확인할 수 있습니다.

[Affect Reflection] 체크 표시 해제, [Affect Specular] 체크

[Affect Reflection] 체크 표시 해제, [Affect Specular] 체크 표시 해제

5 | Affect Reflection

반사값을 가진 재질에 조명의 반사 여부를 설정(기본 설정: 체크 표시)합니다.

체크

체크 표시 해제

| 알아두기 | **반사 표현**

[Affect Specular] 옵션과 [Affect Reflections] 옵션은 수치값을 입력해 반사값을 가진 재질에 조명을 더 많이 반사시킬 수 있습니다. 하나의 옵션 수치값만 입력해도 나머지 옵션의 수치값은 자동으로 연동됩니다.

수치값 1

수치값 5: 반사 표현이 더 많이 됨

6 | No Decay

빛의 세기의 감소 여부를 설정(기본 설정: 체크 표시 해제)합니다. 빛의 세기는 광원이 있는 곳에서 멀어질수록 감소하지만, [No Decay] 옵션에 체크 표시를 하면 광원에서 멀어지더라도 빛의 세기가 감소하지 않습니다. 단, 거리의 제한 없이 무한계로 빛의 세기가 균등하게 표현되는 것은 아닙니다.

체크 표시 해제(기본 설정): 빛의 세기가 감소함

체크: 빛의 세기가 감소하지 않음

7 | Shadows

빛으로 인한 그림자의 표현 여부를 설정(기본 설정: 체크 표시)합니다.

Shadows 체크 표시 해제

그림자가 표현되지 않음

8 | Caustic photons - Caustic Subdivs

커스틱 효과의 품질을 설정합니다.

인공조명 컴포넌트 저장하기

인공조명 컴포넌트를 외부로 저장하는 방법과 활용하는 방법에 대해 알아보겠습니다.

1 | 인공조명 컴포넌트 저장하기

인공조명(렉탱글 라이트, 스피어 라이트, 스팟 라이트, IES 라이트, 옴니 라이트, 돔 라이트, 메시 라이트)을 만들면 스케치업 [Components] 창에 컴포넌트로 자동 등록되기 때문에 세부 옵션을 설정한 후 [Save As] 명령으로 저장해 언제든지 작업 중인 파일로 불러와 사용할 수 있지만, 저장된 컴포넌트의 크기가 원본보다 작게 저장되는 문제가 자주 발생합니다. 3.60.03 버전의 버그로 다음 버전에서는 개선될 것이라 예상합니다.

컴포넌트로 자동 등록됨 – Save As 명령
으로 저장해서 활용

2 | 스케치업 파일 활용

크기가 작게 저장되는 문제 때문에 저자는 모든 인공조명 컴포넌트가 배치된 스케치업 파일을 별도로 활용합니다. 작업 중인 파일과 인공조명 컴포넌트가 배치된 파일을 각각 열어 작업하고 있다는 의미입니다. 배치된 인공조명 컴포넌트는 옵션 값이 모두 설정돼 있기 때문에 특정 컴포넌트를 복사한 후 작업 중인 파일에 붙여 넣기해서 렌더링하면 동일한 빛을 표현합니다. 이렇게 복사, 붙여 넣기로 사용하면 크기가 줄어드는 문제는 발생하지 않습니다.

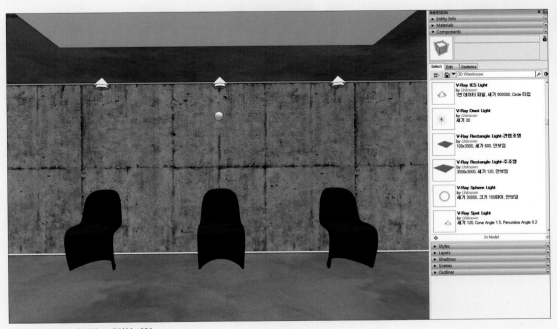

인공조명이 모두 배치된 스케치업 파일

렉탱글 라이트(주조명) 테스트 렌더링

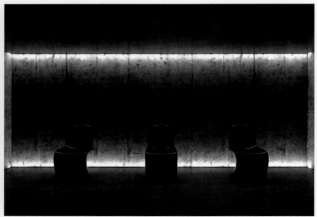

렉탱글 라이트(보조 조명) 테스트 렌더링

IES 라이트 테스트 렌더링

스팟 라이트 테스트 렌더링

[V-Ray Sphere Light] 옵션 창의 구성 요소 알아보기

[V-Ray Sphere Light] 옵션 창의 구성 요소에 대해 알아보겠습니다.

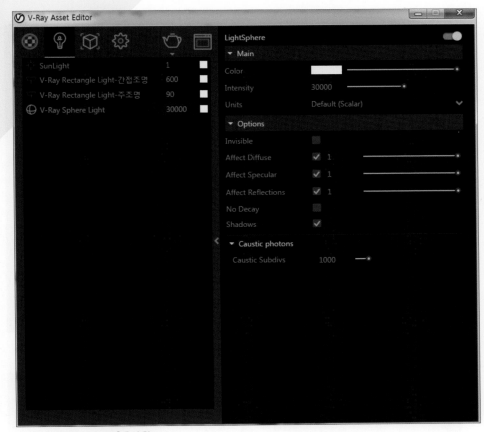

[V-Ray Sphere Light] 옵션 창

01 | LightSphere

스피어 라이트의 활성(█◯), 비활성(◯█) 여부를 설정합니다.

스피어 라이트 만들기

V-Ray Lights 도구 모음( )에 있는 Sphere Light 도구(◎)를 클릭하고 원하는 지점을 클릭한 다음 좌, 우로 드래그해 크기를 조절하고 적당한 크기가 됐을 때 클릭하면 스피어 라이트가 만들어집니다.

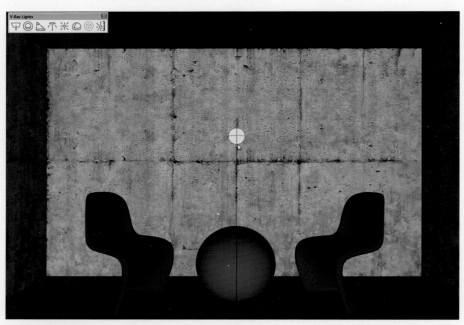

스피어 라이트 만들기

렌더링

02 | [Main] 탭

[Main] 탭의 옵션에 대해 알아보겠습니다.

1 | Color

빛의 색상을 설정(기본 설정: 흰색)합니다.

흰색

노란색

2 | Intensity

스피어 라이트의 세기(기본 설정: 30)를 설정합니다.

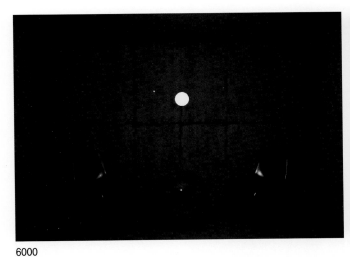

6000

60000

3 | Units

빛의 단위를 설정(기본 설정:Default(Scalar))합니다. 내림 버튼(🔽)을 클릭하면 여러 가지 단위를 설정할 수 있지만, 가장 많이 사용하는 단위는 기본으로 설정된 Default(Scalar)입니다.

| 알아두기 | **스피어 라이트의 크기**

스피어 라이트는 크기와 밝기가 비례합니다. 동일한 세기라도 크기가 크면 더 밝아집니다.

Intensity 60000

Intensity 60000

03 | Options

스피어 라이트의 세부 옵션에 대해 알아보겠습니다.

1 | Invisible

스피어 라이트의 숨김 여부를 설정(기본 설정: 체크 표시 해제)합니다. [Invisible] 옵션에 체크 표시를 하면 스피어 라이트는 보이지 않으며, 스피어 라이트가 발산하는 빛만 표현됩니다. 스피어 라이트는 보이지 않지만, 반사값을 가진 재질에는 스피어 라이트가 반사됩니다.

Invisible 체크 표시 해제

Invisible 체크

2 | Affect Diffuse

빛의 난반사로 인해 보이는 재질의 색상 표현 여부를 설정(기본 설정: 체크 표시)합니다. 체크 표시를 해제하고 렌더링하면 반사값을 가진 재질에는 반사로 인해 색상이 일부 표현되지만, 반사값이 없는 재질은 아무것도 표현되지 않습니다.

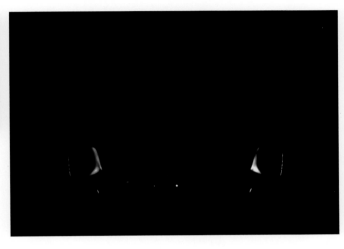

체크 표시 해제

3 | Affect Specular

재질의 하이라이트 부분에 광원이 비춰 보이는 광원의 반사 여부를 설정(기본 설정: 체크 표시)합니다.

체크

체크 표시 해제

4 | Affect Reflection

반사값을 가진 재질에 조명의 반사 여부를 설정(기본 설정: 체크 표시)합니다.

5 | No Decay

빛의 세기의 감소 여부를 설정(기본 설정: 체크 표시 해제)합니다. 빛의 세기는 광원이 있는 곳에서 멀어질수록 감소하지만, [No Decay] 옵션에 체크 표시를 하면 광원에서 멀어지더라도 빛의 세기가 감소하지 않습니다.

체크 표시 해제

체크

6 | Shadows

빛으로 인한 그림자의 표현 여부를 설정(기본 설정: 체크 표시)합니다.

Shadow 체크 표시 해제

그림자가 표현되지 않음

7 | Caustic photons - Caustic Subdivs

커스틱 효과의 품질을 설정합니다.

[V-Ray Spot Light]
옵션 창의 구성 요소 알아보기

상세기능 4

[V-Ray Spot Light] 옵션 창의 구성 요소에 대해 알아보겠습니다.

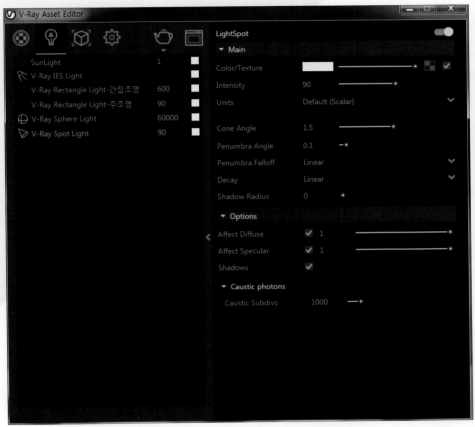

[V-Ray Spot Light] 옵션 창

스팟 라이트 만들기 / 자체 발광

스팟 라이트를 만드는 방법과 자체 발광에 대해 알아보겠습니다.

1 | 스팟 라이트 만들기

V-Ray Lights 도구 모음(   )에 있는 Spot Light 도구(△)를 클릭한 후 스팟 라이트를 배치할 지점을 클릭하면 스팟 라이트가 배치됩니다.

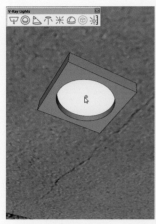

도구 클릭-배치할 지점 클릭

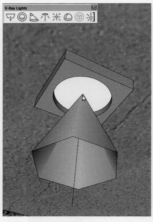

스팟 라이트가 배치됨

렌더링

2 | 자체 발광

조명의 발광 부위에 매핑한 메트리얼은 자체 발광(Emissive)으로 표현합니다.

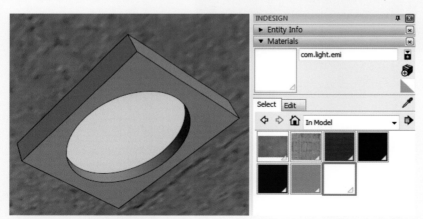

조명의 발광 부위에 매핑된 메트리얼

매핑한 메트리얼을 자체 발광으로 표현하려면 [V-Ray Asset Editor] 창의 [Materials] 옵션 창에서 메트리얼을 선택하고 Add Layer 아이콘()을 클릭해 Emissive(자체 발광) 레이어를 추가하면 됩니다.

Emissive 클릭

Emissive 레이어가 추가된 상태

스케치업 이미지: 레일 할로겐과 펜던트 조명의 발광 부위에 자체 발광 레이어 추가

렌더링 이미지: 조명의 발광 부위는 자체 발광으로 표현, 장면의 빛은 IES 라이트로 표현

01 | LightSpot

스팟 라이트의 활성( ), 비활성( ) 여부를 설정합니다.

02 | Main

[Main] 탭의 옵션에 대해 알아보겠습니다.

1 | Color/Texture

색상과 이미지를 설정합니다.

① Color

빛의 색상을 설정(기본 설정: 흰색)합니다.

② Texture

조명으로 표현할 맵 타입을 설정(기본 설정: 비활성)합니다. [비활성 맵] 버튼( )을 클릭해 Bitmap 타입으로 설정하고 이미지를 불러오면 [활성 맵] 버튼
( )으로 수정되며, 옵션에 체크 표시를 하고 렌더링하면 빛을 받은 부분에 이미지가 표현됩니다.

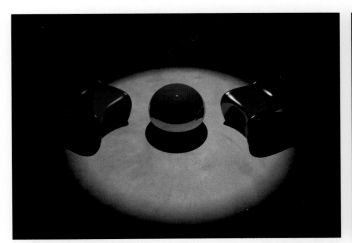

이미지를 적용하지 않은 경우

이미지를 적용한 경우

2 | Intensity

스팟 라이트의 세기를 설정(기본 설정:30)합니다.

30

150

| 알아두기 | **스팟 라이트의 크기**

스팟 라이트는 크기가 작아진다고 밝기가 약해지지 않습니다. 스팟 라이트의 크기를 작게 설정하면 빛이 반영되는 높이만 조금 차이 날 뿐이므로 굳이 스팟 라이트의 크기를 조절할 필요는 없습니다.

기본 크기

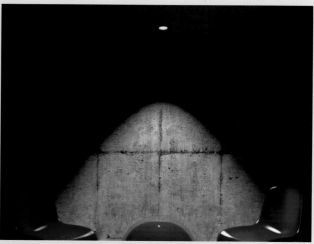
0.1배 크기 조절: 빛의 반영이 약간 내려옴

---

3 | Units

빛의 단위를 설정(기본 설정:Default(Scalar))합니다. 내림 버튼()을 클릭하면 여러 가지 단위를 설정할 수 있지만, 가장 많이 사용하는 단위는 기본으로 설정된 Default(Scalar)입니다.

4 | Cone Angle

빛이 산란되는 각도를 설정(기본 설정: 57.3)합니다. 수치값이 높으면 빛의 산란 각도가 더 넓어져 장면이 더 밝아집니다.

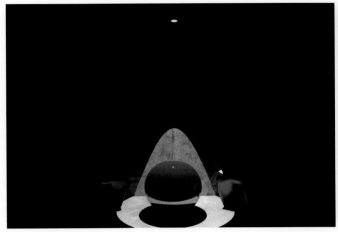

기본값: 57.3

120

5 | Penumbra Angle

반그림자 각도를 설정(기본 설정: 0)합니다. 수치값이 높으면 반그림자 각도가 올라가며, 그림자의 경계면이 부드러워집니다.

기본값: 0

10

6 | Penumbra Falloff

반그림자의 범위를 설정(기본 설정:Linear)합니다. 내림 버튼(▼)을 클릭해 타입을 설정할 수 있습니다.

Linear

Smooth Cubic

7 | Decay

빛의 표현 방식을 설정(기본 설정:Linear)합니다. 내림 버튼(▼)을 클릭하면 여러 가지 타입을 설정할 수 있지만, 가장 많이 사용하는 타입은 기본으로 설정된 Linear입니다.

8 | Shadow Radius

그림자 경계면의 부드러움 정도를 설정(기본 설정:0)합니다.

기본 설정 0

3

| 알아두기 | **스팟 라이트 배치**

스팟 라이트의 꼭짓점이 객체의 면에 맞닿게 배치해야 합니다. 객체에 매입되게 배치하면 빛이 표현되지 않습니다.

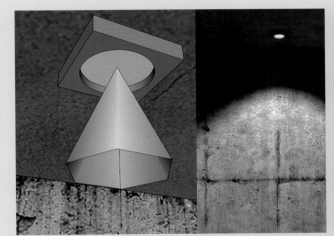 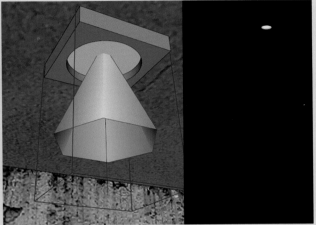

면에 맞닿게 배치: 일반적인 배치 · 객체에 20mm 매입되게 배치: 빛이 표현 안 됨

03 | Options

스팟 라이트의 세부 옵션에 대해 알아보겠습니다.

1 | Affect Diffuse

빛의 난반사로 인해 보이는 재질의 색상 표현 여부를 설정(기본 설정: 체크 표시)합니다. 체크 표시를 해제하고 렌더링하면 반사값을 가진 재질에는 반사로 인해 색상이 일부 표현되지만, 반사값이 없는 재질에는 아무것도 표현되지 않습니다.

2 | Affect Specular

재질의 하이라이트 부분에 광원이 비춰 보이는 광원의 반사 여부를 설정(기본 설정: 체크 표시)합니다.

3 | Shadows

빛으로 인한 그림자의 표현 여부를 설정(기본 설정: 체크 표시)합니다.

4 | Caustic photons - Caustic Subdivs

커스틱 효과의 품질을 설정합니다.

상세기능 5
[V-Ray IES Light]
옵션 창의 구성 요소 알아보기

[V-Ray IES Light] 옵션 창의 구성 요소에 대해 알아보겠습니다. IES 라이트는 외부에서 데이터 파일을 불러와야 빛이 표현됩니다.

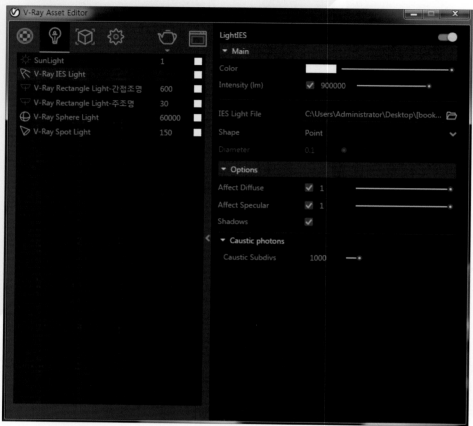

[V-Ray IES Light] 옵션 창

IES 라이트 만들기

V-Ray Lights 도구 모음(   )에 있는 IES Light 도구(↑)를 클릭합니다. [IES File] 창이 나타나면 적용할 ies 데이터 파일을 선택하고 [열기] 버튼을 클릭한 다음 배치할 지점을 클릭하면 IES 라이트가 배치됩니다.

도구 클릭

데이터 파일 선택 – [열기] 버튼 클릭

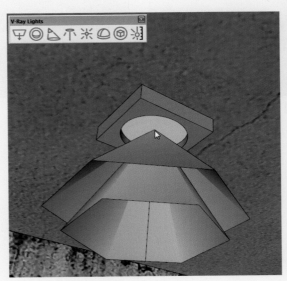

배치할 지점 클릭해 배치 완료

01 | LightIES

IES 라이트의 활성(⬛️◻️), 비활성(◻️⬛️) 여부를 설정합니다.

02 | Main

[Main] 탭의 옵션에 대해 알아보겠습니다.

1 | Color

빛의 색상을 설정(기본 설정: 흰색)합니다.

2 | Intensity (lm)

IES 라이트의 세기를 설정(기본 설정: 체크 표시 해제, 1700)합니다. 세기를 설정하려면 체크 표시를 하고 수치값을 입력하면 됩니다.

300000

900000

| 알아두기 | **IES 라이트의 크기**

IES 라이트는 크기가 작아진다고 밝기가 약해지지 않습니다. IES 라이트의 크기를 작게 설정하면 빛이 반영되는 높이만 조금 차이 날 뿐이므로 굳이 IES 라이트의 크기를 조절할 필요는 없습니다.

3 | IES Light File

IES 데이터 파일 경로를 표시합니다. Open File 아이콘(📂)을 클릭해 데이터 파일을 불러올 수 있습니다.

4 | Shape

빛의 모양을 설정(기본 설정: Point)합니다. 내림 버튼(▼)을 클릭하면 여러 가지 타입을 선택할 수 있습니다. from ies file과 point 타입은 거의 동일하며, Circle 타입은 그림자가 부드러워지고 Sphere 타입은 그림자는 부드러워지지만 조금 어둡게 표현됩니다. 저자는 그림자를 부드럽게 표현하는 Circle 타입을 주로 사용합니다.

From IES File

Point

Circle

Sphere

5 | Diameter

Shape 타입을 Circle, Sphere 로 설정했을 경우에 활성화되는 옵션으로 빛의 지름을 설정(기본 설정: 0.1)합니다.

기본 설정 0.1

0.3

| 알아두기 | **IES 라이트 배치**

IES 라이트의 꼭짓점이 객체의 면에 맞닿게 배치해야 합니다. 객체에 매입되게 배치하면 빛이 표현되지 않습니다.

---

03 | Options

IES 라이트의 세부 옵션에 대해 알아보겠습니다.

1 | Affect Diffuse

빛의 난반사로 인해 보이는 재질의 색상 표현 여부를 설정(기본 설정: 체크 표시)합니다. 체크 표시를 해제하고 렌더링하면 반사값을 가진 재질에는 반사로 인해 색상이 일부 표현되지만, 반사값이 없는 재질은 아무것도 표현되지 않습니다.

2 | Affect Specular

재질의 하이라이트 부분에 광원이 비춰 보이는 광원의 반사 여부를 설정(기본 설정: 체크 표시)합니다.

3 | Shadows

빛으로 인한 그림자의 표현 여부를 설정(기본 설정: 체크 표시)합니다.

4 | Caustic photons - Caustic Subdivs

커스틱 효과의 품질을 설정합니다.

| 알아두기 | **IES 데이터 파일의 종류**

동일한 세기라고 하더라도 IES 데이터 파일의 종류에 따라 빛의 느낌과 장면의 밝기가 달라집니다.

IES 데이터 파일의 종류

[V-Ray Omni Light]
옵션 창의 구성 요소 알아보기

상세기능 6

[V-Ray Omni Light] 옵션 창의 구성 요소에 대해 알아보겠습니다.

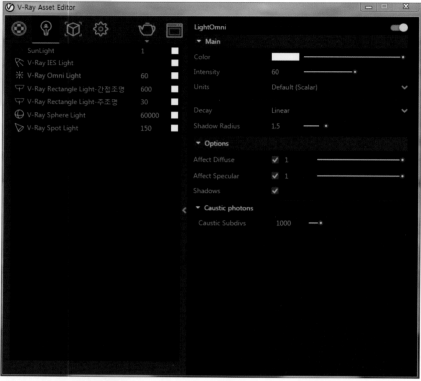

[V-Ray Omni Light] 옵션 창

현장 플러스 + ## 옴니 라이트 만들기

V-Ray Lights 도구 모음(⊽◯△↑⋇◑◉⊰)에 있는 Omni Light 도구(⋇)를 클릭하고 원하는 지점을 클릭하면 옴니 라이트가 만들어집니다.

도구 클릭

원하는 지점을 클릭해 배치

01 | LightOmni

옴니 라이트의 활성(<img_switch_on>), 비활성(<img_switch_off>) 여부를 설정합니다.

02 | [Main] 탭

[Main] 탭의 옵션에 대해 알아보겠습니다.

1 | Color

빛의 색상을 설정(기본 설정: 흰색)합니다.

2 | Intensity

옴니 라이트의 세기(기본 설정: 30)를 설정합니다.

30

90

> | 알아두기 | **옴니 라이트의 크기**
>
> 옴니 라이트의 크기를 수정한다고 밝기가 차이나지 않기 때문에 굳이 옴니 라이트의 크기를 조절할 필요는 없습니다.

3 | Units

빛의 단위를 설정(기본 설정: Default(Scalar))합니다. 내림 버튼(▾)을 클릭하면 여러 가지 단위를 설정할 수 있지만, 가장 많이 사용하는 단위는 기본으로 설정된 Default(Scalar)입니다.

4 | Decay

빛의 표현 방식을 설정(기본 설정: Inverse Square)합니다. 내림 버튼(▼)을 클릭하면 여러 가지 타입을 설정할 수 있지만, 가장 많이 사용하는 타입은 Linear입니다.

5 | Shadow Radius

그림자 경계면의 부드러움 정도를 설정(기본 설정: 0)합니다.

기본 설정 0

2

03 | Options

옴니 라이트의 세부 옵션에 대해 알아보겠습니다.

1 | Affect Diffuse

빛의 난반사로 인해 보이는 재질의 색상 표현 여부를 설정(기본 설정: 체크 표시)합니다. 체크 표시를 해제하고 렌더링하면 반사값을 가진 재질에는 반사로 인해 색상이 일부 표현되지만, 반사값이 없는 재질에는 아무것도 표현되지 않습니다.

2 | Affect Specular

재질의 하이라이트 부분에 광원이 비춰 보이는 광원의 반사 여부를 설정(기본 설정: 체크 표시)합니다.

3 | Shadows

빛으로 인한 그림자의 표현 여부를 설정(기본 설정: 체크 표시)합니다.

4 | Caustic photons - Caustic Subdivs

커스틱 효과의 품질을 설정합니다.

[V-Ray Dome Light] 옵션 창의 구성 요소 알아보기

[V-Ray Dome Light] 옵션 창의 구성 요소에 대해 알아보겠습니다.

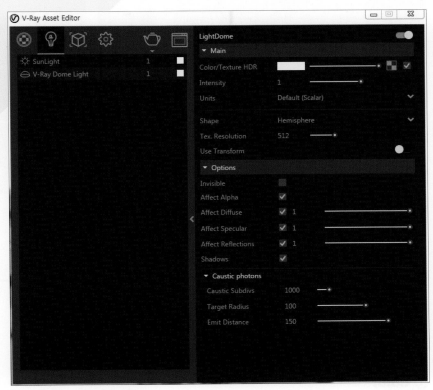

[V-Ray Dome Light] 옵션 창

현장 플러스 +

돔 라이트 만들기

V-Ray Lights 도구 모음( )에 있는 Dome Light 도구 ( )를 클릭하고 원하는 지점을 클릭하면 돔 라이트가 만들어집니다.

도구 클릭

원하는 지점을 클릭해 배치

01 | LightDome

돔 라이트의 활성(), 비활성() 여부를 설정합니다.

돔 라이트 비활성

돔 라이트 활성

02 | Main

[Main] 탭의 옵션에 대해 알아보겠습니다.

1 | Color/Texture HDR

① Color

조명의 색상을 설정하는 항목이지만, 돔 라이트는 기본적으로 HDR(또는 EXR) 파일로 환경이 표현되기 때문에 색상 수정은 무의미합니다.

② Texture HDR

[활성 맵] 버튼(■)을 클릭해 환경으로 표현할 HDR(또는 EXR) 파일을 불러올 수 있습니다.

2 | Intensity

돔 라이트의 세기를 설정(기본 설정: 1)합니다.

3 | Units

빛의 단위를 설정(기본 설정: Default-Scalar)합니다. 내림 버튼(▼)을 클릭하면 여러 가지 단위를 설정할 수 있지만 가장 많이 사용하는 단위는 기본으로 설정된 Default(Scalar)입니다.

4 | Shape

돔 라이트의 모양을 설정(기본 설정: Hemisphere)합니다. 기본으로 설정된 Hemisphere 타입은 지평선을 기준으로 지평선 윗부분만을 표현(반구)하며, 내림 버튼(ⓥ)을 클릭해 sphere 타입을 선택하면 구로 표현됩니다.

Hemisphere

sphere

5 | Tex.Resolution

텍스처가 샘플링되는 수치값을 설정(기본 설정: 512)합니다.

6 | Use Transform

환경 맵의 변형 여부를 설정(기본 설정: 비활성)합니다.

비활성(기본 설정)

활성

돔 라이트를 만들면 기본으로 설정된 환경 맵 파일(Default Dome Light Texture.exr)이 적용됩니다. 해당 파일의 경로는 다음과 같습니다.
C:\Program Files\Chaos Group\V-Ray\V-Ray for SketchUp\extension\ruby\resources

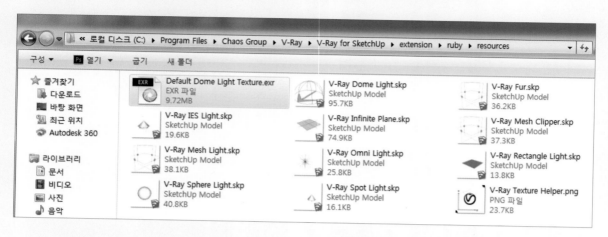

해당 파일을 포토샵에서 열어 보면 지평선 위로만 표현되고, 지평선 아래로는 검은색임을 확인할 수 있습니다. 이런 이유로 기본으로 설정된 HDR 파일은 sphere 타입으로 설정하고 렌더링해도 지평선 아래로는 검은색만 표현됩니다.

포토샵 화면

렌더링 – 지평선 아랫부분은 검은색으로 표현됨

03 | Option

돔 라이트의 세부 옵션에 대해 알아보겠습니다.

1 | Invisible

환경 맵 표현 여부를 설정(기본 설정: 체크 표시 해제)합니다. 체크 표시를 해제하면 환경 맵이 표현되지 않습니다.

2 | Affect Alpha

알파 채널에 돔 라이트의 표현 여부를 설정(기본 설정: 체크 표시)합니다. 활성된 경우에는 배경이 흰색 알파 채널로 출력되며, 비활성된 경우에는 배경이 검은색 알파 채널로 출력됩니다.

체크(기본 설정): Rgb color 채널

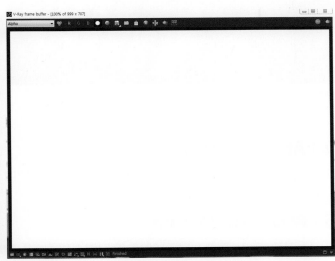

Alpha 채널

체크 표시 해제: Rgb color 채널

Alpha 채널

3 | Affect Diffuse

빛의 난반사를 설정(기본 설정: 체크 표시)합니다. 체크 표시를 해제하면 빛의 난반사가 이뤄지지 않아 실내 장면일 경우에는 체크했을 경우보다 어둡게 표현됩니다.

체크

체크 표시 해제

4 | Affect Specular

재질의 하이라이트 부분에 광원이 비춰 보이는 광원의 반사 여부를 설정(기본 설정: 체크 표시)합니다.

5 | Affect Reflection

반사값을 가진 재질에 배경(환경)의 반사 여부를 설정(기본 설정: 체크 표시)합니다.

체크

체크 표시 해제

6 | Shadows

빛으로 인한 그림자의 표현 여부를 설정(기본 설정: 체크 표시)합니다.

7 | Caustic photons

커스틱 효과의 세부 옵션을 설정합니다.

① Caustic Subdivs

커스틱 효과의 품질을 설정(기본 설정: 1000)합니다.

② Target Radius

커스틱 효과의 반경을 설정(기본 설정: 100)합니다.

③ Emit Distance

광자가 방출될 거리를 설정(기본 설정: 150)합니다.

| 알아두기 | **돔 라이트 활용**

돔 라이트에 환경 맵으로 사용할 수 있는 HDR(또는 EXR) 파일을 적용해 여러 개를 만들어 놓으면 언제든지 작업 중인 모델에 배치해 다양한 환경을 손쉽게 표현할 수 있습니다.

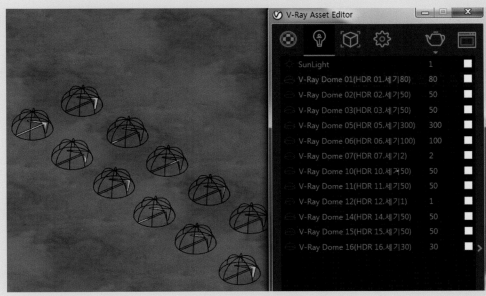

저자의 돔 라이트 종류

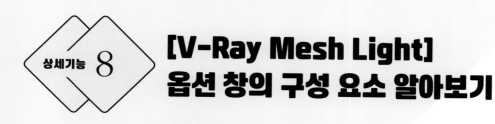

[V-Ray Mesh Light]
옵션 창의 구성 요소 알아보기

상세기능 8

[V-Ray Mesh Light] 옵션 창의 구성 요소에 대해 알아보겠습니다.

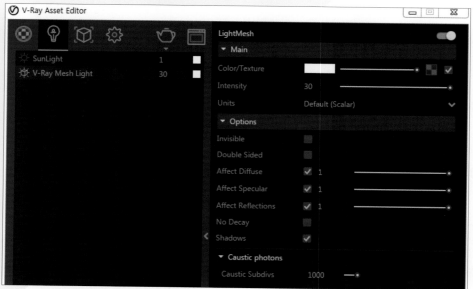

[V-Ray Mesh Light] 옵션 창

01 | LightMesh

메시 라이트의 활성(　), 비활성(　) 여부를 설정합니다.

메시 라이트 만들기

메시 라이트로 만들 객체를 선택한 후 V-Ray Lights 도구 모음(▽◎△᠊᠀☀◎◎▒)에 있는 Convert to Mesh Light 도구(◎)를 클릭하면 선택한 객체가 메시 라이트로 만들어집니다. 메시 라이트를 만들 때 유의할 점은 단일 그룹(또는 컴포넌트)인 객체만 메시 라이트로 만들 수 있습니다. 여러 개의 하위 그룹(또는 컴포넌트)을 가진 그룹(또는 컴포넌트)은 메시 라이트로 만들지 못합니다.

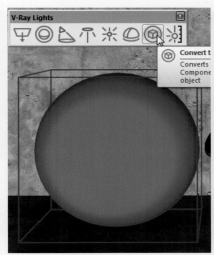

객체 선택 – 도구 클릭

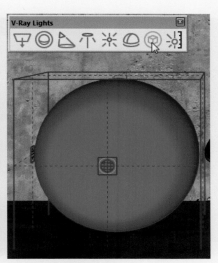

메시 라이트로 만들어진 상태

렌더링

02 | Main

[Main] 탭의 옵션에 대해 알아보겠습니다.

1 | Color/Texture

빛의 색상을 설정(기본 설정: 흰색)과 이미지를 설정합니다. [비활성 맵] 버튼(■)을 클릭해 이미지를 불러오면 [활성 맵] 버튼(■)으로 수정되며, 옵션에 체크 표시를 한 후 렌더링하면 이미지가 조명으로 표현됩니다.

파란색(R: 0, G: 60, B: 250)

주황색(R: 255, G: 30, B: 0)

2 | Intensity

메시 라이트의 세기를 설정(기본 설정: 30)합니다.

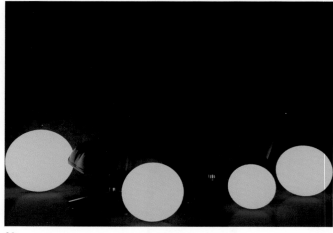
30

300

3 | Units

빛의 단위를 설정(기본 설정: Default(Scalar))합니다. 내림 버튼(■)을 클릭하면 여러 가지 단위를 설정할 수 있지만, 가장 많이 사용하는 단위는 기본으로 설정된 Default(Scalar)입니다.

03 | Options

메시 라이트의 세부 옵션에 대해 알아보겠습니다.

1 | Invisible

메시 라이트의 숨김 여부를 설정(기본 설정: 체크 표시 해제)합니다. [Invisible] 옵션에 체크 표시를 하면 메시 라이트는 보이지 않고, 메시 라이트가 발산하는 빛만 표현되며, 반사값을 가진 재질에는 메시 라이트가 반사됩니다.

기본 설정: 체크 표시 해제

체크 표시

2 | Double Sided

메시 라이트의 빛의 발산 방향을 설정(기본 설정: 체크 표시 해제)합니다. 메시 라이트는 기본적으로 앞면으로만 빛이 발산되지만, [Double Sided] 옵션에 체크 표시를 하면 빛이 양면으로 발산돼 장면이 더 밝아집니다.

체크 표시 해제(기본 설정)

체크

3 | Affect Diffuse

빛의 난반사로 인해 보이는 재질의 색상 표현 여부를 설정(기본 설정: 체크 표시)합니다. 체크 표시를 해제하고 렌더링하면 반사값을 가진 재질에는 반사로 인해 색상이 일부 표현되지만, 반사값이 없는 재질은 보이지 않습니다.

4 | Affect Specular

재질의 하이라이트 부분에 광원이 비춰 보이는 광원의 반사 여부를 설정(기본 설정: 체크 표시)합니다. [Affect Reflection] 옵션이 체크돼 있으면 체크 표시 및 해제된 상태의 차이점이 크게 나타나지 않으며 [Affect Reflection] 옵션이 체크 표시 해제돼 있으면 차이점을 확인할 수 있습니다.

5 | Affect Reflection

반사값을 가진 재질에 조명의 반사 여부를 설정(기본 설정: 체크 표시)합니다.

체크

체크 표시 해제

6 | No Decay

빛의 세기의 감소 여부를 설정(기본 설정: 체크 표시 해제)합니다. 빛의 세기는 광원이 있는 곳에서 멀어질수록 감소하지만, [No Decay] 옵션에 체크 표시를 하면 광원에서 멀어지더라도 빛의 세기가 감소하지 않습니다. 단, 거리의 제한 없이 무한계로 빛의 세기가 균등하게 표현되는 것은 아닙니다.

기본 설정: 체크 표시 해제

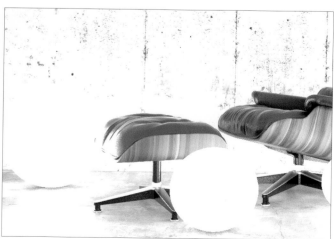

체크

7 | Shadows

빛으로 인한 그림자의 표현 여부를 설정(기본 설정: 체크 표시)합니다.

체크

체크 표시 해제

8 | Caustic photons - Caustic Subdivs

커스틱 효과의 품질을 설정합니다.

| 알아두기 | **메시 라이트와 자체 발광의 차이**

메시 라이트와 자체 발광의 느낌은 비슷하지만, 자체 발광으로 표현했을 경우보다 메시 라이트로 표현했을 경우의 렌더타임이 더 오래 걸립니다.

자체 발광(세기 2)으로 표현

메시 라이트(세기 150)로 표현

[V-Ray Asset Editor] 창의 [Geometry] 옵션 창 알아보기

4강

이번에는 특별한 목적(V-Ray Fur, proxy, V-Ray Mesh Clipper)으로 활용할 오브젝트들의 세부 옵션을 설정할 수 있는 [Geometry] 옵션 창에 대해 알아보겠습니다. [V-Ray Asset Editor] 창의 [Geometry 아이콘](▧)을 클릭하면 [Geometry] 옵션 창이 나타납니다.

학습목표

V-Ray Fur(✿)는 잔디, 카펫 등의 표현에 가장 적합하고 실무에 가장 활용도가 높은 기능인 만큼 V-Ray Fur(✿)의 사용 방법과 활용 방법을 이번 과정에서 잘 이해하기 바랍니다.

[V-Ray Fur]
옵션 창의 구성 요소 알아보기

잔디, 카펫 표현에 적합한 [V-Ray Fur] 옵션 창의 구성 요소에 대해 알아보겠습니다.

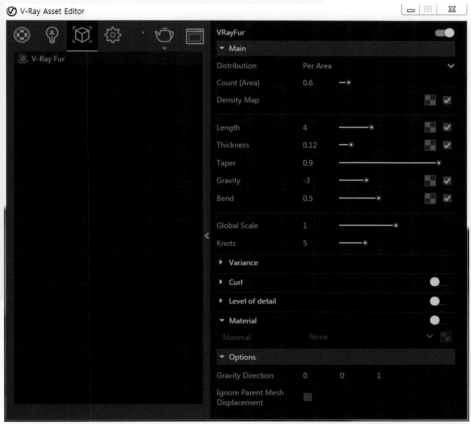

[V-Ray Fur] 옵션 창

퍼 만들기

브이레이 퍼로 만들 객체(그룹 또는 컴포넌트)를 선택한 후 V-Ray Objects 도구 모음(🔘🔘🔘🔘🔘🔘)에 있는 Add Fur to Selection 도구(🌿)를 클릭하면 선택한 객체가 브이레이 퍼로 만들어집니다. 퍼로 표현할 객체는 단일 그룹(또는 컴포넌트)이어야 하며 단일 그룹(또는 컴포넌트)이 아닐 경우(하위 그룹을 가진 그룹 또는 여러 개의 그룹으로 묶인 그룹)에는 퍼로 만들지 못합니다.

객체 선택 – Add Fur to Selection 도구 클릭

객체가 브이레이 퍼로 만들어짐

렌더링

01 | VrayFur

브이레이 퍼의 활성(), 비활성() 여부를 설정(기본 설정: 활성)합니다.

비활성

활성

02 | Main

[Main] 탭의 옵션에 대해 알아보겠습니다.

1 | Distribution

퍼 효과의 밀도를 결정하는 방식을 설정(기본 설정: Per Area)합니다. Per Area, Per Face 방식이 있으며 Per Area 방식은 잔디, 카펫 표현에 적합하고 Per Face 방식은 인형의 털 표현에 적합합니다.

Per Area로 표현한 잔디

Per Face로 표현한 곰 인형

2 | Count(Area)

퍼 효과의 가닥수를 설정(기본 설정: 0.6)합니다.

Count(Area) 0.6

Count(Area) 4

3 | Density Map

맵 타입을 설정(기본 설정: None)합니다.

4 | Length

길이를 설정(기본 설정: 4)합니다.

Length 4

Length 6

5 | Thickness

두께를 설정(기본 설정: 0.12)합니다.

Thickness 0.1

0.2

6 | Taper

퍼 효과의 개별 가닥의 굵기를 설정(기본 설정: 0.9)합니다. 수치값이 높으면 각 가닥의 위쪽 끝이 얇아지고 아래쪽이 넓어집니다.

0.9

0.6

7 | Gravity

Z 축 아래 방향으로 당기는 힘을 설정(기본 설정: −3)합니다.

−3

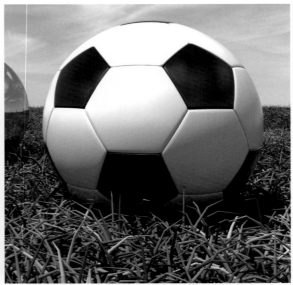

−5

8 | Bend

퍼 가닥의 굽힘 정도를 설정(기본 설정: 0.5)합니다. 0으로 설정하면 완전 직선으로 표현됩니다.

0.5

0.3

9 | Global Scale

퍼 가닥의 배율을 설정(기본 설정: 1)합니다.

1

1.5

10 | Knote

퍼 가닥의 직선 부분의 수를 설정(기본 설정: 5)합니다.

5

20

11 | Variance

퍼의 분산에 관련되는 옵션을 설정합니다.

12 | Curl

Curl 표현의 세부 옵션을 설정(기본 설정: 비활성)합니다.

① Curl Radius

퍼 가닥의 개별 반경을 설정(기본 설정: 0)합니다.

② Curl Radius Variation

퍼 가닥 반경의 편차를 설정(기본 설정: 0.2)합니다.

③ Number of Curls

퍼 가닥의 Curl 수를 설정(기본 설정: 0)합니다.

④ Curl Map

맵 타입을 설정(기본 설정: None)합니다.

13 | Level of detail

상세조정에 관한 옵션을 설정(기본 설정: 비활성)합니다.

① Start Distance

카메라 거리를 설정(기본 설정: 1000)합니다.

② Rate

상세 조정이 적용되는 속도를 설정(기본 설정: 1000)합니다.

14 | Material

퍼를 표현할 메트리얼(기본 설정: 비활성)을 설정합니다. 옵션을 활성하면 현재 모델에 매핑된 메트리얼을 선택할 수 있습니다.

15 | Options

퍼 효과의 옵션을 설정합니다.

① Gravity Direction

퍼의 중력을 수동으로 설정(기본 설정: 0, 0, 1)합니다.

1, 1, 1

−1, −1, −1

② Ignore Parent Mesh Displacement

체크 표시(기본 설정: 체크 표시 해제)를 하면 디스플레이스먼트를 무시하고 객체를 기반으로 퍼를 생성합니다.

컴포넌트 저장하기

V-Ray Fur, V-Ray Mesh Clipper, V-Ray Proxy를 만들면 스케치업 [Components] 창에 컴포넌트로 자동 등록되기 때문에 세부 옵션을 설정한 후 [Save As]로 저장해서 언제든지 작업 중인 파일로 불러와 사용할 수 있지만, 저장된 컴포넌트를 작업 중인 모델로 불러왔을 경우에는 원본 컴포넌트의 모양과 다르거나 렌더링되지 않는 등의 문제가 자주 발생합니다. 스케치업 브이레이 3.60.03 버전의 버그로 다음 버전이 출시되면 개선될 것이라 예상합니다.

위와 같은 문제 때문에 저자는 V-Ray Fur, V-Ray Mesh Clipper, V-Ray Proxy가 배치된 스케치업 파일을 별도로 활용합니다. 특정 컴포넌트를 복사한 후 작업 중인 파일에 붙여 넣기 해서 렌더링하면 동일한 효과를 표현합니다. 이렇게 복사, 붙여 넣기로 사용하면 컴포넌트의 모양이 달라지거나 렌더링되지 않는 등의 문제는 발생하지 않습니다.

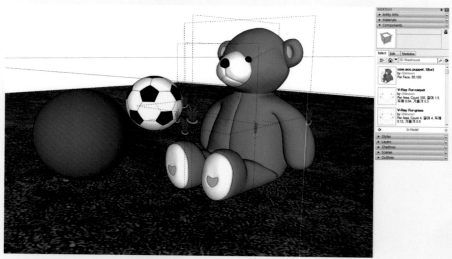

브이레이 퍼가 적용된 컴포넌트(잔디, 인형, 카펫 등)를 모아놓은 파일

테스트 렌더링

[SectionPlane] 옵션 창의 구성 요소 알아보기

상세기능 2

Section Plane 도구(⊕)를 사용하면 만들어지는 [SectionPlane] 옵션 창의 구성 요소에 대해 알아보겠습니다.

[SectionPlane] 옵션 창

01 | VRayClipper

단면 표현 여부를 설정(기본 설정: 활성)합니다. 활성, 비활성 상태는 스케치업상에서도 바로 반영됩니다.

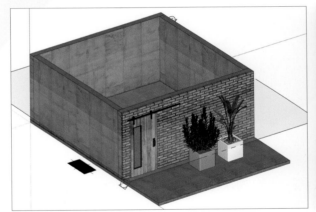

비활성: 스케치업 이미지

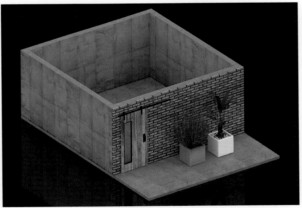

렌더링 이미지: 단면이 표현되지 않음

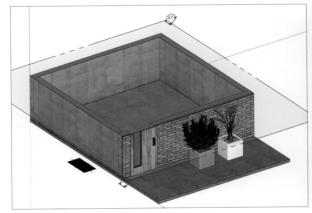

활성: 스케치업 이미지

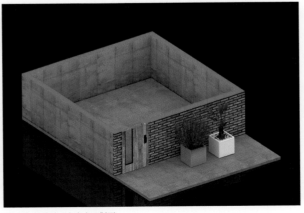

렌더링 이미지: 단면이 표현됨

단면 만들기

객체의 단면(Section)을 만드는 방법에 대해 알아보겠습니다.
Section 도구 모음(⬚⬚⬚⬚)의 Section Plane 도구(✣)를 선택하
면 나타나는 [Place Section Plane] 창에서 이름과 심벌을 입력하
고 [Place] 버튼을 클릭합니다.

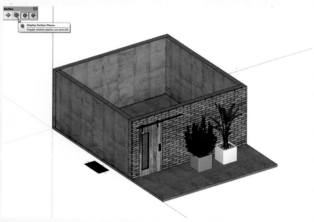

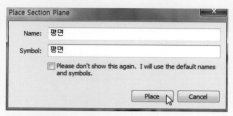

이름, 심벌 입력

단면 도구 클릭

마우스 포인터에 단면 평면이 나타나며 단면을 만들 면을 클릭하면 단면이 표시됩니다. Select 도구(▸)로 단면 평면을 선택한 후 단면을 표시할
부분까지 Move 도구(✣)를 이용해 이동하면 됩니다.

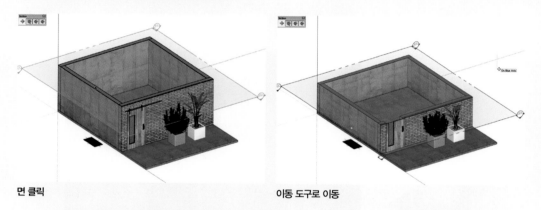

면 클릭

이동 도구로 이동

Section 도구 모음(⬚⬚⬚⬚)에서 활성돼 있는 Display Section Plane(◉) 도구를 클릭해 비활성하면 단면 평면은 보이지 않고 객체의 단면이
표시됩니다. 단면이 선으로 표시되는 것이 아니라 색상이 채워진 면으로 채워집니다(스케치업 2018 하위 버전은 색상으로 채워지지 않음). 단면
색상은 스케치업 상태에서만 표현되고 렌더링했을 경우에는 해당 장면에 설정한 스타일의 Front(앞면) 색상이 표현됩니다.

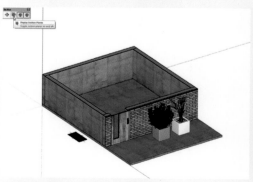

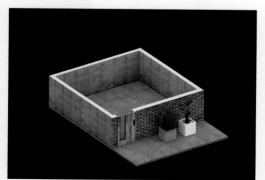

스케치업 이미지

렌더링 이미지 – 설정한 스타일의 Front 색상으로 표현됨

02 | Main

[Main] 탭의 옵션에 대해 알아보겠습니다.

1 | Mode

모드를 설정(기본 설정: Subtract)합니다.

2 | Use Object Material

매핑한 메트리얼의 표현 여부를 설정(기본 설정: 활성)합니다. 옵션을 비활성하면 [Materials] 옵션이 활성되며 내림 버튼(▼)을 클릭해 모델에 매핑한 특정 메트리얼을 선택할 수 있습니다.

특정 메트리얼 선택

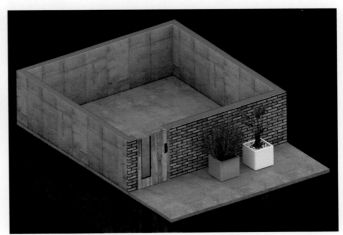

선택한 메트리얼로 단면이 표현됨

3 | Options

세부 옵션을 설정(기본 설정: Affect Light 체크, Camera Rays Only 체크 표시 해제, Clip Light Geometry 체크)합니다.

① Affect Light

광원의 표현 여부를 설정(기본 설정: 체크)합니다.

② Camera Rays Only

반사, 굴절, GI 광원의 표현 여부를 설정(기본 설정: 체크 표시 해제)합니다. 체크했을 경우 반사, 굴절, GI 광원이 변경되지 않은 것처럼 표현됩니다.

체크 표시 해제

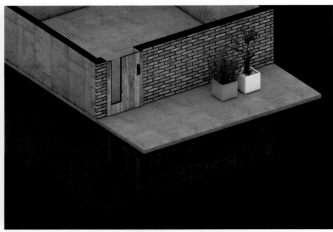

체크: 단면으로 보이지 않는 부분도 반사됨

③ Clip Light Geometry

라이트 형상의 커팅 여부를 설정(기본 설정: 체크)합니다.

상세기능 3

[V-Ray Mesh Clipper]
옵션 창의 구성 요소 알아보기

교차된 부분의 단면을 표현하는 [V-Ray Mesh Clipper] 옵션 창의 구성 요소에 대해 알아보겠습니다.

[V-Ray Mesh Clipper] 옵션 창

01 | VrayClipper

Clipper의 표현 여부를 설정(기본 설정: 활성)합니다.

02 | Main

[Main] 탭의 옵션에 대해 알아보겠습니다.

1 | Mode

모드를 설정(기본 설정: Subtract)합니다.

클리퍼로 만들 객체를 Select 도구( )로 선택한 후 V-Ray Objects 도구 모음( )에 있는 Convert to Clipper 도구( )를 클릭하면 클리퍼로 만들어집니다.

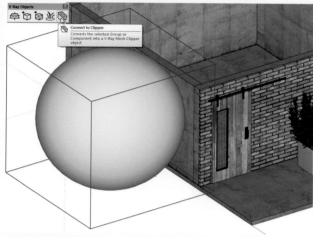

객체 선택-도구 클릭

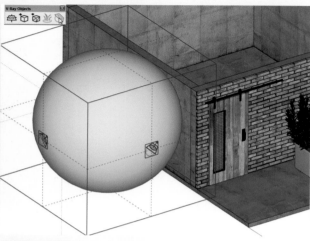

클리퍼로 만들어짐

다른 객체와 교차되게 이동하고 렌더링하면 교차된 부분이 단면으로 표현됩니다. 단면 색상은 해당 장면에 설정한 스케치업 스타일의 Front 색상이 표현됩니다.

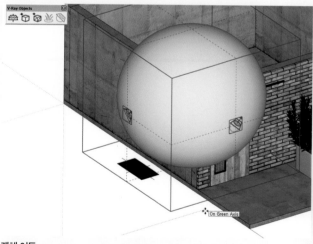

객체 이동

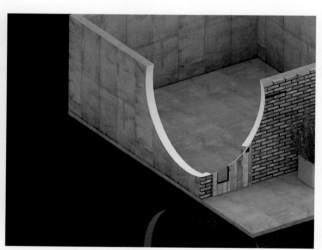

렌더링: 교차된 부분이 단면으로 표현됨

2 | Use Object Material

매핑한 메트리얼의 표현 여부를 설정(기본 설정: 활성)합니다. 옵션을 비활성하면 [Materials] 옵션이 활성되며, 내림 버튼(🔽)을 클릭해 모델에 매핑한 특정 메트리얼을 선택할 수 있습니다.

특정 메트리얼 선택

선택한 메트리얼로 단면이 표현됨

3 | Options

세부 옵션을 설정합니다. 옵션 설명은 SectionPlane(🔲)과 동일하기 때문에 생략합니다.

| 알아두기 | SectionPlane, V-Ray Mesh Clipper 함께 사용하기

SectionPlane과 V-Ray Mesh Clipper를 함께 사용할 수도 있습니다.

스케치업 이미지

렌더링 이미지

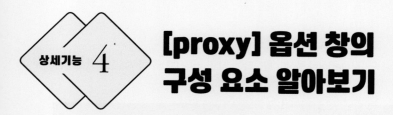

[proxy] 옵션 창의
구성 요소 알아보기

화면에 보이는 객체의 수를 최소화시켜 모델을 가볍게 만들어주는 [proxy] 옵션 창의 구성 요소에 대해 알아보겠습니다.

[proxy] 옵션 창

01 | [Main]

[Main] 탭의 옵션에 대해 알아보겠습니다.

1 | File

프록시 파일의 경로를 나타냅니다. Open File 아이콘(📁)을 클릭하면 경로를 확인할 수 있으며, 다른 프록시 파일과 현재 모델의 프록시 파일을 대체할 수 있습니다.

프록시 만들기 / [Export Proxy] 창의 구성 요소 알아보기

객체를 프록시로 만드는 방법과 [Export Proxy] 창의 구성 요소에 대해 알아보겠습니다.

1 | 프록시 만들기

프록시로 만들 객체를 Select 도구( )로 선택한 후 V-Ray Objects 도구 모음( )에 있는 Export Proxy 도구( )를 클릭하면 [Export Proxy] 창이 나타납니다. [File Path] 항목에서 이름을 입력한 후 Save File 아이콘( )을 클릭해 저장 경로를 지정하고 [저장] 버튼을 클릭합니다.

객체 선택 – 도구 클릭

파일 이름 입력-경로 지정

[Export] 버튼을 클릭하면 선택한 객체가 프록시로 만들어진 걸 확인할 수 있습니다.

[Export] 버튼 클릭

프록시로 만들어짐

위 과정을 반복해서 객체를 프록시로 만든 후 렌더링하면 스케치업 화면상에 보이는 프록시 이미지가 아닌 원래 객체의 이미지로 렌더링됩니다.

스케치업 화면

렌더링 화면

2 | [Export Proxy] 창의 구성 요소 알아보기

파일 이름 입력 – 경로 지정

● File Path: 파일 저장 경로와 이름을 설정합니다.

● Preview Type: 미리 보기 타입을 설정(기본 설정: Refined Clustering)합니다. 타입에 따라 스케치업 화면상에서는 다르게 표현되지만, 렌더링 시에는 영향을 미치지 않습니다.

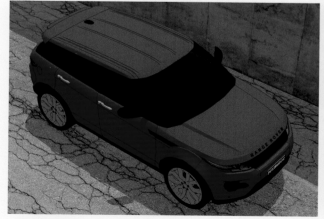
프록시로 만들기 전

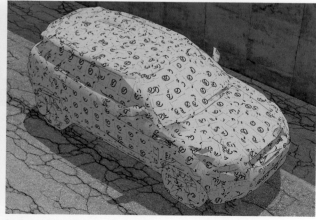
Refined Clustering

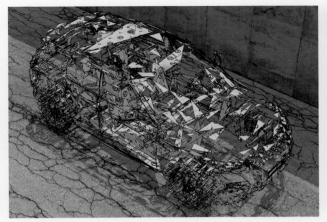

Face Skipping

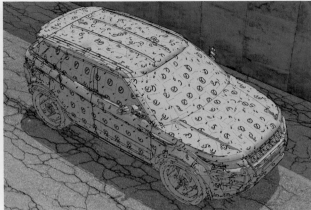

Vertex Clustering

● Faces in Preview: 스케치업 화면상에서 보이는 면의 수(기본 설정: 10000)를 설정합니다.

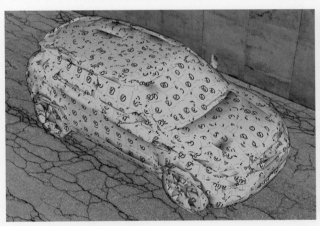

Refined Clustering타입: 10000

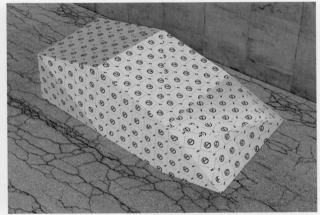

100

● Overwrite Existing Files: 기존 파일의 덮어쓰기 여부를 설정(기본 설정: 활성)합니다.

● Replace Object with Proxy: 객체를 프록시로 바꿀지의 여부를 설정(기본 설정: 활성)합니다. 비활성돼 있으면 프록시 파일로 변환시켜도 스케치업상에서 객체의 변화는 없습니다.

● Export: 프록시 파일을 내보내기합니다.

2 | Preview Type

미리 보기 타입을 설정(기본 설정: Proxy Preview)합니다. Custom Preview 타입은 사용자가 지정한 타입을 미리 보기 하는 타입입니다.

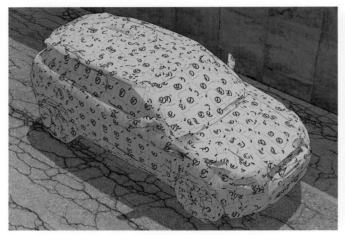

Proxy Preview

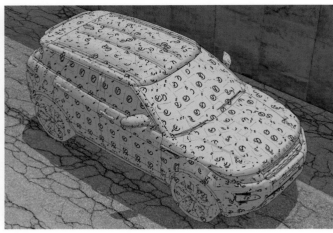

Whole Mesh

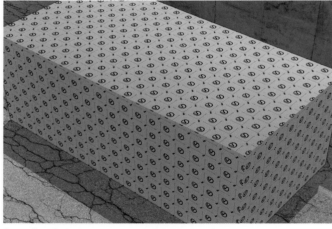

Bounding Box

Point(origin)

| 알아두기 | 미리 보기 타입

미리 보기 타입은 렌더링 이미지에 영향을 미치지 않습니다.

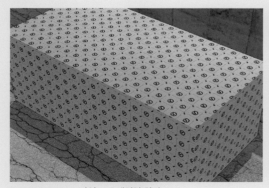

Bounding Box 타입 - 스케치업 화면

렌더링 이미지

3 | Animation

애니메이션 설정이 돼 있는 Proxy 파일의 옵션을 설정(기본 설정: 활성)합니다.

① Offset

프레임 수에 따른 애니메이션 시작 부분을 설정(기본 설정: 0)합니다.

② Playback Type

재생 타입을 설정(기본 설정: Loop)합니다.

③ Playback Speed

재생 속도를 설정(기본 설정: 1)합니다.

| 알아두기 | 프록시 기능의 장단점

프록시 기능을 사용하면 용량이 많거나 객체의 수가 많은 무거운 파일을 가볍게 작업할 수 있다는 장점이 있지만, 스케치업 이미지를 활용하지 못하는 단점도 있습니다. 스케치업 이미지만 갖고 프레젠테이션이나 제안서 작업을 많이 하는 저자의 경우에는 잘 사용하지 않는 기능입니다.

프록시 변환 전

프록시 변환 후

[V-Ray Asset Editor] 창의 [Settings] 옵션 창 알아보기

이번에는 [V-Ray Asset Editor] 창의 Settings 아이콘(⚙)을 클릭하면 나타나는 [Settings] 옵션 창의 구성 요소에 대해 알아보겠습니다.

학습목표

[Settings] 옵션 창은 스케치업 브이레이의 가장 중요한 역할을 수행하는 창입니다. 특히, 이미지의 품질을 설정하는 [Renderer] 탭과 [Raytrace] 탭의 기능이 아주 중요합니다. 이번 과정을 통해 이미지의 품질을 설정하는 방법을 꼭 숙지하기 바랍니다.

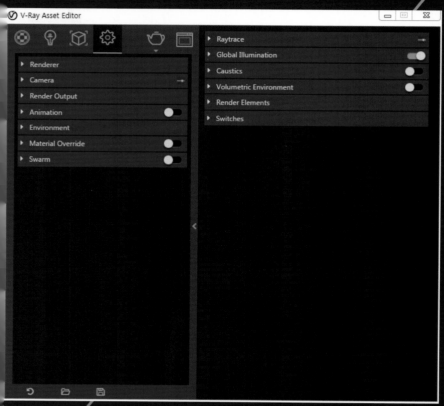

[Settings] 옵션 창

| 알아두기 | [Settings] 옵션 창의 하부 아이콘

- Revert to Default Render Settings 아이콘(↩) 브이레이 옵션을 디폴트로 되돌립니다.
- Load Render Setting From File 아이콘(📂) 저장한 브이레이 옵션을 불러옵니다.
- Save Render Setting To File 아이콘(💾) 현재의 브이레이 옵션을 저장합니다.

[Renderer]
탭의 옵션 알아보기

상세기능 1

렌더링에 사용할 엔진, 렌더링 방식, 품질을 설정하는 [Renderer] 탭의 옵션에 대해 알아보겠습니다.

[Renderer] 탭

01 | Engine (기본 설정: CPU)

렌더링에 사용할 엔진을 설정합니다.

1 | CPU

CPU 렌더링을 합니다.

2 | GPU

GPU 렌더링을 합니다. 중앙 처리 장치인 CPU 대신 그래픽 카드에 있는 그래픽 처리 장치인 GPU로 렌더링을 진행해 CPU의 부담을 덜어 주는 방식입니다. 그래픽 카드와 컴퓨터의 성능에 따라 CPU 렌더링보다 렌더타임이 오래 걸리고 품질도 좋지 않을 수 있습니다.

GPU를 클릭하면 옵션 아이콘(⠇)이 활성되며 GPU 렌더링 방식을 설정할 수 있습니다.

[Renderer] 탭

02 | Interactive

실시간 렌더링 여부를 설정(기본 설정: 비활성)합니다. 옵션을 활성(◉)한 후 렌더링하면 장면의 변화, 재질의 변화, 환경의 변화가 실시간으로 렌더링에 반영됩니다. 렌더링 아이콘도 Render with V-Ray 아이콘(◉)에서 Render with V-Ray Interactive 아이콘(◉)으로 변경되고 아이콘에 빨간색 박스가 표시되며, 실시간 렌더링 중임을 나타냅니다.

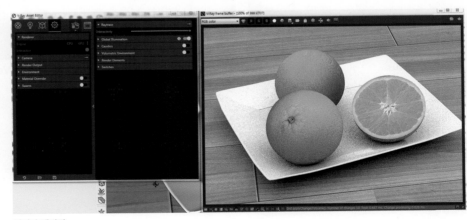

실시간 렌더링

03 | Progressive

점차적으로 렌더링을 진행하는 Progressive 렌더링 방식을 설정(기본 설정: 활성)합니다. 옵션을 활성(⬤◯)한 후 렌더링하면 사각형 박스인 버킷이 나타나지 않고 점차 렌더링이 진행됩니다.

04 | Quality

렌더링 이미지의 품질을 설정합니다. Draft, Low, Medium, High, Very High 타입으로 선택할 수 있으며, Draft가 렌더타임이 가장 짧지만 품질이 가장 안 좋으며 Very High가 렌더타임은 가장 길지만 품질은 가장 좋습니다.

Draft. 17초

Low. 35초

Medium. 1분 10초

High. 3분 34초

Very High. 21분 3초

옵션 수치값 자동 설정

[Quality] 옵션의 슬라이드를 움직이면서 각각의 타입을 선택하면 [Settings] 옵션 창의 우측에 있는 이미지 품질을 설정하는 [Raytrace] 탭과
[Global Illumination] 탭에 있는 하위 옵션의 수치값이 자동으로 수정됩니다. [Raytrace] 탭과 [Global Illumination] 탭에 있는 옵션의 수치
값을 수정하면 [Quality] 옵션은 Custom으로 표기됩니다.

Quality 타입 수정: 옵션 수치값이 자동으로 수정됨

Quality – Medium에서 Noise Limit 수치값 수정 전

Noise Limit 수치값 수정 후 – Custom으로 표기됨

05 | Denoiser

렌더링 이미지의 얼룩을 제거하는 [Denoiser] 옵션의 사용 여부를 설정(기본 설정: 비활성)합니다. 옵션을 활성하면 [Settings] 옵션 창 오른쪽에 있는 출력 채널을 설정하는 [Render Elements] 탭에 Denoiser 채널이 추가됩니다.

옵션 활성: [Render Elements] 탭에 Denoiser 채널이 추가됨

[Denoiser] 옵션을 사용하면 렌더링 완료 후에 노이즈 제거를 위한 렌더링을 한 번 더 진행하기 때문에 렌더타임은 [Denoiser] 옵션을 사용하기 전보다 조금 더 길어지지만, 이미지의 얼룩은 제거됩니다.

Denoiser 렌더링 전: 얼룩이 많음

Denoiser 렌더링 후: 얼룩이 제거됨

이미지의 품질 / Denoiser

저자가 주로 사용하는 옵션의 수치값을 알아보고, [Denoiser] 옵션의 특성에 대해서 알아보겠습니다.

1 | 이미지의 품질

[Quality] 옵션을 Very High로 설정하면 렌더링 이미지의 품질은 가장 좋지만, 렌더타임이 길게 나온다는 문제가 발생합니다. High에 비해 Very High 타입은 렌더타임이 몇 배나 더 나오지만, 자세히 확인하지 않으면 품질의 차이점을 거의 느낄 수 없습니다. 이런 부분으로 인해 무조건 높은 타입을 선택하는 것은 효율적이지 못합니다. 저자는 [Medium] 옵션에서 Noise Limit 수치값만 '0.01~0.05' 사이로 설정해 Custom 설정으로 렌더링을 진행합니다. 일반적으로는 Noise Limit 수치값을 '0.05'로 설정해 렌더링하며, 좋은 품질을 필요로 하는 이미지는 '0.01~0.03' 정도의 수치값을 사용해 렌더링합니다.

Noise Limit 수치값을 '0.01'로 설정하고 렌더링해도 특정 재질감에 노이즈가 발생하면 [Max Subdivs] 옵션의 수치값을 배승(24,36)으로 높게 설정해 렌더링하면 됩니다. 이때 전체를 한 번 더 렌더링하게 되면 렌더타임이 매우 길게 나오기 때문에 [VFB] 창에서 노이즈가 발생하는 영역만 지정해 렌더링해야 한다는 점을 기억하도록 합니다.

책에서 학습한 기본 옵션의 Quality 및 Noise Limit 수치값

좋은 품질로 작업할 때의 저자의 옵션 Quality 및 Noise Limit 수치값

2 | Denoiser

[Denoiser] 옵션을 사용하면 이미지의 얼룩은 제거되지만, 렌더타임은 조금 더 길어집니다. [Denoiser] 옵션을 쉽게 설명하면 포토샵의 노이즈 필터 기능이라고 이해하면 됩니다. 즉, 선명한 이미지를 조금씩 뭉개어 흐릿하게 만들면서 노이즈를 제거하는 기능입니다. 선명한 이미지를 선호하는 저자는 거의 사용하지 않는 옵션입니다.

[Camera]
탭의 옵션 알아보기

상세기능 2

카메라 타입, 노출, DOF 효과, 기타 효과를 설정하는 [Camera] 탭의 옵션에 대해 알아보겠습니다.

[Camera] 탭

01 | Type

카메라 타입을 설정(기본 설정: Standard)합니다. 내림 버튼(▼)을 클릭하면 다양한 타입을 설정할 수 있습니다.

Standard

VR Spherical Panorama

VR Cubemap

02 | Stereo

옵션을 활성(기본 설정: 비활성)하면 [Render Output] 탭에 [Output Layout] 옵션이 추가되며 두 가지 방식으로 렌더링할 수 있습니다.

Side – By – Side

Top – Bottom

03 | Exposure

노출값과 화이트 밸런스를 설정합니다.

1 | Exposure Value(EV)

노출값을 설정(기본 설정: 14.24)합니다. 노출값은 조리개와 카메라 속도의 조합에 의해 결정되는 노출량을 나타내는 값으로, 수치값을 내리면 장면이 밝아지고, 올리면 장면이 어두워집니다.

14.24(기본 설정)

13

2 | White Balance

인공조명이나 주변 환경광의 영향을 받지 않고 흰색이 흰색으로 표현되게 하는 화이트 밸런스를 설정(기본 설정: 흰색)합니다.

04 | Depth of Field

피사계 심도 효과를 설정(기본 설정: 비활성)합니다. 옵션을 활성하면 초점이 맞는 부분은 선명하고 주변부는 흐릿해지는 피사계 심도 효과를 표현할 수 있습니다.

1 | Defocus

초점이 맞는 주변부의 흐림 정도를 설정(기본 설정: 0.225)합니다.

0.225(기본 설정)   0.4

2 | Focus Source

초점을 지정(기본 설정: Fixed Distance)합니다. Pick Point 아이콘(⬦)을 클릭한 후 모델을 클릭해 초점을 지정할 수 있으며 내림 버튼(⬇)을 클릭해 Camera Target Fixed Point 타입으로도 설정할 수 있습니다.

3 | Focus Distance

Focus Source 타입을 Fixed Distance로 설정했을 경우에만 나타나는 옵션으로 초점 거리를 표시합니다.

색온도

[VFB] 창의 Show corrections control 아이콘(⬛)을 클릭하면 [VFB] 창 오른쪽에 이미지를 보정할 수 있는 [Color Corrections] 창이 나타납니다. [White Balance] 탭을 체크 표시를 하고 확장시키면 색온도를 확인할 수 있습니다. 기본으로 설정된 색온도는 '6500'입니다.

색온도를 내리면 차가운 느낌으로 보정되며, 올리면 따뜻한 느낌으로 보정됩니다. 색 번짐 현상이 발생할 경우 색온도를 내려 화이트 밸런스 보정을 하는 경우도 많습니다.

색온도 5000

색온도 8000

05 | Effects

1 | Vignetting

렌즈 주변부로 갈수록 어두워지는 비네팅 효과의 범위를 설정(기본 설정: 0)합니다.

0(기본 설정)

1.5

2 | Vertical Tilt

카메라 렌즈의 수직 방향의 왜곡을 설정(기본 설정: 0)합니다.

0(기본 설정)

1

-1

고급 옵션 알아보기

Switch To Advanced Settings 아이콘(▬)을 클릭하면 아이콘이 Switch To Basic Settings 아이콘(▤)으로 바뀌면서 기본 옵션에 없는 고급 옵션이 나타납니다.

기본 옵션 – 아이콘 클릭

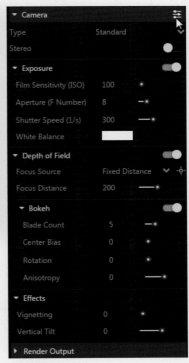

고급 옵션이 나타남

1 | Exposure

필름 감도, 카메라로 들어오는 빛의 양, 조리개의 개방 시간 등을 설정(기본 설정: 활성)합니다.

1. Film Sensitivity(ISO): 필름감도(ISO)를 설정(기본 설정: 100)합니다. 수치값이 높으면 이미지가 밝아지고 낮으면 어두워집니다.

2. Aperture(F Number): 조리개의 넓이를 조절해 카메라로 들어오는 빛의 양을 설정(기본 설정: 8)합니다. 수치값이 높으면 이미지가 어두워지고 낮으면 밝아집니다.

3. Shutter Speed(1/s): 조리개의 개방 시간을 설정(기본 설정: 300)합니다. 수치값이 높으면(빠르면) 이미지가 어두워지고, 낮으면(느리면) 밝아집니다.

2 | Bokeh

보케 효과를 설정(기본 설정: 비활성)합니다. 보케(Bokeh)는 렌즈의 초점을 의도적으로 범위 밖으로 하는 사진 표현 방법으로 원형 또는 다각형 형태의 빛망울을 말합니다.

1. Blade Count: 조리개의 모양을 설정(기본 설정: 5)합니다.

2. Center Bias: 보케 효과의 범위를 설정(기본 설정: 0)합니다.

3. Rotation: 조리개 모양의 회전 각도를 설정(기본 설정: 0)합니다.

4. Anisotropy: 수직 / 수평 방향으로 보케 효과가 확대되는 범위를 설정(기본 설정: 0)합니다.

상세기능 3 [Render Output] 탭의 옵션 알아보기

렌더링 크기 및 비율, 자동 저장, 알파 채널 포함 여부 등을 설정하는 [Render Output] 탭의 옵션에 대해 알아보겠습니다.

01 | Dimensions

렌더링 크기 및 비율을 설정합니다.

1 | Safe Frame

렌더링 영역의 표시 여부를 설정(기본 설정: 비활성)합니다. 옵션을 활성하면 스케치업 화면상에서 렌더링되는 영역을 표시합니다. 렌더링 비율을 설정하는 [Aspect Ratio] 옵션에서 보이는 화면 비율로 렌더링하는 Match Viewport를 선택하면 [Safe Frame] 옵션을 활성할 수 없습니다.

옵션 활성 – 스케치업 화면에서 렌더링되는 영역이 표시됨

2 | Image Width/Height

렌더링되는 가로, 세로 크기를 설정(기본 설정: 800, 450)합니다.

3 | Aspect Ratio

렌더링 크기의 비율을 설정(기본 설정: 16:9-Widescreen)합니다.

4 | Aspect Width/Height

[Aspect Ratio] 옵션을 렌더링 크기를 임의로 설정할 수 있는 Custom으로 설정했을 때 활성화되는 옵션으로 렌더링 크기의 가로, 세로 비율을 나타내고 가로나 세로의 비율을 임의로 설정할 수 있습니다.

5 | Update

[Aspect Ratio] 옵션을 Match Viewport로 설정했을 때 나타나는 옵션으로 Update 아이콘(▣)을 클릭하면 현재의 뷰포트로 Image Width/Height 크기가 업데이트됩니다.

02 | Save Image

렌더링 이미지의 자동 저장 여부를 설정(기본 설정: 비활성)합니다. 옵션을 활성(◖▨)하면 렌더링 이미지의 저장 경로와 저장 형식 등을 설정할 수 있습니다.

1 | File Path

Save File 아이콘(▤)을 클릭해 렌더링 이미지의 저장 경로를 설정합니다.

2 | File Type

File Path를 지정해야 활성화되며 자동 저장되는 렌더링 이미지의 파일 형식을 설정합니다. 내림 버튼(▼)을 클릭해 파일 형식을 설정할 수 있습니다.

3 | Image Options

자동 저장되는 파일 형식의 옵션을 설정합니다. 설정 파일 형식에 따라 품질을 설정하는 하위 메뉴가 다르게 나타납니다.

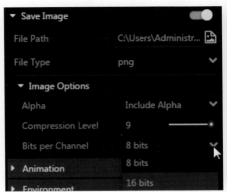

png로 선택했을 때 나타나는 메뉴

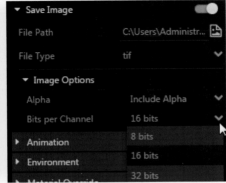

tif로 선택했을 때 나타나는 메뉴

① Alpha

알파 채널의 포함 여부를 설정합니다. [Include Alpha] 옵션은 기본적으로 비활성돼 있으며 내림 버튼(▼)을 클릭해 [No Alpha] 옵션을 선택하면 알파 채널을 저장하지 않으며 [Separate Alpha] 옵션을 선택하고 렌더링하면 알파 채널도 자동 저장됩니다.

PNG 파일 형식 저장 – RGB Color 채널

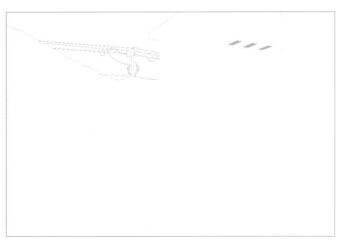

Alpha 채널

BMP 파일 형식 저장–RGB Color 채널

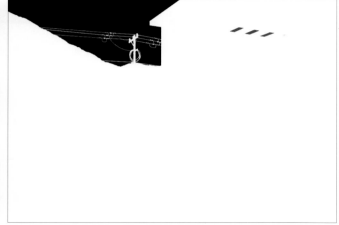

Alpha 채널

[Animation]
탭의 옵션 알아보기

애니메이션 렌더링의 프레임 수와 모션 블러 효과를 설정하는 [Animation] 탭(기본 설정: 비활성)의 옵션에 대해 알아보겠습니다.

01 | Time Segment

애니메이션 렌더링 프레임 수를 설정(기본 설정: Entire Animation)합니다. 프레임 수는 렌더링되는 이미지의 장수를 말하며, 내림 버튼(▼)을 클릭해 타입을 설정할 수 있습니다.

1 | Entire Animation

전체 프레임을 렌더링합니다.

2 | Frame Range

프레임 범위를 설정해 렌더링합니다.

① Start

시작 프레임을 설정합니다.

② End

끝 프레임을 설정합니다.

③ Get Animation Range

Get Animation Range 아이콘(◉)을 클릭하면 총 프레임 수가 [End] 옵션에 나타납니다.

02 | Motion Blur

화면 이동 시 생성되는 잔상을 표현하는 모션 블러 사용 여부를 설정(기본 설정: 비활성)합니다.

스케치업 옵션과 연동 / 이미지 저장 경로

1 | 스케치업 연동

애니메이션 렌더링은 스케치업의 [Scenes] 창에서 애니메이션에 포함시키는 [Include in Animation] 옵션에 체크가 된 장면만 렌더링됩니다. 그리고 스케치업 [Model Info] 창의 [Animation] 항목에서 설정한 시간을 기준으로 프레임 수가 설정됩니다.

애니메이션에 포함시키는 [Include in Animation] 옵션에 체크

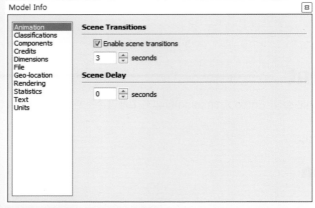

[Model Info] 창의 [Animation] 항목

2 | 이미지 저장 경로

애니메이션 렌더링 이미지는 [Settings]옵션 창에 있는 [Render Output]탭의 Save Image 옵션에서 설정한 경로에 이미지 파일로 저장됩니다. 동영상으로 변환시키기 위해서는 별도의 동영상 편집 프로그램으로 이미지를 편집해야 합니다.

저장 경로 설정

저장된 이미지

[Environment]
탭의 옵션 알아보기

배경 및 환경을 설정하는 [Environment] 탭의 옵션에 대해 알아보겠습니다.

[Environment] 탭

01 | Background

배경을 설정(기본 설정: Sky)합니다. [활성 맵] 버튼(■)을 클릭하면 배경으로 설정된 타입을 확인할 수 있습니다. 타입 타이틀 바를 클릭하면 왼쪽에 다양한 타입이 나타나 다른 타입으로 선택할 수 있지만, Background 타입은 Sky가 가장 적합합니다. 배경으로 환경 맵(HDR)을 사용할 경우에는 Bitmap 타입을 선택해 HDR 파일을 불러와 모델 주변의 배경으로 표현할 수 있습니다.

[활성 맵] 버튼(■) 클릭

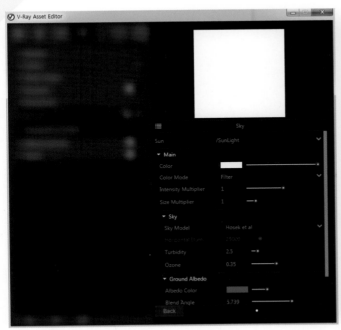

Sky 타입 확인

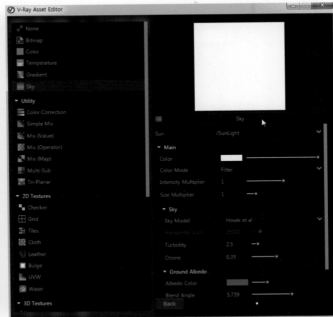

상부 탭 클릭 – 왼쪽에 각종 타입이 나타남

1 | Color (기본 설정: 검은색)

Background에 다른 설정이 돼서 맵 버튼이 활성(■)돼 있고, 옵션에 체크 표시가 돼 있으면 배경 색상은 무의미하며, 맵 버튼이 비활성(■)돼 있거나 옵션이 체크 표시 해제돼 있으면 배경 색상으로 표현됩니다.

기본 설정(sky)

옵션 체크 표시 해제: 검은색(기본 설정, 세기 1)

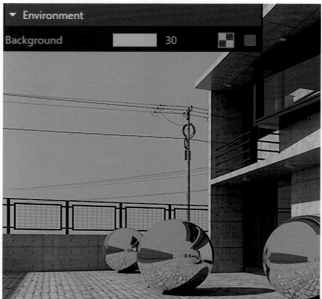

옵션 체크 표시 해제: 하늘색으로 수정, 세기 30

2 | 세기

배경의 세기(밝기)를 설정합니다.

1(기본 설정)

3

3 | 맵 버튼

맵이 설정돼 있으면 [활성 맵] 버튼(■)으로 표시되고, 맵이 설정돼 있지 않으면 [비활성 맵] 버튼(■)으로 표시됩니다. [활성 맵] 버튼(■)을 클릭하면 다양한 타입을 설정할 수 있지만, Background의 가장 일반적인 타입은 기본으로 설정된 Sky입니다.

4 | 체크 박스

적용된 맵 타입의 사용 여부를 설정합니다.

| 알아두기 | **맵 버튼의 확장 메뉴**

[활성 맵] 버튼(■)에 마우스 포인터를 위치시키고 우클릭해 나타나는 확장 메뉴에 대해 알아보겠습니다.

Paste As Copy: Copy, Cut 명령을 사용했을 때 활성화되며 복사한 맵을 붙여넣기합니다.

- Copy: 설정된 맵을 복사합니다.
- Cut: 설정된 맵을 잘라내고 클립보드에 저장합니다.
- Clear: 설정된 맵을 삭제합니다.

---

02 | Environment Overrides ──────────────

GI 및 반사, 굴절광을 설정합니다.

1 | GI(Skylight)

환경 조명(또는 자연조명)의 사용 여부를 설정(기본 설정: 체크 표시 해제)합니다. 스케치업 브이레이는 인공조명이 없어도 GI로 인해 장면의 빛을 표현할 수 있으며, GI에 설정된 색상은 객체에 반영됩니다.

SunLight 비활성

Background 비활성 – GI 체크, 세기 100

렌더링 이미지

| 알아두기 | **아이소 장면 렌더링**

[GI] 옵션은 아이소 렌더링 시에 많이 활용합니다. SunLight를 비활성해 그림자를 표현하지 않고 GI의 빛만 갖고 아이소 장면을 연출합니다.

2 | Reflection

반사되는 색상과 세기, 타입을 설정(기본 설정: 체크 표시 해제)합니다.

3 | Refraction

굴절되는 색상과 세기, 타입을 설정(기본 설정: 체크 표시 해제)합니다.

4 | Secondary Matte

반사값이 없는 재질에 환경광의 반영 여부를 설정(기본 설정: 체크 표시 해제)합니다.

[Material Override] 탭의 옵션 알아보기

상세기능 6

매핑한 재질과 재질값(반사, 굴절, 범프, 디스플레이스먼트)이 표현되는 것이 아니라 설정한 색상으로만 빠르게 렌더링을 진행하는 [Material Override] 탭(기본 설정: 비활성)에 대해 알아보겠습니다.

[Material Override] 탭

Material Override 비활성

Material Override 활성

01 | Override Color

Override로 표현할 색상을 설정(기본 설정: R:128, G:128, B:128)합니다.

오버라이드 색상

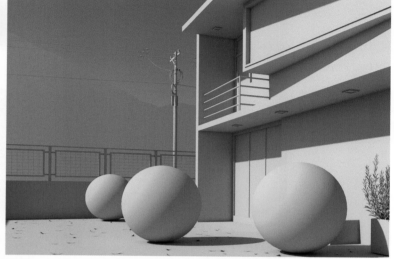

렌더링

Override Color

오버라이드 색상을 흰색(R:255, G:255, B:255)으로 설정하면 태양광이나 인공조명의 빛을 많이 받는 공간은 너무 밝게 표현되기 때문에 사용에 주의가 필요합니다.

흰색 설정

렌더링: 너무 밝게 표현됨

02 | Override Material

내림 버튼()을 클릭하면 현재 모델의 메트리얼이 모두 나타나며, 특정 메트리얼을 선택하면 해당 메트리얼로 렌더링됩니다. 메트리얼을 선택하면 Edit Selected Material 아이콘( )이 활성화되고, 아이콘을 클릭하면 해당 메트리얼의 편집 창이 나타납니다.

금속 질감의 메트리얼 선택

렌더링

콘크리트 질감의 메트리얼 선택

렌더링

Material Override 제외시키기

특정 메트리얼을 Material Override 효과에서 제외하려면 [Materials] 옵션 창의 [Material Options] 탭에 있는 [Can be Overridden] 옵션(기본 설정: 체크 표시)의 체크 표시를 해제하면 됩니다.

유리창에 매핑된 유리 재질과 구에 매핑된 금속 재질의 메트리얼 체크 표시 해제

렌더링

상세기능 7 [Swarm] 탭의 옵션 알아보기

분산 렌더링에 관한 옵션을 설정하는 [Swarm] 탭(기본 설정: 비활성)에 대해 알아보겠습니다.

01 | Goal

사용 가능한 리소스의 비율을 설정(기본 설정: 60%)합니다. V-Ray Swarm manager 아이콘(▦)을 클릭하면 네트워크 서버 페이지가 열리며 네트워크에 연결된 컴퓨터가 검색됩니다. 해당 기능을 사용하려면 분산 렌더링에 사용할 컴퓨터에 V-Ray for SketchUp 또는 V-Ray Swarm이 설치돼 있어야 인터넷 익스플로러를 사용하는 독자들은 해당 페이지가 원활히 열리지 않을 수 있기 때문에 구글 크롬 사용을 권장합니다.

02 | Tags

Swarm 포트 localhost:24267 안에 세팅된 태그를 기준으로 하며, Swarm에 연결된 PC들에 대해 이름을 지정해 해당 옵션에 입력된 PC만 렌더링에 참여할 수 있게 설정하는 옵션입니다.

03 | Network Discovery - Auto-Discovery(기본 설정: 활성)

자동으로 분산 렌더링에 사용할 PC를 검색합니다.

04 | Cap CPU Utilization

옵션을 활성(기본 설정: 비활성)하면 마스터 PC의 CPU만 렌더링에 참여합니다.

[Raytrace] 탭의 옵션 알아보기

상세기능 8

렌더링 품질에 가장 큰 영향을 미치는 [Raytrace] 탭에 대해 알아보겠습니다. 버킷 방식의 세부 옵션들은 [Interactive] 방식과 [Progressive] 방식의 세부 옵션 들과 거의 중복되기 때문에 버킷 방식의 세부 옵션들만을 설명합니다.

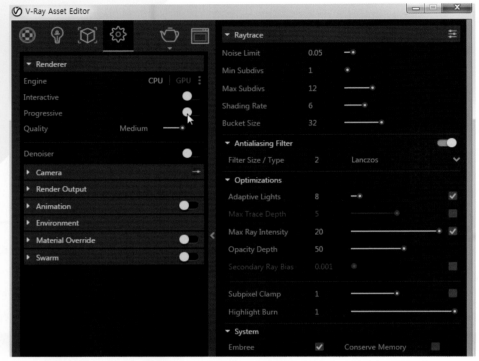

Progressive 비활성: 버킷 타입의 옵션

01 | Noise Limit

노이즈 한계값을 설정(기본 설정: Quality가 Medium일 경우 0.05)합니다. [Renderer] 탭의 [Quality] 옵션에서 품질을 설정하면 자동으로 수치값이 설정되며, 임의로 수치값을 입력하면 [Renderer] 탭의 [Quality] 옵션은 Custom으로 표시됩니다.

Quality가 Medium일 경우: Noise Limit 0.05(기본 수치값)

Noise Limit 0.01로 수정 – 우측의 [Quality] 옵션이 Custom으로 수정됨

Noise Limit의 수치값이 높으면 노이즈가 발생하지만 렌더타임이 빠르며 수치값이 낮으면 노이즈가 제거되지만 렌더타임은 느립니다.

Noise Limit 0.1, 렌더타임 42초

Noise Limit 0.01, 렌더타임 2분 46초

| 알아두기 | **옵션의 수치값**

수치 입력란에 마우스 포인터를 올려놓으면 최솟값(Min)과 최댓값(Max), 기본값(Default)
이 말풍선으로 표시됩니다.
수치값을 설정할 때 수치 입력란을 클릭한 후 키보드로 입력하는 것이 슬라이드로 조절하는
것보다 편리합니다.

---

02 | Min Subdivs

한 개의 픽셀에 적용할 최소 샘플링 값을 설정(기본 설정: 1)합니다. 수치값이 높으면 이미지의 품질은 좋아지고 렌더타임은 증가합니다.

03 | Max Subdivs

한 개의 픽셀에 적용할 최대 샘플링 값을 설정(기본 설정: 12)합니다. 수치값이 높으면 이미지의 품질은 좋아지고 렌더타임은 증가합니다.

| 알아두기 | **샘플링**

샘플링(Sampling)은 렌더링의 연산 작업을 말합니다. 연산 작업이 대상이 되는 샘플의 연산 시간을 얼마나 많이 할당하느냐에 따라 렌더링 이미지의 품질을
좌우하는 기준이 되며, 렌더타임에 큰 영향을 미치게 됩니다.

04 | Shading Rate

음영 효과를 계산할 때 얼마나 많은 광선을 사용할 것인지를 설정(기본 설정: 6)합니다. 수치값이 높으면 이미지의 품질은 좋아지고 렌더타임은 증가합니다.

05 | Bucket Size

렌더링 중에 나타나는 사각형 박스인 버킷(Bucket)의 크기를 설정합니다. 버킷의 크기는 렌더타임에 영향을 미치지 않습니다.

32(기본 설정)

128

| 알아두기 | 고급 옵션 나타내기

기본 옵션 상태에서 Switch To Advanced Settings 아이콘(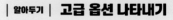)을 클릭하면 고급 옵션이 펼쳐지고, Switch To Basic Settings 아이콘(▤)을 클릭하면 고급 옵션이 닫힙니다.

아이콘 클릭

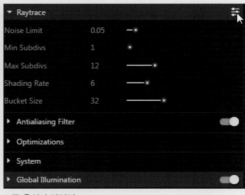

고급 옵션이 펼쳐짐

06 | Antialiasing Filter

객체의 경계면에 각이 지는 계단 현상(aliasing)을 완화시키는 안티에일리어싱 필터를 설정합니다.

1 | Filter Size / Type

안티에일리어싱 필터를 설정(기본 설정: Lanczos)합니다. 내림 버튼(⌄)을 클릭하면 다양한 타입을 선택할 수 있지만, 가장 선명하게 표현하는 Catmull Rom 타입과 가장 부드럽게 표현하는 Area 타입을 주로 사용합니다.

Catmull Rom

1600% 확대

Area

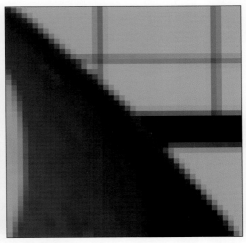

1600% 확대

| 알아두기 | **안티에일리어싱**

렌더링 이미지의 최소 단위는 사각형 픽셀(Pixel)입니다. 이 사각형 픽셀들이 모여 하나의 이미지를 완성하는데, 이 픽셀들을 크게 확대해보면 각이 지는 계단 현상(Aliasign)이 나타납니다. 이런 계단 현상을 완화하기 위해 배경색과 이미지의 중간색을 경계면에 채워 계단 현상을 완화시키는 것을 안티에일리어싱(Antialiasing)이라고 합니다.

07 | Optimizations

렌더링 환경을 설정합니다.

1 | Adaptive Lights

인공조명을 사용할 경우 체크 표시를 하면(기본 설정: 체크 표시. 8) 렌더타임이 감소합니다.

2 | Max Trace Depth

반사와 굴절 횟수를 설정(기본 설정: 체크 표시 해제. 5)합니다.

기본으로 설정된 수치값인 5로 설정해도 큰 문제가 없지만 투명한 객체가 여러 개 겹쳐 있을 경우에는 반사와 굴절이 제대로 표현되지 않는 경우가 발생하므로 수치값을 높여야 합니다.

스케치업 화면 – 유리 한 장

렌더링

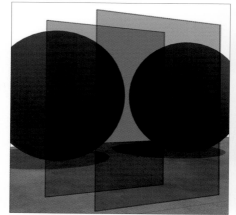
스케치업 화면 – 유리 두 장이 겹쳐 있음

Max Trace Depth 5: 구에 반사되는 상이 이상함

Max Trace Depth 10: 올바르게 표현됨

3 | Max Ray Intensity

광선 추적의 최대 깊이 값을 설정(기본 설정: 20)합니다.

4 | Opacity Depth

투명 재질의 표현에 대한 한계치를 설정(기본 설정: 50)합니다.

5 | Secondary Ray Bias

크기가 같은 두 개의 객체가 겹쳐 있을 경우에 발생하는 얼룩을 제어(기본 설정: 체크 표시 해제, 0.001)합니다.

6 | Subpixel Clamp

색상 구성 요소를 설정(기본 설정: 체크 표시 해제, 1)합니다.

7 | Highlight Burn

노출 보정을 해 렌더링 시에 밝은 영역을 강조(기본 설정: 1)합니다.

08 | System ──────────────────────────

엠브리 가속 및 메모리 절약 여부를 설정합니다.

1 | Embree

엠브리 가속이라고도 하는 옵션으로, 체크 표시를 하면(기본 설정: 체크 표시) 이미지 품질의 차이는 없고 렌더타임이 조금 빨라집니다.

2 | Conserve Memory

체크 표시를 하면(기본 설정: 체크 표시 해제) 메모리를 아껴 사용하기 때문에 렌더타임은 조금 늘어납니다.

[Global Illumination] 탭의 옵션 알아보기

GI의 세부 옵션을 설정하는 [Global Illumination] 탭(기본 설정: 활성)에 대해 알아보겠습니다. Global Illumination(GI)은 환경조명, 자연조명, 전역조명이라고 불리며, 컴퓨터 그래픽에서 빛 표현 방식의 하나입니다.

스케치업 브이레이에서 태양광인 SunLight와 각종 인공조명이 없더라도 GI만 갖고 장면의 빛을 표현할 수 있습니다. GI는 빛을 계산하는 연산 타입의 조합이 중요한데, 이 책에서는 가장 효율적인 조합인 Irradiance map과 Light cache만을 설명하겠습니다.

[Global Illumination] 탭

01 | Primary Rays

빛을 계산하는 첫 번째 연산 타입을 설정(기본 설정: Brute force)합니다. 내림 버튼(▼)을 클릭하면 세 가지의 타입(Brute force, Irradiance map, Light cache)이 나타납니다.

02 | Secondary Rays

두 번째 연산 타입을 설정(기본 설정: Light cache)합니다. 내림 버튼(▼)을 클릭하면 세 가지의 타입(None, Brute force, Light cache)이 나타납니다.

03 | Irradiance map

Irradiance map 타입의 세부 옵션을 설정합니다. [Settings] 옵션 창 왼쪽에 있는 [Renderer] 탭의 [Quality] 옵션을 수정하면 자동으로 세부 옵션 수치값이 설정됩니다.

1 | Min Rate

GI를 계산하는 시작 샘플링 값을 설정(기본 설정: -3)합니다.

2 | Max Rate

GI를 계산하는 마지막 샘플링 값을 설정(기본 설정: -1)합니다.

3 | Subdivs

GI 샘플의 품질을 설정(기본 설정: 50)합니다.

4 | Interpolation

간접광을 보간 하는데 사용하는 GI 샘플수를 설정(기본 설정: 30)합니다.

> **| 알아두기 | 보간 / 보간법**
>
> 새로운 점을 만들기 위해 수많은 점들을 평균화하는 것을 보간(interpolation)이라고 합니다. 이 방법은 샘플 점들을 직선으로 연결하지 않고 곡선으로 연결합니다. 몇 개의 점에 주어진 함수 값을 기초로 그 점들 사이의 함수 값을 구하는 근사 계산법을 보간법이라고 합니다.

5 | Disk Caching

연산 모드와 연산 데이터 파일의 저장 여부를 설정합니다.

① Mode

모드를 설정(기본 설정: Single Frame)합니다.

● Single Frame

렌더링을 할 때마다 GI를 계산하는 모드입니다. 렌더링을 완료한 후 [Save] 버튼을 클릭해 원하는 경로에 연산 데이터 파일을 저장할 수 있으며 Auto-Save/File에 체크 표시를 하고 Save File 아이콘(▣)을 클릭하면 원하는 경로에 연산 데이터 파일을 자동 저장할 수 있습니다.

● From File

저장한 연산 데이터 파일을 불러와 빠르게 렌더링하는 모드입니다. [Single Frame] 모드로 렌더링을 한 번 진행한 후 연산 데이터 파일을 저장하고 모드를 [From File]로 바꾸고 Open File 아이콘(▣)을 클릭해 저장한 데이터 파일을 선택해 불러오면 됩니다. [From File] 모드의 단점

은 연산 데이터 파일을 해당 장면에 맞게 저장하기 때문에 파일을 저장한 후 객체와 장면의 변화가 있을 경우에는 변화된 환경을 올바르게 표현하지 못합니다.

● Incremental Add to Map

객체와 장면의 변화가 있을 경우 변화된 환경에 맞게 GI가 반영되는 모드입니다. 연산 데이터 파일을 저장한 후 객체와 장면의 변화를 주고 [From File] 모드로 렌더링하면 변화가 있기 전 장면의 GI가 반영되지만, Incremental Add to Map을 선택하면 변화된 장면에 맞는 GI가 반영됩니다.

② Keep File

데이터 연산 파일 저장 여부를 설정(기본 설정: 체크 표시)합니다. [Save] 버튼을 눌러 Irradiance Map 타입의 연산 데이터 파일을 저장할 수 있습니다.

③ Auto-Save / File

연산 데이터 파일의 자동 저장 여부를 설정(기본 설정: 체크 표시 해제)합니다. 체크 표시하고 Save File 아이콘(▣)을 클릭해 경로와 파일 이름을 설정하면 자동 저장됩니다.

04 | Light cache

Light Cache 타입의 세부 옵션을 설정합니다. [Settings] 옵션 창의 왼쪽에 있는 [Renderer] 탭의 [Quality] 옵션을 수정하면 자동으로 세부 옵션 수치값이 설정됩니다. [Disk Caching] 옵션은 [Irradiance map]의 설명과 동일하기 때문에 생략합니다.

1 | Subdivs

카메라에서 추적되는 경로의 수를 설정(기본 설정: 1000)합니다.

2 | Sample Size

샘플의 간격을 설정(기본 설정: 0.03, Screen Space)합니다.

3 | Retrace

Light Cache의 추적값을 설정(기본 설정: 2)합니다.

객체와 장면의 변화

객체와 장면의 변화에 따른 모드의 차이점에 대해 알아보겠습니다.

1 | 객체의 변화

[Single Frame] 모드로 렌더링을 완료하고 연산 데이터 파일을 저장한 다음 [From File] 모드로 연산 데이터 파일 불러오면 렌더링이 빠르게 진행됩니다. 하지만 모델의 변화(예: 객체를 숨김)가 있으면 변화되기 전(객체를 숨기기 전)의 GI가 반영되기 때문에 그림자가 어색하게 표현됩니다.

| 싱글 프레임 렌더링 – 데이터 파일 저장 | 객체 숨김(Hide) – [From File] 모드로 데이터 파일 불러옴 – 렌더링 – 바닥에 하이드시킨 객체의 그림자 남아 있음 | [Incremental Add to Map] 모드 렌더링 – 그림자가 없음 |

2 | 장면의 변화

[Incremental Add to Map] 모드를 설정하면 장면을 수정해도 이상 없이 적용됩니다. 즉 [Single Frame] 모드로 렌더링하는 것과 동일하게 표현된다는 의미입니다.

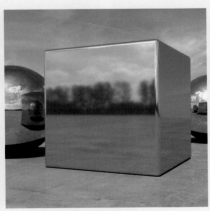

| 장면 수정 – 이상 없이 반영됨 | 객체 언하이드 – 이상 없이 반영됨 |

렌더링 과정

렌더링 과정에 대해서 알아보겠습니다.

버킷 타입 렌더링은 화면이 점차 밝아지면서 GI를 계산하는 GI 연산 과정, 사각형 버킷이 돌아다니면서 샘플링하는 샘플링 과정, 버킷이 돌아다니면서 완성되는 렌더링 과정의 총 세 단계로 진행됩니다. [Single Frame] 모드는 이렇게 세 단계의 과정을 장면마다 반복하는 모드입니다.

GI 연산 과정

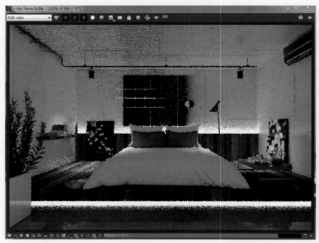

샘플링 과정

렌더링 과정

브이레이는 렌더링을 할 때마다 해당 장면의 Primary Rays와 Secondary Rays에 설정된 타입의 연산 데이터 파일을 만듭니다. 이 두 개의 연산 데이터 파일을 저장한 후 불러와 적용하면 GI 연산, 샘플링, 렌더링 과정의 세 단계를 거치지 않고 바로 렌더링 과정이 진행되기 때문에 렌더타임이 많이 감소합니다.

이렇게 저장한 연산 데이터 파일을 불러오는 모드가 [From File]이며, 객체와 장면의 변화가 있을 경우에 해당 객체와 장면에 맞는 GI를 반영하는 모드가 [Incremental Add to Map]입니다.

05 | Ambient Occlusion

객체의 경계면에 음영을 나타내어 세부 디테일을 살려 주는 Ambient Occlusion 효과의 표현 여부를 설정(기본 설정: 비활성)합니다.

비활성: 객체의 음영이 없음

활성: 객체의 음영이 표현됨

1 | Radius

Ambient Occlusion 효과의 반경을 설정(기본 설정: 8)합니다.

8

30

2 | Occlusion Amount

Ambient Occlusion 효과의 세기(기본 설정: 0.8)를 설정합니다.

0.8

1.5

[Caustics]
탭의 옵션 알아보기

빛이 투명한 객체를 통과할 때 주변으로 산란되는 현상인 커스틱(Caustics) 효과의 세부 옵션을 설정하는 [Caustics] 탭(기본 설정: 비활성)에 대해 알아보겠습니다.

[Caustics] 탭

Caustics 비활성

Caustics 활성

| 알아두기 | **커스틱 옵션 활성**

커스틱 옵션을 활성하고 렌더링하면 커스틱 포톤 맵 연산 시간(계산 시간)이 추가되기 때문에 렌더타임은 증가합니다. [Caustics] 옵션을 활성하고 [VFB] 창 하단 부분을 보면 Building caustics photon map이라고 나타나며 연산 시간이 천천히 진행되는 것을 확인할 수 있습니다.

커스틱 포톤 맵 연산 시간

01 | Multiplier

커스틱 효과의 세기를 설정(기본 설정: 1)합니다.

1.5

3

02 | Search Distance

광자(Photons, 빛의 입자, 빛의 알갱이)의 검색 영역을 설정(기본 설정: 5)합니다.

03 | Max Photons

광자의 최대 개수를 설정(기본 설정: 60)합니다. 수치값을 올리면 커스틱 효과가 부드럽게 표현됩니다.

60

500

04 | Max Density

광자 밀도의 최댓값을 설정
(기본 설정: 0)합니다.

0.1

0.5

05 | Disk Caching

모드와 파일의 저장 여부 등을 설정합니다.

1 | Mode

모드를 설정(기본 설정: New map)합니다. [New map] 모드는 렌더링할 때마다 photon map을 계산하는 방식이며, [From File] 모드는 저장한 photon map 파일을 불러와 적용하는 방식입니다.

2 | Keep File

렌더링을 완료한 후 [Save] 버튼을 눌러 photon map 파일을 저장합니다.
특정 장면의 photon map을 한 번만 계산한 후 추가 렌더링을 진행할 경우에는 저장한 photon map 파일을 불러와 사용할 수 있습니다.

3 | Auto-Save / File

photon map의 자동 저장 여부를 설정(기본 설정: 체크 표시 해제)합니다. 체크 표시하고 Save File 아이콘(🖹)을 클릭해 경로를 지정할 수 있습니다.

| 알아두기 | **포톤 맵 활용하기**

저장한 photon map 파일을 불러오려면 모드를 [From file]로 바꾸고 Open File 아이콘(🖿)을 클릭해 저장한 photon map 파일을 선택해 불러오면 됩니다. 이렇게 photon map 파일을 불러오면 photon map 연산 과정이 생략되기 때문에 렌더타임이 빨라지며, 커스틱의 세부 설정을 수정해도 그대로 반영되기 때문에 효율적입니다. photon map은 vrpmap 파일 형식으로 저장됩니다.

포톤 맵 저장

조명의 커스틱 옵션 / 디스플레이스먼트

커스틱 효과는 조명의 [Caustic photons] 옵션의 하위 옵션 수치값과 디스플레이스먼트(Displacement) 사용 여부에 따라 다르게 표현됩니다.

1 | SunLight의 커스틱 옵션

[Caustic Subdivisions] 옵션과 [Emit Radius] 옵션의 수치값에 따라 커스틱 효과의 표현이 달라집니다.

① Caustic Subdivisions

커스틱 효과의 품질을 설정(기본 설정: 1000)합니다. 광원에서 방출되는 광자의 수를 설정하는 옵션으로 수치값이 높으면 렌더타임이 오래 나옵니다.

2000

5000

② Emit Radius

광자가 방출될 태양 주위의 반경을 설정(기본 설정: 50)합니다.

Caustic Subdivisions 5000, Emit Radius 50

Caustic Subdivisions 5000, Emit Radius 300

2 | 디스플레이스먼트

디스플레이스먼트 효과를 적용하지 않으면 커스틱 효과는 어색하게 표현됩니다.

아래 예제 이미지는 물에 매핑한 메트리얼에 디스플레이스먼트(Noise A 타입)를 적용한 상태입니다.

비활성

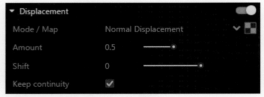

활성

[Volumetric Environment] 탭의 옵션 알아보기

상세기능 11

대기 환경과 안개 효과를 설정하는 [Volumetric Environment] 탭(기본 설정: 비활성)에 대해 알아보겠습니다.

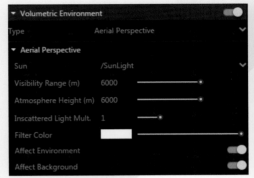

Aerial Perspective 타입

Environment Fog 타입

Volumetric Environment 비활성

Volumetric Environment 활성 – Aerial Perspective 타입

Volumetric Environment 활성 – Environment Fog 타입

01 | Type – Aerial Perspective

Aerial Perspective 타입의 세부 옵션에 대해 알아보겠습니다.

1 | Sun

태양광 사용 여부를 설정(기본 설정: SunLight)합니다.

SunLight

None

2 | Visibility Range(m)

가시거리를 설정(기본 설정: 6000)합니다.

500

50

3 | Atmosphere Height(m)

대기 높이를 설정(기본 설정: 6000)합니다.

500

100

4 | Inscattered Light Mult.

대기 효과에서 산란되는 태양빛의 세기를 설정(기본 설정: 1)합니다.

1

2

5 | Filter Color

산란되지 않는 빛의 색상을 설정(기본 설정: 흰색)합니다.

흰색

회색

6 | Affect Environment

대기 효과가 환경에 영향을 미칠지를 설정(기본 설정: 활성)합니다.

Affect Environment 활성, Affect Background 활성

Affect Environment 비활성, Affect Background 활성

7 | Affect Background

대기 효과가 배경에 영향을 미칠지를 설정(기본 설정: 활성)합니다.

Affect Environment 활성, Affect Background 활성   Affect Environment 활성, Affect Background 비활성

02 | Type - Environment Fog

Environment Fog 타입에 대해 알아보겠습니다.

1 | Color

안개의 색상을 설정(기본 색상: R: 217, G: 217, B: 217)합니다.

기본 색상: R: 217, G: 217, B: 217   하늘색: R: 100, G: 200, B: 255

2 | Emission

안개의 배출 범위를 설정(기본 설정: 검은색)합니다. 흰색으로 갈수록 안개 배출 범위는 늘어나서 조금 더 탁하게 표현됩니다.

3 | Emission Multiplier

안개 배출 세기를 설정(기본 설정: 1)합니다.

1

10

4 | Distance

안개가 표현되는 거리를 설정(기본 설정: 1000)합니다.

500

200

5 | Height

안개가 표현되는 높이를 설정(기본 설정: 200)합니다.

200

100

6 | Scatter GI - Scatter Bounces

GI 산란 횟수를 설정(기본 설정: 비활성, 4)합니다. 옵션을 활성하면 GI가 산란돼 이미지가 조금 더 뿌옇게 표현되며, 렌더타임은 증가합니다.

비활성 – 렌더타임 1분 50초

활성 – 렌더타임 8분 30초

7 | Affect

카메라, 배경, 그림자, GI, 반사 및 굴절 광선에 안개 효과를 표현할지를 설정(기본 설정: 옵션 모두 활성)합니다.

① Affect Camera Rays

카메라에 안개 효과를 표현할지를 설정합니다.

② Affect Background

배경에 안개 효과를 표현할지를 설정합니다.

③ Affect Secondary Rays

그림자, GI, 반사 및 굴절 광선에 안개 효과를 표현할지를 설정합니다.

8 | Affected By - Light

안개에 영향을 미칠 조명을 설정(기본 설정: All Lights)합니다. 내림 버튼()을 클릭해 옵션을 선택할 수 있습니다.

① No Light

라이트가 영향을 미치지 않습니다.

② All Light

모든 라이트가 영향을 미칩니다.

③ Select Light

선택한 라이트만 영향을 미칩니다.

Environment Fog 타입으로 빛 내림 표현을 할 수 있습니다. 다음은 Environment Fog 기본 옵션에서 Emission 색상만 흰색으로 설정하고 SunLight 세기를 2로 설정해 렌더링한 이미지입니다. 렌더링 이미지는 포토샵에서 자동 색상 명령으로 보정한 상태입니다. 스케치업 모델과 그림자 시간에 따라 약간 차이가 있지만, 나무 컴포넌트를 여러 개 배치한 후 설명한 옵션으로 렌더링하면 빛 내림이 표현되므로 독자분들도 시도해보기 바랍니다.

스케치업 이미지

스케치업 브이레이 렌더링 이미지

[Render Elements] 탭의 옵션 알아보기

상세기능 12

출력 채널을 추가하거나 삭제하는 [Render Elements] 탭에 대해 알아보겠습니다.

[Render Elements] 탭

01 | 출력 채널 추가/삭제

Add Render Element 항목의 여백을 클릭하면 나타나는 채널 형식중 원하는 채널 형식을 클릭하면 출력 채널이 추가됩니다. 추가된 채널을 삭제하려면 삭제 아이콘(⊠)을 클릭하면 됩니다.

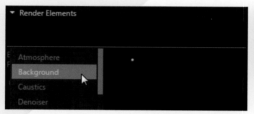

채널 추가

채널 삭제

02 | Effect Update Frequency

렌더링 방식을 progressive로 했을 경우에 활성되며, 디노이즈 및 렌즈 이펙트 효과의 업데이트를 백분율로 설정해 제어합니다.

출력 채널의 장수 / 보정

현장
플러스
+

1 | 출력 채널의 장수

[Render Element] 탭에서 총 36개의 채널을 선택할
수 있습니다.

Atmosphere	Material ID	Raw Total Light	Self Ilumination
Background	Matte Shadow	Refl. Highl. Gloss	Shadows
Caustics	Multi Matte	Reflect. Glossiness	Specular
Denoiser	Normals and Bump	Reflection	Subsurface Scatteri...
Diffuse	Object ID	Reflection Filter	Total Light
DR Buckets	Raw GI	Refract. Glossiness	ZDepth
ExtraTex	Raw Light	Refraction	
Geometric Normals	Raw Reflection	Refraction Filter	
Global Illumination	Raw Refraction	Render ID	
Lighting	Raw Shadow	Sample Rate	

36개의 채널을 선택하고 렌더링하면 기본 채널인 RGB Color 채널을 포함해서 총 37장의 채널 이미지를 저장할 수 있습니다. 각각의 채널은 특
정 재질감 확인, 조명 확인, 포토샵 리터칭 등에 활용됩니다.

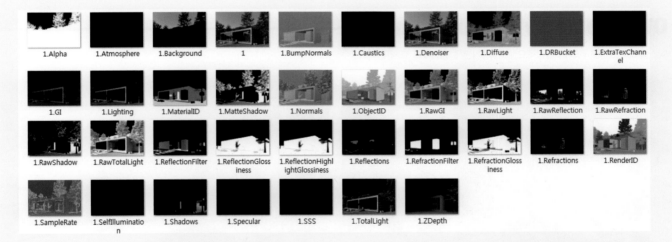

2 | [VFB] 창에서 보정

[VFB] 창의 [Color Corrections] 창에서 색감을 보정하
면 보정한 상태로 채널 이미지가 저장됩니다.

[Switches]
탭의 옵션 알아보기

디스플레이스먼트 효과와 조명을 일괄적으로 제어하고 렌더링 통계의 전송 여부를 설정하는 [Switches] 탭에 대해 알아보겠습니다.

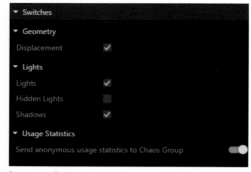

[Switches] 탭

01 | Geometry – Displacement

디스플레이스먼트 효과를 일괄적으로 제어(기본 설정: 체크 표시)합니다.

체크 표시

체크 표시 해제

02 | Light

인공조명의 표현 여부와 그림자 등을 제어합니다.

1 | Light

인공조명의 표현 여부를 설정(기본 설정: 체크 표시)합니다.

체크 표시

체크 표시 해제

2 | Hidden Lights

숨겨진(Hide) 조명의 표현 여부를 설정(기본 설정: 체크 표시 해제)합니다.

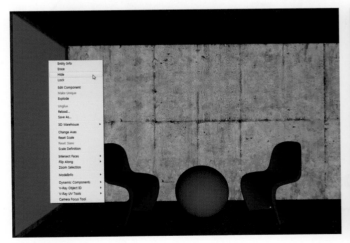

렉탱글 라이트 Hide

숨겨진(Hide) 상태

체크 표시 해제

체크

3 | Shadow

설치한 조명의 그림자의 표현 여부를 설정(기본 설정: 체크 표시)합니다.

체크

체크 해제

03 | Usage Statistics - Send anonymous usage statistics to chaos group

활성하면 사용 통계를 카오스 그룹에 익명으로 전송(기본 설정: 활성)됩니다.

V-Ray
for SketchUp

찾아보기

베타 테스터의 말

| 장필규(건축사) |

프로그램이 버전업되면서 입력 방식이나 기능에 많은 변화가 있어 이용자들이 다소 어려움이 있는 때에 이와 같은 책이 출판된 것은 감사할 일입니다.

이 책은 모든 과정에서 설정 창과 함께 실행 화면을 그림으로 자세히 보여주고 있어 누구나 쉽게 이해할 수 있을 듯합니다.

초보자라도 순서대로 진행하다 보면 자연스럽게 흥미와 기능을 습득하고 기존 이용자들도 실무에서 필요한 도구 사용법이나 옵션을 설정하는 창을 바로 찾아 문제를 해결할 수 있을 것입니다. 초보자이든 기존 이용자이든 이 책 한 권이면 스케치업·브이레이를 완벽하게 이해하고 익히기엔 충분하리라 생각됩니다.

| 임미선(실내건축 디자이너) |

스케치업 브이레이가 버전업되면서 인터페이스가 완전히 바뀌었지만, 참고할 서적이 없어서 아쉬웠습니다. 이 책은 실전 렌더링 기법을 비롯해 스케치업 브이레이 자체에서의 보정법, 포토샵 합성법 등 다양한 실무 사례를 통해 업무에 바로 적용할 수 있는 구성이 인상적입니다.

또한 스케치업 브이레이뿐 아니라 스케치업에 대한 팁도 담고 있어 스케치업에 대한 이해도까지 높일 수 있다는 것이 큰 장점이라고 생각합니다.

초보자도 쉽게 시작하고 따라 할 수 있는 예제 파일들과 실무진에게는 깊이감을 더할 수 있는 실무 테크닉까지 한층 더 사실감 있는 표현이 가능해진 스케치업 브이레이 기법을 상세한 설명과 함께 쉽게 풀어내주고 있습니다. 실내건축 실무진으로서 심장이 뛰는 서적을 만난 것 같습니다.

| 천새한(건축학과) |

스케치업은 건축, 실내건축, 각종 디자인 분야에서 가장 쉽고 직관적이고 활용도가 높은 프로그램으로, 실무환경에서 많이 쓰이고 있습니다.

이 책은 실무 환경에서 스케치업 브이레이를 어떻게 최적화해 사용하며, 가장 효율적으로 사용할 수 있는지에 대해 저자님의 깊은 고민과 수많은 시행착오를 거쳐 쓰인 책입니다. 툴 이용에 관한 상세한 설명과 이미지를 통해 개념과 실제적인 사용 방법까지 상세히 기술돼 있어 툴을 처음 접하는 사용자들도 쉽고 재있게 툴을 배울 수 있고 더 나아가 충분히 전문적으로 사용하실 수 있습니다.